L8
5.

DÉNOMBREMENT

DU

ROYAUME,

DÉNOMBREMENT DU ROYAUME

PAR GENERALITEZ, ELECTIONS, PAROISSES ET FEUX.

Où l'on trouvera sur chaque lieu, les Archevêchez, Evêchez, Universitez, Parlements, Chambres des Comptes, Cours des Aydes, Cours & Hôtels des Monoyes, Bureaux des Finances, Maîtrises des Eaux & Forêts, Capitaineries des Chasses, Amirautez, Présidiaux, Bailliages, Sénéchaussées, Prevôtez, Vicomtez, Châtelenies, Vigueries, Juges-Consuls, Maréchaussées; & autres Justices Royales: Les Bureaux des Droits des Aydes, Gabelles & Greniers à Sels, Douannes & Traittes Foraines: Les lieües de distance de Paris, aux autres Villes du Royaume.

Par M.*** Employé dans les Finances.

TOME PREMIER.

A PARIS, QUAY DES AUGUSTINS,
Chez CLAUDE SAUGRAIN, du côté du Pont S. Michel, à la Fleur de Lis.

M. DCCIX.
AVEC PRIVILEGE DU ROY.

AVERTISSEMENT.

QUOI qu'il soit ordinaire de mettre à la tête d'un Livre qui paroît au jour, une Préface, pour en expliquer le sujet & le dessein, celui-ci semble devoir être exempt de cette pratique, parce que son Titre exprime suffisamment, non-seulement ce qu'il renferme, mais encore à quel usage & à quelles personnes il peut être propre. Cet Ouvrage paroîtra sans doute aussi utile, que nouveau. En effet il y a si long-temps qu'il est souhaitté du Public, & que l'on le demande (même avec empresse-

AVERTISSEMENT.

ment) que l'on se persuade en quelque façon qu'il en sera agréablement reçu.

L'idée que l'on s'est faite en le composant, a été de donner une parfaite connoissance de la France; ce que l'on a crû ne pouvoir mieux executer, qu'en détaillant le Royaume par Generalitez, les Generalitez par Elections, les Elections par Paroisses, & les Paroisses par Feux. *

Pour cet effet l'on s'est servi des Memoires de Messieurs les Intendans & Commissaires départis par Sa Majesté dans les Provinces pour

---

* On doit regarder le nombre des Feux de chaque Lieu, comme plus curieux, que sûr, parce qu'il n'y a rien de plus sujet au changement; mais comme donnant cependant une idée approchante de sa consistance & de sa grosseur.

AVERTISSEMENT.

l'execution de ses ordres ; & des Etats qui contiennent les dépendances de leurs Intendances, comme des instructions dont on ne peut douter de la justesse & de la fidelité.

Pour rendre cet Ouvrage & plus curieux, & plus utile, l'on a mis sur chaque Lieu tout ce qui peut donner une vraie connoissance de sa consistance, en marquant, autant qu'il a été possible, en chaque endroit les Archevêchez, Evêchez, Universitez, Parlements, Chambres des Comptes, Cours des Aydes, Cours & Hôtels des Monnoyes, Bureaux des Finances, Tables de Marbre, Grandes Maîtrises, & Maîtrises Particulieres des Eaux & Forests, Capitaineries des Chasses, Amirautez, Présidiaux, Bailliages,

AVERTISSEMENT.

Senechauffées, Elections, Greniers à Sel, Prevôtez, Vicomtez, Chatelenies, Vigueries, Hôtels de Villes Juges & Confuls, Marefchauffées & autres Jurifdictions Royales, les Bureaux des Droits d'Aydes, Gabelles, Douannes & Traittes Foraines. Les Poftes & Lieuës de diftance de Paris, aux autres Villes du Royaume. Enfin l'on s'eft entierement appliqué à ne rien obmettre de ce qui peut convenir & fervir de lumiere à ce fujet.

Cependant comme il n'eft prefque pas poffible d'entrer dans un fi grand détail, fans tomber en quelque faute, l'on prie ceux qui les découvriront d'y fuppléer, & d'en donner avis au Libraire. Comme auffi ceux qui ont quel-

AVERTISSEMENT.

ques Memoires particuliers, qui peuvent servir à augmenter cet Ouvrage, de les vouloir bien communiquer.

EXPLICATION
DES MOTS ABREGEZ
EN CET OUVRAGE.

V.	Ville.
B.	Bourg.
Ch.	Château.
H.	Hameau.
F.	Ferme.
C.	Cense.
Prov.	Province.
G.	Gouvernement.
Riv.	Riviere.
Prin.	Principauté.
D P.	Duché Pairie.
D.	Duché.
Marq.	Marquisat.
Com.	Comté.
Bar.	Baronie.
Seig.	Seigneurie.
Arch.	Archevêché.
Ev.	Evêché.
Dio.	Diocese.
Un.	Université.
Parl.	Parlement.
C d C.	Chambre des Comptes.

C d A.	Cour des Aydes.
C S.	Conseil Souverain.
C d M.	Cour des Monoyes.
H d M.	Hôtel des Monoyes.
B d F.	Bureau des Finances.
Pref.	Présidial.
Bail.	Bailliage.
Sen.	Senechauffée.
Prev.	Prevôté.
J C.	Juges Consuls.
Vic.	Vicomté.
Ch.	Chatelnie.
Vig.	Viguerie.
J R r n.	Justice Royale reffortiffante nûement.
J R n r.	Justice Royale non reffortiffante.
Mar.	Mareschauffée.
H d V.	Hôtel de Ville.
T d M.	Table de Marbre.
M P.	Maîtrife Particuliere.
Am.	Amirauté.
G à S.	Grenier à Sel.
Dep.	Depôt de Sel.
Mef.	Mefurage.
T F. ou 5 g f.	Traittes Foraines, ou cinq groffes Fermes.

Nota. L'on n'a point repeté fur chaque Lieu dans le rang des Juftices, le mot d'ELECTION, parce qu'il eft en tête de chaque Chapitre, & qu'il fert de diftribution à cet Ouvrage.

TABLE DES GENERALITEZ

TABLE
DES GENERALITEZ
ET ELECTIONS
Du premier Tome.

GENERALITE' DE PARIS, page 1
a les Elections de

Paris,	2
Beauvais,	12
Compiegne,	15
Senlis,	17
Meaux,	18
Rozoy,	21
Coulomiers,	23
Provins,	23
Montreau,	25
Nogent sur Seine,	26
Sens,	27
Joigny,	29
S. Florentin,	31

ET ELECTIONS.

Tonnerre,	32
Nemours,	35
Melun,	37
Estampes,	39
Mantes,	40
Montfort-Lamaury,	42
Dreux,	43
Pontoise,	45
Vezelay,	46
GEN. D'AMIENS,	**48**
Amiens,	49
Abbeville,	56
Dourlens,	61
Peronne,	67
Montdidier,	71
S. Quentin,	75
GEN. DE SOISSONS,	**77**
Soissons,	78
Laon,	82
Noyon,	90
Crespy,	93
Clermont,	95
Guise,	97
Chateau-Thierry,	99

TABLE DES GENERALITEZ

GEN. DE CHALONS, 103

CHALONS, 104
RHETEL, 107
RHEIMS, 112
SAINTE MENEHOUD, 119
VITRY, 122
JOINVILLE, 124
CHAUMONT, 126
LANGRES, 129
BAR-SUR-AUBE, 135
TROYES, 139
ESPERNAY, 145
SEZANNE, 147

GEN. D'ORLEANS, 149

ORLEANS, 150
PITHIVIERS, 152
BEAUGENCY, 154
MONTARGIS, 155
GIEN, 157
CLAMECY, 159
BLOIS, 160
ROMORANTIN, 162
DOURDAN, 163
CHARTRES, 165
CHATEAUDUN, 170

ET ELECTIONS.

Vandosme,	173

GEN. DE TOURS, 175

Tours,	176
Amboise,	178
Loches,	179
Chinon,	181
Loudun,	182
Richelieu,	183
Chateau-Gontier,	185
La Fleche,	186
Baugé,	189
Saumur,	190
Montreuil-Bellay,	192
Angers,	194
Mayenne,	199
Le Mans,	201
Chateau du Loir,	209
Laval,	211

GEN. DE BOURGES, 213

Bourges,	214
Issoudun,	218
Chateauroux,	220
Blanc,	222
La Chastre,	224
S. Amand,	226

TABLE DES GENERALITEZ

La Charité sur Loire, 228

GEN. DE POICTIERS, 230

Poictiers, 231
Mauleon, 237
Thouars, 239
Chatellerault, 241
S. Maixant, 242
Niort, 244
Fontenay-le-Comte, 247
Les Sables d'Olonne, 251

GEN. DE LA ROCHELLE, 254

La Rochelle, 255
S. Jean d'Angely, 257
Saintes, 260
Marennes, 267
Cognac, 268

GEN. DE MOULINS, 272

Moulins, 273
Gannat, 277
Montluçon, 282
Nevers, 284
Chateau-Chinon, 289
Guerret, 290
Combraille ou Hevaux, 296

ET ELECTIONS.

GEN. DE LION,	298
Lion,	299
S. Estienne,	302
Montbrison,	305
Roanne,	309
Villefranche,	312
GEN. DE LIMOGES,	316
Limoges,	317
Tulle,	322
Brives,	326
Bourganeuf,	328
Angoulesme,	330
GEN. DE RIOM,	336
Riom,	337
Clermont,	339
Issoire,	344
Brioude,	347
S. Flour,	350
Aurillac,	353
GEN. DE BOURDEAUX,	356
Bourdeaux,	357
Perigueux,	366
Sarlat,	374

TABLE DES GEN. ET ELEC.

Agen,	378
Condom,	381
Les Landes,	385
Pays de Marsan,	390
Pays de Gabardan,	391
Pays de Labourt,	391
Comté de Bigorre,	392

PROVINCE DE BEARN,	397
Senechaussée de Pau,	398
Senechaussée de Morlas,	399
Senechaussée d'Orthez,	402
Senechaussée de Sauveterre,	403
Senechaussée d'Olleron,	405
Vallée d'Asp,	405
Vallée de Baretons,	406
Vallée d'Osseau,	ibid.
Basse Navarre,	ibid.
Pays Mixte,	ibid.
Vallée de Becorry,	407
Vallée d'Ossez,	ibid.
Baronie de Luxe,	ibid.
Pays d'Arberoue,	ibid.
Pays d'Ostabares,	ibid.
Pays de Cize,	408

DÉNOMBREMENT
DU
ROYAUME

PAR GENERALITEZ, ELECTIONS,
Paroisses et Feux.

GENERALITE' DE PARIS.

Composée de vingt-deux Elections.

Sçavoir,

PARIS, en l'Isle de France.
BEAUVAIS,
COMPIEGNE, } en Picardie.
SENLIS,
MEAUX,
ROZOY,
COULOMIERS, } en Brie.
PROVINS,
MONTREAU-faut-Yonne,
NOGENT-sur-Seine,
SENS,
JOIGNY, } en Champagne.
S. FLORENTIN,
TONNERRE,
NEMOURS,
MELUN, } en Gâtinois
ESTAMPES,
MANTES,
MONTFORT-LAMAURY, } en Beauce.
DREUX,
PONTOISE, dans le Vexin, en Normandie.
VEZELAY, dans le Nivernois, prés la Bourgogne.

DE'NOMBREMENT

ELECTION DE PARIS,

Paroisses.	Feux.
Ablon.	30
Acheres.	55
Amboille.	44
Andilly & Margency.	106
Andrezy, *Bail. Prev. Bar.* & la Faye.	310
Antony, *Bail.*	84
Arcüeil, *Bail.*	154
Argenteüil, *V. Ch.*	1020
Asnieres.	81
Attainville.	98
Athis sur Orge.	54
Attilly.	17
Aulnoy-lez-Bondis.	120
Aurainville.	50
Auteüil, *B.*	298
Aygremont.	30
Bagneux, *B.*	116
Bagnollet.	147
Baillet.	66
Ballainvilliers.	40
Ballizy.	30

Paroisses.	Feux.
Baubigny.	29
Bazemont.	103
Beaubourg.	13
Bellefontaine.	44
Belloy.	138
Besseaucourt.	166
Bethemont.	51
Besons.	81
Bievres-le-Châtel.	116
Boissy S. Leger.	66
Boissy S. Yon.	172
Bonneüil en France.	120
Bonneüil sur Marne.	24
Bondis.	65
Bondoufle.	33
Bouaffle.	142
Bouffemont.	55
Bougival.	139
Bouqueval.	149
Boussy S. Antoine.	28
Brevannes & Limeil.	60
Brie-Comte-Robert,	

Paroisses.	Feux.	Paroisses.	Feux.
V. Ch. Bail. G à S. J R. 6. l.	233	Chateaufort, Ch. Prev.	61
Brie sur Marne.	56	Chastenay en France.	34
Brie separé de Vaugrigneuse.	119	Chastenay-lez-Bagneux.	109
Brunoy.	70	Chastillon.	90
Bruyeres-le-Châtel.	103	Chastres, V. Prev.	430
Bucq.	70	Chattou, B.	160
Bures.	58	Chavenay.	47
Bussy S. Georges.	81	Chaville.	85
Bussy S. Martin.	16	Chaumontel.	76
Carrieres sous le Bois, le Menil & l'Hôtel de Veaux.	30	Chauvry.	90
		Chelles, Abb. Ch.	210
Cernay-la-Ville.	62	Chenevieres-lez-Louvres.	41
Certrouville, B.	240		
Chaillot.	220	Chenevieres sur Marne.	93
Chamarante.	40	Chessy.	80
Chambourcy.	100	Chettainville.	108
Champigny.	175	Chevilly,	60
Champlant.	61	Chevreuse, D. P.	354
Champlastreux, Espinay & Trianon.	55	Chevry.	100
		Chilly.	124
Chams sur Marne.	42	Choisy sur Seine.	46
Chanteloup.	15	Clamart.	154
Chapet.	57	Clichy en Launoy.	28
Charenton S. Maurice.	166	Clichy-la-Garenne, B.	129
Charonne.	159	Collegien.	20

A ij

DE'NOMBREMENT

Paroisses.	Feux.	Paroisses.	Feux.
Combeaux.	11	son.	140
Combs-la-Ville.	70	Drancy & les Noües.	44
Conches.	35	Draveilles & Champrozay.	110
Conflans Se Honorine, *V*.	295	Dugny.	39
Corbeil, *V. Ch.* Prev. Gruërie, Cap. des Chasses.	266	Eaubonne.	38
		Eglis & Villouvette.	72
Cormeilles, *B*.	257	Emerainville.	69
Cossigny.	25	Eragny & Neuville.	145
Couberon.	88		
Coubert.	79	Erbelay & Pierrelaye, *B*.	373
Coudray.	46		
Coulombes & Courbevoye.	520	Ermenonville.	69
		Ermon & Cernay.	19
Courtry.	56	Escharcon.	57
Coye.	98	Escoüen & Neufmoulin, *Ch*.	295
Crespieres.	120		
Creteil.	120	Essonnes, *B*.	120
Crocquetaines.	47	Espiais Tournedos.	50
Croissy en Brie.	40	Epinay-lez-S. Denys.	105
Croissy separé de Chattou.	33		
		Epinay-Quincy.	53
Crosnes.	47	Epinay sur Orge.	80
Dampierre, *V*. Com.	77	Estiolles.	57
		Esvry en Brie.	70
Dampmart.	106	Esvry sur Seine.	52
Daumont.	138	Ezanville.	76
Dauron.	37	Ferrieres.	80
Dœüil & Ormes-			

DU ROYAUME.

Paroisses.	Feux.	Paroisses.	Feux.
Ferolles.	44	Gonnesse, B. Prev. J R. Ch.	553
Feucherolles.	52	Gournay, Prev.	35
Fleury-Merogis.	18	Goussainville.	185
Fontenay-lez-Bagneux.	147	Gouvernes.	70
Fontenay-lez-Bois.	254	Gregy.	37
Fontenay-lez-Brie.	92	Grigny.	60
Fontenay-lez-Louvres.	250	Grisy & Suisnes.	110
		Groslay.	181
Fontenay-le-Vicomte.	33	Guibeville.	14
		Guyencourt.	110
Forges.	102	Guyermante.	44
Fosses.	48	Haubervilliers, B.	353
Fourqueux.	80	Herbeville hors Mareüil.	33
Franconville, Marq.	158	Hoüilles.	148
Frespillon.	78	Jagny.	72
Fresnes-hors-Chapet.	61	Januris.	70
		Igny.	122
Fresnes-lez-Rungis.	80	Jossigny.	88
		Joüy en Josias.	105
Gagny.	30	Joüy-le-Moustier & Joüy-la-Fontaine.	200
Garches-lez-S. Cloud.	44		
Garges.	110	Issy.	195
Gennevilliers.	129	Juvizy, B.	110
Gentilly.	101	Ivry sur Seine.	164
Gif & Courcelles.	119	La Carriere S. Denys.	92
Gomets-la-Ville.	42		
Gomets S. Clair.	53	LaChapelle Milon.	20

A iij

Paroisses.	Feux.	Paroisses.	Feux.
La Chapelle S.Denys.	136	Le Menil S. Denys.	155
		Le Pin.	87
La Courneuve.	94	Le Plessis - Bouchard.	25
La Frette.	67		
Lagny, V. Com. Ch. G à S.	500	Le Plessis-Gassot.	59
		Le Plessis-Paté & Charcois.	50
La Norville.	77		
La Pissotte.	50	Le Plessis-Raould.	21
La Queüe en Brie.	50	Le Plessis sous Luzarches.	44
Lardy.	105		
La Selle-lez-Bordes.	114	Le Pont de Charenton, B. Conflans & les Carrieres.	319
La Selle lez S. Cloud.	42		
		Le Port au Pecq, B.	204
Lassy.	38		
La Varenne S. Maur.	15	Le Pré S. Gervais.	65
La Villeneuve S. Denys.	29	Le Roulle.	87
		Les Alluets-le-Roy.	105
La Villette S. Lazare.	132		
		Les Lays.	58
Launoy-Courson.	16	Les Loges.	37
Lay.	76	Les Mollieres.	57
Le Blancmesnil.	16	L'Estang-la-Ville.	75
Le Bois-Darcy.	80	Lestroües & Montabé.	42
Le Bourget, B.	95		
Le Bourg-la-Reine.	68	Leudéville.	100
Le Chesnoy & Roquencour.	82	Lezigny.	70
		Lieursaint & Villepesque.	40
Le Deluge.	1		
Le Menil-Aubry.	50	Limours & Chau-	

Paroisses.	Feux.	Paroisses.	Feux.
musson, *V. Bail.* Prev. 5 g f. B du Tabac.	114	dre.	50
		Marly-la-Ville.	31
Linas, *B.*	206	Marly-le-Roy, *Maison Royale.*	165
L'Isle S. Denys.	125	Marnes.	23
Lisle & Coucouronne.	67	Marolles en Brie.	39
Lissy en Brie.	37	Marolles en Hurepois.	66
Livry en Launoy, *Ch. Cap. de Chasses.*	110	Massy.	76
		Mauchamps.	80
Longjumeau, *B.*	207	Maulle sur Mandre, *B.*	261
Lognes.	23		
Longpont.	120	Medan.	30
Louvetiennes.	48	Mennecy.	119
Louvres, *B.*	190	Menus & Boulogne, *Gruërie, Cap. de Chasses.*	205
Luzarches, *V.*	337		
Mafflée.	69		
Magny-les-Hameaux.	101	Meudon & Fleury, *B. & M R.*	200
Maincourt.	24	Mignaux.	29
Maisons prés Charenton.	95	Moisselles.	50
		Moissy-Cramoiel.	122
Maisons prés Poissy, *Marq.*	167	Mons.	48
		Montainville.	115
Mandres.	69	Montesson.	76
Marcoussis.	179	Montevrain.	76
Mareüil en France.	102	Montfermeil.	137
Mareüil sous Marly.	122	Montgeron.	69
Mareüil sur Man-		Montjay, Villevaudez & Bordeaux.	138

Paroisses.	Feux.	Paroisses.	Feux.
Montigny.	37	Bois.	126
Montl'herry, B. Prev. Ch.	251	Ollainville.	91
Montlignon.	64	Orçay-les-Hameaux.	132
Montmagnie.	101	Orengis & le Plessis.	50
Montmartre & Clignancourt.	440	Orgeval.	60
		Orly.	30
Montmorency, V.D.F.Prev.Ch.	364	Ormoy.	40
Montreüil hors Viroflay.	180	Ormoy & Ville-l'Abbé.	115
		Ozoüer-la-Ferriere.	75
Montreüil-les-Bois, B. Prev.	1086		
Montrouge.	88		
Montsoubs.	129		
Morainvilliers.	70		
Morengis-Loüens.	40		
Morsang sur Orge.	68		
Morsang sur Seine.	17		
Mours.	24		
Mouceaux.	30		
Moussi-le-Neuf.	180		
Nanterre, B.	389		
Neüilly sur Marne.	85		
Nogent sur Marne, V.	240		
Noiziel sur Marne.	29		
Noisy-le-Grand.	132		
Noisy-le-Secq, B.	250		
Nozay-la-Ville-du-			

PARIS, Ville Capitale du Royaume, & la plus considerable de l'Univers. 60. Paroisses, Archevêché-Duché-Pairie, Université, Conseils d'Etat, des Finances, des Depêches, Privé, & du Commerce, Parlement, 5 Chambres des Enquêtes, 2 des Requêtes, Requêtes de l'Hôtel, Chambre des Comptes, Cour des Aydes, Grand Conseil, Cour & Hôtel des Monoyes, Prevôté de l'Hôtel,

DU ROYAUME.

Paroisses.	Feux.
Bureau des Finances, Chambre du Domaine, Table de Marbre, ou Grande Maîtrise, Maîtrise particuliere, Connêtablie, ou Marêch. de France, Amirauté, Grande Pannetrie, Massonnerie, Basoche, Bailliage du Palais, Prevôté, Vicomté, Presidial, Grenier à Sel, Hôtel de Ville, Juges-Consuls, Bailliage & Capitainerie du Louvre, Bailliage de l'Arcenal, Prevôté de l'Isle de France, Bureaux, General de la Doüanne, des Aydes du Poisson, du Papier, de la Halle aux Toilles, & du Tabac.	
Passy.	250
Paloiseau, *Marq.*	332
Paray.	15
Pequeuse.	42
Pentin & la Villette S. Denys.	123
Perrigny.	24
Pierre-Fitte.	105
Piscop, Ponsel & Lelvat.	63
Poissy, *V. Ch. Prev. G à S.*	495
Pomponne & la Madelene.	60
Pontault, Pontillaut, & Bercheres.	60
Pontcarré.	47
Poutrouville, dit Belleville.	204
Presles, *B.*	239
Puisseux.	47
Putteaux.	136
Rennemoulin.	16
Rentilly.	30
Ris & la Borde.	20
Roissy en Brie	75
Roissy en France.	167
Romainville.	103
Rosny.	148
Ruel, *V.*	500
Rungis.	27
Saclay-Villeras.	61
Saintry.	40
Sancis.	112
Sarcelles, *Marq.*	339
Sarris.	37

Paroisses.	Feux.	Paroisses.	Feux.
Savigny & Vaux.	117	de Corbeil.	25
Saux.	139	S. Germain-lez-Chaftres.	94
Sceaux.	143		
Senlisse.	72	S. Gratien.	52
Senteny.	45	S. Jacques, *Fauxb.* de Corbeil.	153
Servon.	48		
Sevran.	28	S. Jacques S. Chriftophe de Retz.	5
Sevres, *B.*	223		
Soignolles.	100	S. Jean de Choifel.	67
Soisy sous Montmorency.	77	S. Jean de Leuville.	164
Soisy sur Seine.	120	S. Lambert.	70
Stains.	166	S. Leu-Taverny, *V. Prev.*	303
Sucy.	160		
Suresnes, *B.*	247	S. Martin au Tartre.	108
S. Aubin.	8		
S. Brice, *B.*	258	S. Maur, *B. Ch.*	128
S. Cloud, *V. D. Ch.*	248	S. Michel sur Orge.	81
		S. Nom de Levy.	107
S. Denys du Port.	18	S. Nom de la Bretefche.	116
S. Denys en France, *V. Abb. Ch. Bail.*	605	S. Oüin, *B.*	115
		S. Pierre & S. Philbert de Bretigny.	3
S. Forget.	60		
S. Germain en Laye, *V. Prev. Cap. de Chaffes, M P.*	500	S. Pierre, & S. Leonard, *Fauxbourg de Corbeil.*	122
S. Germain des Noyers.	20	S. Remy.	88
S. Germain, *Fauxb.*		S. Sulpice de Favieres.	62

Paroisses.	Feux.	Paroisses.	Feux.
S. Thibault.	39	Vaugrigneuse.	73
S. Vrain.	120	Vauhalant & Limours.	41
S. Vy.	10		
S. Yon.	42	Vaujours & Montauban.	96
Ste Genevieve des Bois.	25		
		Vemars, B.	214
Ste Genevieve des Noyers.	20	Vernoüillet.	160
		Verrieres.	149
Ste Jame.	59	Versailles, Ch R. Prev. & Glatigny.	82
Taverny, B.	225		
Thiais.	140	Vert le Grand.	127
Tigery.	66	Vert le Petit.	62
Tillay, B.	244	Vignay, Courcelles, Rouvres, & le Château-Fraguier.	9
Torcy en Brie, Prev. Ch.	160		
		Villaines en France.	29
Tortou.	12	Villaines prés Poissy.	100
Torrigny & les Fourneaux.	119		
		Villebon.	99
Tour, dit S. Prix.	143	Villecresne & Cerçay.	76
Toussus.	34		
Tremblay.	40	Villedavray.	84
Triel, B. Prev.	600	Villejuifve, B.	270
Vaires.	8	Villejust & Freçay.	32
Vallenton & l'Hôpital Messy.	53	Villemoisson.	34
		Villemonble.	30
Vanvres.	188	Villeneuve aux Asnes, Brousts & Forests.	15
Varennes & Jarcy.	38		
Vaucresson.	26		
Vaudherlant.	30		
Vaugirard.	98	Villeneuve-le-Roy,

DE'NOMBREMENT

Paroisses.	Feux.	Paroisses.	Feux.
Bail. Ch.	105	Villiers le Bel, B.	640
Villeneuve S.George, V.	150	Villiers la Garenne.	20
		Villiers le Secq.	46
Villeparisis & Landrezy.	69	Villiers sur Marne.	114
		Villiers sur Orge.	25
Villepinte.	57	Virofflay.	56
Villepreux, V. Prev. & Ch. & le Clos-Poullain.	213	Viry & Chastillon.	64
		Vitry sur Seine, B.	270
		Voisins & les Hameaux.	22
Villeton.	76	Ursines & Velizy.	33
Villetaneuse.	24	Wisoubs.	160
Villiers-Adam.	118	Yerres.	101
Villiers le Bascle.	44		

ELECTION DE BEAUVAIS.

Paroisses.	Feux.	Paroisses.	Feux.
Abbecourt.	64	Bailleu.	152
Achy.	157	Ballagny.	100
Allonne, B.	293	Bazancourt.	60
Andeville.	67	Beaupré.	40
Auneüil, B.	325	Berneüil.	133
Auchy.	37	Berthecourt.	119
Aumecourt.	134	Blacourt.	82
Autheüil.	120	Blicourt, B.	217
BEAUVAIS, V.	3064	Bonniere.	84
Feux, 11 Par. Evêché, Com. Pair. Pref. Bail. Prev. G à S. Mar. 15 l.		Brascheux.	58
		Bresle, B. Ch.	240
		Briostbombos, B.	308

Paroisses.	Feux.	Paroisses.	Feux.
Buicourt.	53	Goincourt.	50
Bury-Angy, B.	354	Gremevillcr.	156
Cagny Boufflers.	83	Guignecourt.	88
Campeaux.	134	Hamel & Grez.	185
Canny.	85	Hannache.	73
Cauvegnye, B.	287	Hanvoille.	118
Corbeilcerf.	66	Harmes.	137
Coudray Belle-gueule.	48	Haucourt.	28
		Haussez.	140
Coudray S. Germer.	121	Hautespine.	14
		Hecourt.	31
Cuigy.	128	Heilles.	84
Doudeauville.	85	Hericourt.	5
Epaubourg.	69	Hetomenil.	125
Ernemont Boutavant.	40	Hodenc en Bray.	129
		Hodenc l'Evêque.	65
Escames.	116	Juvegnye.	188
Essuille.	148	La Boissiere.	111
Fay S. Quentin.	129	La Chapelle aux Pots.	92
Feuquieres.	142		
Fontainelavaganne.	100	La Chapelle S. Pierre.	23
Fontenay.	63	La Chapelle sous Gerbroy.	50
Foullangue.	48		
Fouquegnie.	104	La Grange de l'Hôtel-Dieu.	1
Fouquerolle.	65		
Frocourt.	58	La Landelle.	94
Gancourt.	91	Lannoy.	20
Gerbroy, B. V. c.	80	La Neuville d'Aumont.	40
Glatigny.	96		

DE'NOMBREMENT

Paroisses.	Feux.	Paroisses.	Feux.
La Neuville Mre Grenier.	53	Morviller.	114
La Neuville sur Oudeüil.	150	Mouy, V.	520
		Niviller.	40
Lardiere.	45	Ne De du Til, B.	264
La Rouge Maison.	21	Ons en Bray.	191
La Versine.	183	Oudeüil.	64
Le Deluge.	70	Pierrefitte.	111
Le Quesneger.	10	Pisseleu.	90
L'Hôpital de Morlaine.	1	Ponchon.	109
		Puyseux en Bray.	76
Lihus.	170	Rainviller.	53
Lis & Wariville.	103	Rochy Condé.	59
Longuillé Boncourt.	65	Rotangy.	100
		Rothois Godechart.	151
Lormaison.	48	Roy Boissy.	52
Loüeuse & Beaulieu.	56	Savegnye.	11
		Sauqueuse.	61
Maisoncelle.	74	Senante.	20
Marissel.	109	S...y.	89
Marseille.	178	Songeons.	125
Martaincourt.	60	Sullie.	41
Meru, B.	280	S. Arnoul.	16
Milly, B.	170	S. Aubin.	68
Mouceaux l'Abbaye.	36	S. Deniscourt.	61
		S. Germain.	43
Monchy le Chastel.	36	S. Germer.	15
Montreüil sur Therain.	26	S. Just. des Marests.	104
Morfontaine.	51	S. Leger.	52

DU ROYAUME.

Paroisses.	Feux.	Paroisses.	Feux.
S. Martin le Neuf.	103	Vauroux.	63
S. Maur.	16	Vellenne.	82
S. Mennevieux.	77	Villembray.	33
S. Michel.	1	Villiers S. Barthelemy.	188
S. Omer.	132		
S. Oüin Tardonne.	165	Villers S. Sepulcre.	103
S. Paul.	20		
S. Pierre & Champs.	17	Villers sur Auchy.	93
		Villers sur Bonnieres.	64
S. Quentin.	33		
S. Samson.	63	Villers Vermont.	64
S. Sulpice.	116	Ully S. Georges, B.	206
Ste Genevieve.	128		
Therine.	8	Urocourt.	41
Tillart.	5	Wambé.	46
Tillé.	9	Warluis.	139
Troissereux.	135		

ELECTION DE COMPIEGNE.

Paroisses.	Feux.	Paroisses.	Feux.
Annel.	50	S. M d'E & For. Cap. de Chasses. Mar. B du Tab. 18. l.	
Anteüil.	49		
Baugy.	120		
Bienville.	37	Canly.	24
Boisdageux.	34	Chevincourt.	45
Braine.	73	Clairoix.	87
Compiegne, V. Bail. Prev. n. r. G à		Coudun.	104
		Eslincourt.	89

DÉNOMBREMENT

Paroisses.	Feux.	Paroisses.	Feux.
Fayel.	67	Melicocq.	37
Francieres.	54	Montmartin.	59
Gillocourt.	62	Morguienval.	220
Harmencourt.	45	Noel S. Martin.	25
Humieres.	74	Oroüy.	140
Janville.	39	Rivecourt.	61
Jaux.	54	Rucourt.	58
Jonquieres.	43	Ruy.	28
La Breviere.	29	S. Antoine, S. Jacques, S. Pierre, & S. Germain de Compiegne.	409
La Chelle.	32		
La Croix S. Oyen.	14		
La M. d'Aguify.	21		
La M. de Corbeaulieu.	11	S. Germain lez Verberie.	10
La M. de Normandie.	17	S. Martin de Bethizy.	36
La M. des sept Voyes.	21	S. Pierre de Bethizy.	42
La M. de S. Corneil.	31	S. Sauveur.	30
		S. Waft.	54
Le Meux.	9	Vandelincourt.	77
Longüeil Se Marie.	14	Venette.	117
Longüeil sous Throtte.	12	Verberie, V. Prev. Ch.	200
Marcatéglise.	90	Vielmolin.	40
Mareft.	67	Vignemont.	60
Margny.	44	Villiers sous Coudun.	80
Marigny.	103		

ÉLECTION DE SENLIS.

Paroisses.	Feux.	Paroisses.	Feux.
Asnieres.	181	G à S.	169
Aspremont.	102	Croüy.	105
Aulmont.	49	Droiselles.	30
Balagny.	35	Ducy.	36
Barbery.	40	Ercuys.	118
Barron.	120	Ermenoville.	120
Beaumont sur Oise, *V. Bail. Jurid. R. des Bâtimens, M P. Mar.*	400	Eve.	60
		Fontaine.	40
		Fresnoy en Telle.	47
		Gouvieux, *B.*	257
		Juillet.	40
Belléglise.	69	La Chapelle.	70
Bernes.	17	La Morlay.	37
Borang.	135	Le Lis.	15
Borrest.	65	Mesnil S. Denys.	72
Bornel.	120	Montagny.	120
Brasseuse.	46	Montataire.	180
Bray.	6	Mont-l'Evêque.	94
Brenoüille.	135	Montespilloir.	63
Bruyeres.	48	Montlognon.	35
Chambly, *B. Ch. J R.*	233	Morancy.	18
		Morangle.	62
Chament.	66	Morfontaine.	75
Champagne.	177	Noël S. Remy.	125
Courteüil.	56	Nointel.	40
Creil, *V. Bail. Ch.*		Nongent.	

DÉNOMBREMENT

Paroisses.	Feux.	Paroisses.	Feux.
Nully en Telle.	210	Bail. Pref. Prev. n r.	
Ognon.	22	M P. G à S. Mar.	
Orry.	70	10 l.	
Othis.	51	Seugy.	42
Persang.	40	Survilliers.	89
Plailly.	160	S. Christophe.	80
Pontharmé.	75	S. Firmin.	150
Pontpoint.	165	S. Leonard.	65
Pont S. Maxance, V. Bail. Prev. n.r.	494	S. Leu, B.	270
		S. Maximin.	155
Precy & Blaincourt, B.	400	Ver.	110
		Verneüil, V. D.	300
Puisieux.	135	Versigny.	60
Raray.	60	Vienne, B.	207
Rieux.	80	Villeneuve.	36
Ronquerolles.	60	Villiers S. Frambourt.	104
Rully.	90		
SENLIS, Ville, Feux, 8. Par. Ev.	830	Villiers S. Paul.	91
		Villiers sous S. Leu.	72

ELECTION DE MEAUX.

Paroisses.	Feux.	Paroisses.	Feux.
Annet.	191	Bouleurs.	143
Bailly Ramainvillers.	50	Boutigny.	114
		Bregy.	124
Barcy.	70	Brumets.	48
Bellot.	172	Bussieres.	67
Boitron.	47	Carnetain.	47

DU ROYAUME.

Paroisses.	Feux.	Paroisses.	Feux.
Chalifert.	67	Esbly.	70
Chambry.	167	Estrepilly.	89
Chamigny.	138	Forfry.	46
Changis.	29	Fossemartin.	29
Charmantray.	36	Fresne.	50
Charny.	93	Fublaines.	51
Chauconin.	47	Germigny l'Evêque.	107
Choisy en Brie, B. Marq.	244	Germigny.	6
Choisy le Temple.	1	Gevre.	24
Claye, B.	159	Gressy.	12
Compans.	44	Hervilliers & Brumoisel.	24
Condé la Ferté, B.	541		
Condé St Libiere.	99	Jablaines.	23
Congis.	100	Jaignes.	60
Coucherel.	72	Jouarre & Balleau, V.	435
Couilly.	154		
Coulomme.	75	Jouy sur Morin, V. J R.	284
Coupurcy.	137		
Courevroust.	61	Isle & Armantiere.	71
Cressy, V. Bail. Prev. M P.	267	Isle lez Villenois.	43
		Juerny.	76
Cregy.	56	Jully.	78
Crespoil.	31	La Chapelle sous Crecy.	199
Crouy, V. D P.	236		
Cuisy.	33	Lagny le Sec.	90
Dammartin, V. Com.	436	Le Marché, B.	229
		Le Menil Amelot.	152
Dhuisy.	56	Le Plessis l'Evêque.	37
Douy.	67		

DÉNOMBREMENT

Paroisses.	Feux.	Paroisses.	Feux.
Le Plessis Pomponne.	44	Nanteüil, *V. Prev.*	220
Le Plessis Vicomte.	55	Nantoüillet.	71
Les Essarts l'Evêque.	22	Neufchelles.	64
		Neufmoutier.	102
Lesche.	29	Occoire.	58
Lizy, *V.*	257	Oisery, *B.*	201
Longperier.	92	Orly.	84
Luzancy.	99	Panchard.	55
MEAUX, *Ville*,	3426	Poinçy & Beauval.	23
Feux, Evêché, Pres. Bail. Prev. n r. G à S. Mar. 10. *l.*		Precy.	44
		Puissieux.	114
		Quincy, *B.*	365
		Rademont.	22
Marché Morel.	49	Reüil.	65
Marcilly.	68	Saacy.	149
Mareüil.	163	Sameron.	91
Marolles.	50	Sancy.	37
Marry.	64	Segy.	26
Mauregard.	59	Sept Fors.	24
Messy.	137	Silly.	175
Mitry, *B.*	215	Soüilly.	45
Montgé.	105	S. Cir, *B.*	217
Monthion.	152	S. Christophe.	186
Montigny.	90	S. Denys.	185
Montry.	74	S. Fiacre.	71
Morry.	27	S. Germain.	76
Monceaux, *M R. Prev. Cap. de Chasses.*	130	S. Gobert.	1
		S. Haulde.	97
Moussy le Vieil.	78	S. Jean de Reherz.	165

DU ROYAUME.

Paroisses.	Feux.	Paroisses.	Feux.
S. Jean les 2 Jumeaux.	131	Trocy.	54
S. Leger lez Rebetz.	48	Varreddes.	259
		Vaucourtois.	39
S. Marc.	135	Vendrets.	154
S. Martin de Voullangis.	140	Vignely.	13
		Villemareüil.	51
S. Mesme.	74	Villeneuve le Comte.	106
S. Nicolas de Rebetz, B.	367	Villeneuve.	82
		Villenoy.	103
S. Pathus.	48	Villeroy, D P.	62
S. Souplets.	146	Villers-lez-Rigaux.	24
Tanerou.	75		
Thieux.	87	Villers sur Morin.	165
Tresmes, D P.	50	Vinante.	42
Trilbardou.	98	Vincy Manœuvre.	50
Trilport.	113	Ully.	125

ELECTION DE ROZOY.

Paroisses.	Feux.	Paroisses.	Feux.
Aubpierre.	39	Chastres.	42
Bailly Carrois.	48	Chaulme, V.	264
		Closfontaine.	43
Bannost.	113	Courpalay.	136
Beauvoir & Argentiere.	96	Courtomer.	57
		Crevecœur.	34
Bernay.	67	Dampmartin.	92
Chateaubleaux.	25	Farmoustier, V.	

DENOMBREMENT

Paroisses.	Feux.	Paroisses.	Feux.
Bail. Ch.	220	Mormand.	87
Favieres.	103	Mortcerf.	131
Fontenay.	103	Nangis, V. Com.	243
Gastins.	74	Nesle.	64
Grandpuis.	37	Neufmoustier.	64
Grez.	72	Ormeaux.	32
Guerard, B.	265	Ozouer le Repos.	45
Hautefeüille.	18	Pecy.	130
Joüy le Chastel, V. J R.	100	Pequeux.	12
		Pezarche.	13
La Boissiere.	10	Plancy.	11
La Celle.	131	Presle.	82
La Chapelle Iger.	24	Quiers.	35
La Croix.	142	Rozoy, V.	247
Lady.	45	Rampillon.	90
La Grange Bleneau.	40	S. Just.	35
		Tigeaux.	43
La Houssaye.	77	Touquin.	136
La Madelene.	6	Tournan, Prev.	120
Les Chapelles Breteüil.	18	Vaudoy.	143
		Verneüil.	34
Le Plessis Feaussous.	28	Vilbert.	47
		Vilgangnon.	38
Liverdy.	95	Villeneuve la Hurée.	22
Lumigny.	82		
Maisoncelle.	69	Voinsle & le Breüil.	48
Marle.	79		

ELECTION DE COULOMIERS.

Paroisses.	Feux.	Paroisses.	Feux.
A Milis.	118	Magny le Hongre.	37
Aulnoy	70	Mauperthuis.	58
Bautheil.	103	Melleray.	50
Boissy.	123	Mourou, *B.*	247
Chailly.	102	Pierrelevée.	49
Chartronge.	30	Pommeuze.	37
Chauffry.	70	Sablonniere.	158
Chevru.	90	Saints.	162
Coulomiers, *V. J R. 13. l.*	603	Signy Signets.	79
		S. Augustin.	230
Dagny.	32	S. Barthelemy.	70
Doüe.	141	S. Germain.	76
Gilmoustier.	25	S. Martin.	68
Hondevilliers.	33	S. Oüen.	25
La Ferté Gaucher, *V. J R.*	348	S. Remy.	136
		S. Simeon.	120
La Haute Maison.	30	Villeneuve sur Bellot.	169
Le Vezier.	40		
Leudon.	39		

ELECTION DE PROVINS.

Paroisses.	Feux.	Paroisses.	Feux.
A Ugere.	58	Bazoches.	107
Bauchery.	59	Bezalles.	37

DE'NOMBREMENT

Paroisses.	Feux.	Paroisses.	Feux.
Boisdon.	36	Pres. Bail. Prev. n r.	
Cerneux.	98	G à S. M P. Mar.	
Chalautre.	106	18 l.	
Challemaison.	89	Pongnis.	23
Champcenest.	45	Rouilly.	58
Champcouelle.	23	Ruperreux.	33
Chenoise.	161	Sancy.	78
Courchamp.	40	Savins.	54
Courtacon.	43	Soisy.	31
Courteuroux.	57	Sourdun.	164
Cuchermoy.	84	S. Ayoul de Provins.	530
Everly.	82		
Flaix.	8	S. Pierre de Prov.	169
Fretoy.	30	S. Quinace de Provins.	153
Gimbroix.	13		
Goix.	144	Se Croix de Prov.	306
Hermer.	71	S. Brice.	83
Leschelle.	92	S. Genoist.	11
Lescherolles.	54	S. Illier.	105
Les Marests.	47	S. Loup.	86
Lizines & Solognes.	192	S. Mars.	45
		S. Martin des Champs.	28
Lourps.	27		
Maisoncelle.	31	S. Martin du Boschet.	28
Mels.	130		
Meriot.	77	S. Sulpice.	42
Mortery.	24	Se Colombe.	98
Mouceaux.	66	Vanvillé.	24
Moutils.	24	Veillers.	84
PROVINS,	V.	Veronges.	101
		Vieilmaisons.	

Paroisses.	Feux.	Paroisses.	Feux.
Vielmaisons.	13	Vullaines.	23
Voulton.	23		

ELECTION DE MONTEREAU.

Paroisses.	Feux.	Paroisses.	Feux.
Aymant.	64	Forges.	49
Balloy.	82	Gravon.	84
Barbey.	45	Gurrey & Chaloſtre la Repoſte.	90
Biennes.	80	La Broſſe.	41
Cannes.	120	La Chapelle Rablais.	40
Chaſtenay.	242	La Genevraye.	45
Chaumont.	79	La Grande Paroiſſe.	141
Cottenſon.	36	Landoy.	125
Dians.	49	La Tombe.	104
Domptilly & Becherel.	166	Luiſtaine.	41
Donnemarie, Ceſſoy, Mons, Meigneux & Teniſy.	420	Montereau, V. & le Chaſtel lez Nangis. Bail. G à S. Mar. 15 l.	649
Dormeilles.	125	Marolles.	98
Eſchou Boulen.	52	Mizy.	83
Eſcuelles.	39	Montarlot.	36
Eſgligny.	94	Montigny Lencoup.	179
Eſpizy.	29	Montmachou.	85
Flagy.	84		
Fontains.	71		
Fontenailles.	84		

DÉNOMBREMENT

Paroisses.	Feux.	Paroisses.	Feux.
Moret, V. & S. Mamert.	308	S. Nicolas lez Montereau.	
Mouceaux.	38	Tourry Ferrottes.	64
Noisy.	31	Vallences.	41
S. Aignan.	40	Varennes.	24
S. Ange le Vieil.	19	Veneux & Nadon.	51
S. Germain, Laval, Salins & Courcelles.	280	Villecerf.	46
		Villemert.	65
S. Jean Courbeton.	22	Villeneuve le Comte.	27
		Ville S. Jacques.	80
S. Maurice lez Montereau.	49	Voux.	154

ELECTION DE NOGENT sur Seine.

Paroisses.	Feux	Paroisses.	Feux.
Avant.	132	Gelanne.	106
Baby.	23	Grisy.	35
Barbuise.	222	La Chapelle.	27
Bazoches.	136	La Fosse.	58
Boüy.	26	Les Ormes.	110
Compigny.	64	Marnay.	95
Courgenay.	159	Mascon.	115
Courlon, B.	308	Moisy.	34
Crancé.	79	Montigny.	84
Fay.	49	Mousseaux.	31
Ferteux.	65	Nogent sur	

DU ROYAUME.

Paroisses.	Feux.	Paroisses.	Feux.
Seine, *V. Bail.*		Serbonne.	87
G à S. T F. Mar.		Sigy.	32
24 l.	808	S. Aubin.	98
Noyen.	80	S. Hilaire.	110
Pailly.	137	S. Jean.	140
Parroy.	70	S. Martin.	35
Pars.	37	S. Sauveur.	51
Passy.	20	Villeneuve au Chastelot.	56
Perrigny.	32		
Plessis du Metz.	85	Villieres.	88
Pont sur Seine, *V. Prev.*	105	Villuis.	82
		Vimpelle.	108
Quincey.	46	Vinneufs, *B.*	232
Romilly, *B.*	231		

ELECTION DE SENS.

Paroisses.	Feux.	Paroisses.	Feux.
Bagnaux.	60	Courceaux.	42
Brannay.	71	Courcerroy.	31
Bussy le Repos.	112	Courmonnoncle.	12
Cerilly.	26	Courtois.	46
Cerisiers, *B.*	220	Cuy.	45
Champigny, *B.*	256	Dillot.	40
Chevry.	100	Dixmont, *B.*	333
Chigy.	59	Dollot.	108
Collemiers.	108	Esgriselles, *B.*	216
Cornant.	73	Estigny.	65
Coulours.	114	Esury.	35

DE'NOMBREMENT

Paroisses.	Feux.
Flacy.	39
Fleurigny.	116
Foissy.	93
Fontaine Fourche.	42
Fontaine la Gaillarde.	80
Fontenay Bossery.	12
Gizy.	126
Granchettes.	10
Granges.	84
Gron, B.	122
Gumery.	60
Jaulnes.	57
La Chapelle sur Oreuze.	80
Lailly.	88
La Louptiere.	110
La Motte-Tilly.	108
L'Apostolle.	49
Le Plessis Gastebled.	40
Les Bordes.	152
Les Sieges.	138
Maillot.	65
Marsangis.	190
Maslay le Roy.	36
Maslay le Vic. B.	214
Michery.	198
Mollinons.	56
Montacher.	133

Paroisses.	Feux.
Nailly, B.	226
Noée.	80
Paron.	91
Passy.	120
Pont sur Vannes.	64
Poüy.	92
Rigny le Feron, B.	239
Rosoy.	44
Rousson.	64
Salligny.	70
Serginnes.	40
Sognes.	67
Soucy Jouvancy.	106
Subligny.	84
SENS, V. 1669 Feux, Arch. Pref. Bail. Prev. n r. J C. G à S. M P. Mar. 26 l.	
S. Clement.	152
S. Denys.	23
S. Martin du Tartre.	154
S. Martin sur Oreuze.	121
S. Maurice aux Riches Hommes.	91
S. Nicolas lez Villeneuve le Roy.	195
S. Savinien lez Villen. le Roy.	161

Paroisses.	Feux.	Paroisses.	Feux.
Theil.	52	Villenauxe.	85
Thorigny, *V. Com.*	161	Villeneuve la Guyart, *V.*	341
Tresnel, *B.*	254	Villeneuve l'Archevêque, *V. Prev.*	312
Vallery.	149		
Vareilles.	53		
Vaudeurs, *B.*	290		
Veron.	129	Villeneuve le Roy, *V. Bail.*	595
Vernoy.	40		
Vertilly.	59	Villeperrot.	33
Villeblevin.	187	Villeroy.	30
Villebougis.	59	Villethierry.	101
Villechetive.	56	Villiers Bonneux.	40
Villefolles.	142	Villiers Loüis.	89
Villegardin.	44	Voisines.	188
Villemanoche.	143	Vomort.	90
Villenavotte.	3	Vulaines.	38

ELECTION DE JOIGNY.

Paroisses.	Feux.	Paroisses.	Feux.
Aillant, *B.*	221	Branche.	111
Arces.	165	Briesnon, *V.*	420
Armeau.	110	Brion.	200
Bassou.	66	Bussy, *B.*	248
Bellechaume.	132	Cezy, *B.*	229
Beon.	72	Chambugle.	47
Blegny.	27	Champcevrais.	154
Bonnard.	53	Champignelle, *B.*	317
Bouilly.	50		

B iij

DE'NOMBREMENT

Paroisses.	Feux.	Paroisses.	Feux.
Champlay Longueron.	193	La Villotte.	52
Chamvalon, B. Marq.	65	Les Aulnais.	21
		Le Mont S. Sulpice, B.	217
Chamures.	50	Les Ormes.	79
Charmoy.	79	Looze.	62
Charny.	158	Loüesme.	73
Chassy, B.	234	Malicorne.	100
Cheny.	169	Marchaisbeton.	67
Chevillon.	198	Mercy.	39
Chichy.	36	Merry & Vaux.	124
Dracy.	127	Migenne.	101
Eglegny.	112	Neüilly, B.	218
Epineau les Voües.	76	Ormoy.	153
Esnon & Vorvigny.	106	Palteau.	51
		Parroy en Othe.	130
Evrolles.	121	Parroy sur Tollon.	29
Fleury, B.	295	Perreux.	141
Fontenoüille.	79	Poilly.	189
Grand Champ.	183	Precy.	154
Guerchy.	186	Preux S. Romain.	111
Haultrive.	58	Prunoy.	126
JOIGNY, V. Com. Bail. Prev. G à S. Mar. 34 l.		Senan & Vougré.	267
		Sepaux.	148
		Somquaise.	101
La Celle S. Cir. B.	236	S. Aubin Châteauneuf, B.	250
La Düe.	54		
La Ferté Loupiere, V.	204	S. Aubin sur Yonne.	81
La Malmaison.	27	S. Cidroine.	150

DU ROYAUME.

Paroisses.	Feux.	Paroisses.	Feux.
S. André de Joigny.	175	Tannerre.	179
S. Jean de Joigny.	394	Turny.	190
S. Thibault de Joigny.	461	Venisy Chaillé. B.	680
S. Denys sur Ouanne.	57	Vergigny & Arbousseau.	128
S. Julien du Sault, V.	466	Verlin.	116
		Villecien.	104
S. Loup Dordon.	107	Villefranche.	143
S. Martin Dordon.	140	Villemer.	119
S. Martin sur Ocre.	52	Villeneuve au Chemin.	58
S. Martin sur Ouanne.	175	Villeneuve les Genests.	132
S. Maurice le Vieil.	130	Villevallier.	104
		Villiers S. Benoist.	147
S. Maurice Tizouaille.	54	Villiers sur Tolson.	153

ELECTION DE S. FLORENTIN.

Paroisses.	Feux.	Paroisses.	Feux.
Aureüil.	104	Ceant en Othe.	320
Auxon, B.	371	Champlost, B.	315
Bernon.	69	Chessy.	265
Beru.	55	Cheu.	97
Beugnon.	76	Coursan.	92
Beyne.	178	Courtaoult.	72
Bœurs.	176	Danemoine.	151
Butteau.	60	Ervy, V. J R.	454

DÉNOMBREMENT

Paroisses.	Feux.	Paroisses.	Feux.
Flogny.	83	Racine.	138
Germigny, V.	288	S. Florentin, V.	553
Jaulge.	72	Feux, Com. Bail.	
La Chapelle.	44	G à S. Mar. 39 l.	
Lapçon.	90	Sormery, B.	223
Lignerre.	107	Sousmentrain.	82
Lignoreille.	57	Trichey.	46
Maligny, B.	215	Turgy.	31
Monsey.	93	Vanlay.	98
Montigny.	63	Venousse.	28
Neufvy, B.	343	Villy.	40
Perrecey.	115	Vosnon.	133
Poinchy.	51		

ELECTION DE TONNERRE.

Paroisses.	Feux.	Paroisses.	Feux.
A Colay.	88	Ban.	41
Aigremont.	18	Bazarnes.	105
Aizy.	63	Beauvoir Auxerrois.	100
Ancy le Franc, V.	246		
Ancy le Serveux.	82	Beauvoir Tonnerois.	58
Appoigny.	308		
Argentenay.	33	Bernoul.	61
Argenteüil.	176	Bessy.	71
Artonnay.	176	Blaigny.	50
Asnieres.	72	Bouis.	80
Avignau.	104	Bragelogne.	117
Bagneux.	124	Carizé.	99

DU ROYAUME.

Paroisses.	Feux.	Paroisses.	Feux.
Chablis, V. Prev.		Fulvy.	58
" "	300	Fyé.	28
Champ & Vaux.	98	Geigny.	86
Channay.	77	Gland.	88
Channes.	56	Griseausecq.	17
Charbuis.	247	Griselle.	66
Charantenay.	121	Gy l'Evêque.	126
Charré.	20	Irancy, B.	200
Chassinelle.	166	Jully.	67
Chazeré.	34	Junay.	42
Chené.	49	Jussy.	78
Chery.	25	La Chap. Foligny.	132
Chevanne.	178	La Chap. Senevoy.	72
Chichée.	52	Laignes, B.	365
Chichery.	142	Laindry, B.	218
Chitry.	31	Lezines.	110
Commeville.	54	Licheres.	59
Cousegré.	162	Ligny, V.	378
Coulan.	27	Marolles.	135
Courgis, B.	208	Melizé.	151
Cruzy, V. Marq.	162	Mercy.	82
Cry.	89	Merisecq.	42
Cuzy.	79	Molesme, V.	151
Diges, B.	272	Molhomme.	134
Dyé.	136	Monetau.	56
Ecam.	127	Moulins.	70
Epineul.	180	Nicé.	155
Ery, B.	255	Nitry.	50
Etourvy.	116	Noiron.	64
Fontenay.	45	Pacy.	125

DÉNOMBREMENT

Paroisses.	Feux.	Paroisses.	Feux.
Parly.	177	Stigny.	119
Perrigny.	46	S. Martin.	90
Pimelle.	48	S. Maur.	75
Poilly.	60	S. Vinemer.	98
Pontigny.	50	Ste Vertus.	40
Pothierre.	107	TONNERRE, V.	995
Pourain, B.	250	Feux, Com. & S.	
Pregilbert.	37	Mar. 43 l.	
Prehys.	26	Thorré.	89
Pruzy.	13	Tissé.	48
Quincerot.	35	Tronchoy.	40
Quincy le Vicomte, B.	100	Trussy.	48
		Varenne.	70
Rameau.	22	Vertault.	65
Raviere, B.	219	Vezannes.	78
Ricé Bas.	169	Vezine.	104
Ricé Hauterive.	91	Vus.	40
Ricé Haut, B.	274	Ville-Dieu.	73
Roffé.	78	Villiers le Bois.	45
Rougemont.	46	Villiers Potras.	45
Rouveroy.	75	Villiers Vineux.	79
Rugny.	160	Villon.	123
Sacy.	108	Vincelotte.	48
Sambouc.	41	Vireaux.	89
Senevoy.	60	Viviers.	40
Soulangis.	6		

ELECTION DE NEMOURS.

Paroisses.	Feux.	Paroisses.	Feux.
Acheres.	41	Chevannes.	91
Arville.	38	Chevrainvilliers.	50
Auferville.	85	Chevry.	90
Auxy.	90	Chuelle.	131
Barville.	40	Corbeille.	190
Basoches.	76	Corquilleroy.	141
Barilly.	26	Courtampierre.	57
Beaumont.	70	Courtemaux.	91
Beaune.	49	Courtenay, V. Prin.	440
Boesse.	37		
Boissy.	45	Courtoin.	24
Bonneval.	10	Cudot.	107
Bordeaux.	30	Desmontz.	20
Bougligny.	60	Domas.	115
Bransles, B.	100	Dordives.	70
Bromeilles.	68	Echilleuse.	35
Bunou.	89	Ervauville.	70
Burcy.	72	Esgreville, V.	254
Ceau.	102	Fay & la Vau.	61
Chaintreau.	169	Foucheres.	71
Chantecocq.	96	Foucherolles.	32
Chappelon.	89	Fromonville.	80
Chastenoy.	36	Fromont.	62
Chaumot.	158	Garrentreville.	24
Chenou.	67	Gaubertin.	40
Cheroy, V. Prev.	182	Gironville.	44

B vj

DÉNOMBREMENT

Paroisses.	Feux.	Paroisses.	Feux.
Glandelle & Bagnaux.	25	G à S. Mar. 18 l.	
		Nanteau.	73
Golainville.	40	Nargy.	118
Gondreville.	62	Nezonville.	20
Grez.	83	Nonville.	65
Guercheville.	70	Nᵉ De de Chateaulandon, V. Bail.	
Jaqueville.	15		
Jéhy.	45	J R.	186
Joüy.	84	Obsonville.	41
Juranville.	97	Ormesson.	23
La Belliolle.	5	Palays.	82
La Chapelle.	141	Pers.	30
Ladon.	102	Pifonds.	141
La Gerville.	35	Pont sur Yonne, V.	282
La Madelene.	7	Pouligny.	82
Larchant.	163	Preaux.	48
La Selle.	129	Prefontaine.	50
Le Buignon.	88	Recloses.	127
Lixy.	83	Remauville.	74
Lorcy.	108	Rozoy.	24
Lorrez, B.	208	Rumont.	32
Louzoy.	45	Savigny.	68
Maisoncelle.	41	Souppes.	173
Merainville.	47	S. Hilaire.	162
Mignerettes.	65	S. Loup de Gonois.	35
Mondreville.	51	S. Loup.	90
Moulon.	50	S. Pere.	83
Mun.	65	S. Sevrin.	67
NEMOURS, V.	660	S. Ugal.	29
Feux, D P. Bail.		S. Valerian.	97

DU ROYAUME.

Paroisses.	Feux.	Paroisses.	Feux.
Ste Croix.	39	Villemareschal.	150
Touraille.	18	Villeneuve la Dondague.	21
Treille.	103		
Treuzy.	54	Villiers.	124
Vaux.	45	Vilvocq.	45
Vernoy.	117	Vry.	198
Villebeon.	109		

ELECTION DE MELUN.

Paroisses.	Feux.	Paroisses.	Feux.
Ailly Milly.	4	Cesson.	22
Andrezelles.	51	Chailly.	150
Aubigny.	14	Champagne.	90
Avon.	156	Champceüil.	113
Auverneaux.	35	Champdeur.	19
Ballancourt.	85	Champeaux.	62
Beaune.	69	Champigny.	11
Blandy.	187	Chartrettes.	58
Boissette.	37	Chastillon.	14
Bois le Roy.	134	Chevannes.	50
Boissise la Bertrand.	96	Courance.	87
		Courtry.	35
Boissise le Roy.	24	Crisenoy.	37
Bombon.	85	Danemois.	90
Bouron.	126	Erbonne.	21
Boutigny.	121	Eprunes.	1
Breau.	49	Farcy.	107
Celly.	83	Fericy.	87

DÉNOMBREMENT

Paroisses.	Feux.	Paroisses.	Feux.
Fleury.	106	Moisenay.	146
Fontainebleau, *Maiſ. Royale, Prev. n r. M P. Cap. de Chaſſes.*	400	Mondeville.	68
		Montreau ſur le Jard.	19
		Montigny.	198
Fontaine le Port.	45	Nandy.	64
Fouju.	23	Nainville.	15
Guigneville.	22	Noiſy.	108
Hericy, *B.*	208	Oé.	68
La Borde.	25	Oncy.	39
La Chapelle.	111	Ozoüer le Vougis.	93
La Commune.	1	Perthes.	101
La Ferté Aleps, *V. Bail. Ch.*	154	Poüilly le Fort.	69
		Pringy.	33
Le Chaſtelet, *V.*	141	Reau.	31
Le Mée.	34	Rubelles.	37
Le Petit Jard.	24	Samois.	11
Les Eſcrennes.	45	Samoireau.	38
Limoges & Fourches.	27	Savigny.	54
		Sivry.	42
L'Ivry.	51	Soizy ſur Ecole.	81
MELUN, *V. Preſ. Bail. Vic. G à S. Mar.* 10 *l.*		Soullers.	55
		Sucy.	15
		S. Ambroiſe de Melun.	126
Machau.	97		
Machetin.	50	S. Aſpais de Mel.	530
Maincy.	129	S. Barthelemy de Melun.	30
Milly en Gâtinois, *V. Prev. n r.*	384		
		S. Etienne de Mel.	126
Moigny.	126	S. Lienne de Mel.	25

DU ROYAUME.

Paroisses.	Feux.	Paroisses.	Feux.
S. Fargeau.	122	Thousson.	84
S. Germain de Laxis.	21	Valjoüan.	23
		Vaux Apenil.	88
S. Germain sur Ecole.	25	Vaux le Vicomte.	40
		Vernou & la Scelle.	158
S. Jean du Jard.	1	Vert S. Denys.	20
S. Martin.	52	Videlles.	76
S. Mery.	87	Villiers Forloiseau.	12
S. Oüin.	83	Voisenon.	31
S. Port.	60	Yebles & Guignes.	196
S. Sauveur.	60		
Taumery.	162		

ELECTION D'ESTAMPES.

Paroisses.	Feux.	Paroisses.	Feux.
Abbeville.	42	Courtimanche.	87
Andonville, V.	169	Dhuison.	59
Arrancourt.	78	ESTAMPES, V. D. Bail. Prev. n r. G à S. Mar. 14 l.	
Auvers.	97		
Bois Herpin.	56	Estouches.	59
Boisseaux.	49	Estrechy, V.	136
Boissy la Riviere.	76	Fontaines.	40
Bouray.	81	Gironville sous Bunou.	71
Cerny, V.	124		
Champigny.	69	Gironville en Beauce.	16
Champmoteux.	79		
Chauffourt.	84	Iteville.	119

DENOMBREMENT

Paroisses.	Feux.	Paroisses.	Feux.
La Forest Ste Croix.	33	S. Basile d'Estampes.	325
Le Mesnil Voisin.	58	S. Gilles d'Estamp.	208
Maisse.	169	S. Martin d'Estamp.	251
Marolles.	35	S. Pierre d'Estamp.	140
Merenville, B.	267	Ne De d'Estampes.	264
Mespuis.	36	S. Cir.	104
Ormoy.	73	S. Germain.	153
Orvau.	33	Vaires.	60
Pannetieres.	37	Valpuiseaux.	61
Prunay.	30	Vacelas.	16
Puiselay.	59	Villeneuve.	57
Quincampoix.	2	Villiers en Beauce.	118
Roinvilliers.	27		
Saclas.	131		

ELECTION DE MANTES.

Paroisses.	Feux.	Paroisses.	Feux.
Andelu.	33	Breval.	25
Arnouville.	120	Brueil.	49
Aubergenville.	105	Buchelay.	82
Averne.	138	Chauffour.	55
Aulnez.	81	Condeucourt.	40
Blaru.	103	Courgens.	57
Boinville.	68	Dammartin.	60
Boinvilliers.	51	Elleville.	40
Boissy.	116	Espont.	196
Boisemont.	24	Evesquemont.	87
Bonnieres.	151	Faurieux.	37

DU ROYAUME.

Paroisses.	Feux.	Paroisses.	Feux.
Flacourt.	54	Les Mureaux.	117
Flins.	86	Le Tertre S. Denys.	
Follainville.	172	Limay, B.	338
Fontenay Mauvoisin.	47	Lognes.	40
Fontenay S. Pere.	179	Lomoye.	95
Fremainville.	108	Longuesse.	61
Gadencourt.	30	MANTES, V. 792 Feux, Pref. Bail. Prev. n r. G à S. Mar. 12 l.	
Gaillon.	68		
Gargenville, B.	269		
Gassicourt.	53	Magnanville.	30
Goupillieres.	40	Mante la Ville.	252
Goussonville.	64	Menerville.	34
Gressay.	40	Menucourt.	34
Guerville, B.	285	Meulan, V. Bail.	222
Guitrancourt.	102	Meulsans.	40
Hardricourt.	63	Mezieres.	142
Hargeville.	40	Mezy, B.	207
Jambville, B.	87	Mondreville.	40
Jeufosse.	77	Montallet.	37
Joüy.	54	Monchauvette.	29
Issou.	147	Neauflette.	50
Jumeauville.	97	Nezez.	98
Juziers, B.	296	Oingville.	126
La Falaize.	82	Orvilliers.	96
La Forest de Cuizy.	40	Osmoy.	64
Lainville.	114	Perdreauville.	103
La Villeneuve.	149	Porcheuville.	90
Le Breüil.	62	Port de Villez.	60
Le Fort de Meulan.	65	Prunay.	39

DÉNOMBREMENT

Paroisses.	Feux.	Paroisses.	Feux.
Rosny.	47	Themericourt.	33
Rozay.	102	Tilly Flins.	51
Sailly.	77	Vaux.	62
Seraincourt.	81	Verneüil.	44
Soindre.	53	Vert.	36
Steüil.	64	Vigny.	41
S. Illier.	109	Villette.	50
Tessancourt.	40	Villiers le Mahieu.	67

ELECTION DE MONTFORT-LAMAURY.

Paroisses.	Feux.	Paroisses.	Feux.
Addainville.	72	Fontenay le Fleury.	89
Autoüillet.	52	Galuis.	174
Auffargis.	82	Gambais.	156
Auteüil.	127	Gambaiseüil.	9
Bazinville.	138	Garentiere.	181
Bazoches.	204	Grandchamp.	32
Behoust.	64	Grosrouvre.	95
Beyne.	199	Houdan, *V. Bail.*	329
Boissy.	65	Jouars Pontchartrain, *Com.*	109
Bourdonné.	106		
Bourg S. Thomas.	31	La Bossiere.	60
Coignere.	44	Les Breviaires.	61
Condé.	35	Les Claix.	69
Dammarie, *B.*	192	Les Essarts.	56
Elancourt.	49	Le Perray.	131
Flexanville.	97	Le Tremblay.	122

DU ROYAUME.

Paroisses.	Feux.	Paroisses.	Feux.
MONTFORT-LA-MAURY, V.	426	Plaisir.	79
Feux, Bail. M P.		Poigny.	42
G à S. Mar. 9 l.		Richebourg.	93
		Saumarchais.	56
Mareil.	52	S. Aubin.	25
Marq.	138	S. Cir.	40
Maulette.	34	S. Germain de la Grange.	98
Maurepas.	27		
Merey S. Denis.	159	S. Leger.	99
Merey S. Magloire.	47	S. Remy.	87
Millemont.	34	Tacoinée.	33
Montigny.	77	Thionville.	40
Neauphle le Chateau, B.	117	Thiverual.	101
		Toiry.	119
Neauphle le Viel.	201	Trapes.	208
Noisy-Bailly.	81	Vicq.	87
Orgerus.	146		

ELECTION DE DREUX.

Paroisses.	Feux.	Paroisses.	Feux.
ANnet, V. Prin.	204	Boullé 2 Eglise.	39
		Boullé Mivois.	61
Aufonville.	67	Boullé Thierry.	59
Auné Couvé.	45	Boutigny.	48
Berchers.	39	Brechamps.	37
Beu.	41	Boué.	92
Boissets.	29	Champagne.	69
Boncourt.	44	Chataincourt.	52

DENOMBREMENT

Paroisses.	Feux.	Paroisses.	Feux.
Chaudon.	41	Marchezais.	66
Cherify.	56	Marville.	39
Cherpont.	63	Mesnil Simon.	52
Croisilles.	91	Mezieres.	45
Dampierre.	107	Mitainville.	55
DREUX, V.	567	Montreüil.	69
Feux, Com. Bail.		Moronval.	55
M P. G à S. 16. l.		Nantilly.	49
Faverolles.	42	Overre.	32
Garentieres.	92	Oullins.	17
Garnay.	39	Prudemanche.	42
Germainville.	42	Rouvres.	59
Gilles.	37	Rozé Prouest.	41
Gironville.	41	Saulnieres.	19
Goussainville.	27	Senantes.	41
Guainville.	81	Serazereux.	30
Habondant.	29	Servilles.	42
Havelu.	37	Sorel.	27
La Chapelle.	16	S. Lubin des Jon-	
La Chaussée.	14	cherests.	49
La Framboisiere.	21	S. Lubin la Haye.	28
La Haute Ville.	40	S. Projet.	37
La Hongs.	17	Torfay S. Ange.	65
La Saucelle.	24	Treons.	46
La Villevesque.	62	Vacherestes.	59
Les Epinerayes.	44	Vernoüillet.	129
Les Pintieres.	21	Vert.	72
Le Tartre.	19	Vigny.	79
Le Val.	30	Villemeuxe.	94
Marchefroy.	42		

DU ROYAUME.

ELECTION DE PONTOISE.

Paroisses.	Feux.	Paroisses.	Feux.
Ableige.	38	Genicourt.	95
Amblainville.	142	Gerocourt.	16
Ancerville.	40	Gonzangrez.	38
Arronville.	70	Grizy.	93
Auvers, *B.*	265	Haravilliers.	109
Berville.	64	Henonville.	87
Boiſſy Laillery.	94	Herrouville.	40
Breançon.	61	Joüy le Comte.	110
Breancourt.	12	Labbeville.	75
Butry.	40	La Villeneuve le Roy.	88
Cergy.	167	La Villeneuve S. Martin.	25
Chars.	168	Les Granges.	1
Chavançon.	19	Le Haulme.	20
Commeny.	73	Le Lay.	1
Cormeilles, *B.*	210	Les Mezieres.	11
Courcelles.	44	Le Perchay.	58
Courdimanche.	28	Lieux.	94
Edouville.	140	L'Iſle Adam, *V.*	135
Ennery.	130	Livilliers.	44
Eſche.	40	Marines.	169
Eſpieds.	108	Menouville.	22
Fontenelles.	40	Meriel.	72
Foſſeuſes.	47	Mery.	122
Fremecourt.	72	Montgeroult.	63
Frouville.	94		

Paroisses.	Feux.	Paroisses.	Feux.
Mouſſy Bariot.	20	S. Oüen l'Aumoſne.	207
Neſle & Warville.	140		
Neüilly.	50	Puiſeux.	35
Neuville Oboſt.	121	Sagy.	164
Oſny.	68	Santeüil.	36
PONTOISE, *V.*	848	Stors.	32
Feux, Bail. Prev. n r. Vic. Ch. G à S. Mar. 6 l. Et le Fauxbourg		Vallengoard.	50
		Valmondois.	94
		Vus.	79

ELECTION DE VEZELAY.

Paroisses.	Feux.	Paroisses.	Feux.
Ampury.	69	Chitry.	81
Anthien.	154	Chore & Domey.	70
Armes.	38	Civry.	53
Aſnan.	116	Diſangy.	74
Aſnieres.	148	Flez Cuſy.	55
Aſquin.	158	Fontenay.	159
Bazoches.	101	Gaſcogne.	57
Blannay.	44	Givry.	62
Bonneſſon.	33	Grenoix.	105
Braſſy.	57	Huban.	80
Broſſes.	90	Joux.	50
Buſſy.	30	Le Buiſſon.	19
Cervon, *B.*	259	L'Iſle, *B.*	205
Chalaux.	45	Lormes, *B.*	228
Charancy.	84	Lucy le Bois.	74

DU ROYAUME.

Paroisses.	Feux.	Paroisses.	Feux.
Lucy Lichere.	121	Saify.	106
Marigny, B.	162	S. André.	86
Massangy.	83	S. Leonard de Corbigny.	427
M'here.	82		
Moiffy Molinot.	30	S. Martin.	124
Mouceaux le Comte.	66	S. Pere, B.	269
		Teigny.	30
Monteliot.	90	Vaveloix.	50
Neufontaines.	157	Veniot.	56
Nuarre.	44	Voutenay.	75
Pougues.	131	VEZELAY, V.	319
Precy le Secq.	115	Feux. G à S. Mar. 50 l.	
Provency.	54		
Ruage.	44		

DENOMBREMENT

GENERALITE' D'AMIENS.

Composée de six Elections :

Sçavoir,

Amiens,
Abbeville,
Dourlens,
Peronne,
Montdidier,
S. Quentin,
} En Picardie.

DU ROYAUME.

ELECTION D'AMIENS,
Divisée par Doyennez.

Paroisses.	Feux.	Paroisses.	Feux.
AMIENS, *V.* 11 Par. 5760 Feux, Ev. B d F. Pres. Bail. n r. Prev. n r. Vidamie, H d M. G à S. J.C. M P. 5 g f. Mar. 28 l.		Flers.	75
		Floury.	43
		Fontaine.	30
		Fo Temanant.	17
		Fransure.	96
		Goüy les Grosoliers.	9
		Gratepanche.	90
		Guigneaucourt.	40
Bacoüel.	27	La Vaquerie.	88
Beaudeduit.	127	Leuilly & le Prieu-ré.	182
Belleuze.	191		
Boquer.	130	Metz.	60
Buyon & Plachy.	80	Monsure.	47
Clairy.	89	Nampty & Copegueulle.	27
Conty, *V. Princ.* Luziere & Riviere.	155		
		Neuville.	18
		Oresmaux & la Cense, *B.*	257
Creuze.	33		
Croissy.	85	Pissy.	61
Dreüil.	35	Prouzel le Mont & le Val.	41
Dury.	100		
Esserteaux.	79	Quevauviller, *B.*	201
Ferrieres.	58	Revel.	129

Tome I.

DÉNOMBREMENT

Paroisses.	Feux.	Paroisses.	Feux.
Rogy.	112	Taisnil.	63
Rumigny, B.	77	Tilloy lez Conty.	111
Rumaisnil.	68	Vailly.	58
Saveuze.	43	Verset Heube-	
Saleu & Saloüet.	110	court.	97
S. Nicolas de Rigny.	1	Viefviller.	105
S. Sauflieu, B.	221		

DOYENNE DE POIX.

Paroisses.	Feux.	Paroisses.	Feux.
AGniere.	88	Eframecourt.	15
Bettembos.	152	Famechon.	43
Bergicour.	34	Fremontier.	62
Blangy.	40	Frestemolle.	138
Blergie, B.	208	Fricamps.	80
Bouveresse.	102	Fromerie.	360
Brassy.	40	Grandvilliers, B.	
Buissy.	52	Prv. G à S. 26 l.	350
Cauhere.	120	Guisencourt.	29
Champuis.	149	Harloy & Briot.	92
Choqueuse.	69	Hescamps & S.	
Contre.	49	Cler.	123
Courcelle.	30	La Capelle.	18
Courcelles.	87	La Croix-Raoult.	193
Dameraucourt.	153	La Maronde.	50
Dargie.	186	La Vaqueresse.	2
Eslencourt.	64	Le Verriere.	39
Esplaissier.	120	Lignieres, B. &	
Esquene.	63	Chastelair.	176

DU ROYAUME.

Paroisses.	Feux.	Paroisses.	Feux.
Marlers.	76	Sarcus le Grand.	208
Maygneux.	184	Sarnoy.	129
Meraucourt.	10	Saulchoy.	30
Mercaumont.	55	Sommereux.	85
Moliens, *B.*	185	Souplincourt.	59
Moyencourt.	99	S. Elie.	66
Namps au Mont.	90	S. Grée.	55
Namps au Val.	85	S. Romain.	40
Neuville.	70	S. Thibault.	155
Offignieres.	102	Thieuloy.	85
Offoy.	68	Thoix.	80
Poix, *V. Prin.*	141	Velaine.	45
Romecamps, *B.*	273		

DOYENNE' D'AIRAINE.

Paroisses.	Feux.	Paroisses.	Feux.
Airaine, *B. Bail. Prev.* 30 *l.*	320	Espaumenil.	57
		Estrujeux.	60
		Fay les Hornoy.	77
Allery.	95	Fretteville.	28
Andainville.	78	Fresneville.	33
Avelege.	36	Hangest.	150
Avesne.	78	Haucourt.	5
Aumont.	92	Hornoy, *B.*	273
Belloy S. Leonard.	75	Laleu.	16
Bertaucourt.	42	Le Bois Raoult.	40
Condé Folie.	135	Le Quesnoy sur Airaine.	132
Dourier.	3		
Drosmenil.	140	Merelessart.	82

DE NOMBREMENT

Paroisses.	Feux.	Paroisses.	Feux.
Mericourt.	64	viller.	141
Metigny.	18	Varlus.	80
Montagne.	68	Vergie & le Fay.	230
Selincourt.	114	Vivry au Mont & au Val.	64
S. Maulvis.	183		
Thieuloy l'Abbaye.	95	Villers Campsart.	106
Tronchoy Boulain-		Vreigne.	95

DOYENNE' DE PEQUIGNY.

Paroisses.	Feux.	Paroisses.	Feux.
Ailly sur Some.	63	til.	4
Bougainville.	155	Lincheux & Halliviller.	116
Boüelle.	89		
Bresby.	51	Moliens le Vidame, B.	218
Briquemenil.	54		
Camps.	96	Oissy.	57
Cavillon.	4	Pequigny & la Cense, V. Bar. s g f.	237
Croüy.	78		
Dreüil.	2		
Floixcourt.	17	Riencourt.	65
Fluy.	135	Saisseval & Saissemont.	64
Foudrinoy.	90		
Fresnoy au Val.	110	Seux.	48
Goüy l'Hôpital.	57	Soues & le petit Gard.	21
La Chaussée de Pequigny.	80		
		S. Aubin.	138
Le Mesge,	48	S. Pierre Agoily.	7
Les Cens de Cour-			

DOYENNE' DE GAMACHES.

Paroisses.	Feux.
Acheul & Fr'eulle.	167
Ault, *B. G à S.* 5 g f.	818
Beauchamp & Ambreville.	147
Boismond.	48
Bousseville.	122
Bouttencourt.	167
Brouttelle.	34
Cantepie, S. Hilaire & l'Isle.	23
Cartigny.	28
Cayeux, *B*.	399
Chepy.	166
Croix au Bailly.	103
Destrebeuf.	21
Feuquieres & Feuquerolles.	168
Fressaineville.	165
Frestemeulle.	46
Friaucourt.	54
Frivile Escarbotin.	206
Gamaches, *R. Marq.*	252
Haineville & Campagne.	26
Hercelaine.	21
Lanchere.	83
Maisnil les Fransleux.	59
Marest Oust.	98
Neuville sous S. Valery.	23
Nibat & Saucourt.	164
Offencourt.	14
Pendé.	125
Reteauville.	10
Soreng Bazinval.	105
S. Blimont.	188
S. Marc.	26
Vallery, *V. Am. G à S.* 5 g f. *B d Tabac,* 40 *l.*	782
Tilloy Floriville.	64
Tours.	197
Woyncourt & Isengremel.	61

DE'NOMBREMENT

DOYENNE' D'OISEMONT.

Paroisses.	Feux.	Paroisses.	Feux.
Ainval.	83	letier.	104
Aumatre.	105	Ligniere.	55
Bailleul & Grand Sar.	127	Limeu.	96
		Maisnil Oudin.	39
Bainast & les Alleux.	48	Marqueneville.	39
		Mionnay Lambercourt.	69
Belle Fontaine.	19		
Bellavesne.	10	Monchere & Ercourt.	72
Behan.	68		
Biencourt.	60	Moufliere.	52
Boüillencourt.	180	Nesle l'Hôpital.	24
Boüillencourt en Fery, B.	203	Neuville au Bois.	58
		Neuville sous S. Germain.	125
Bray lez Mareüil.	47		
Cambron.	87	Oisemont, B. Prev. 37 l.	255
Cauberq.	33		
Cerizy & Buleux.	86	Ramburelle.	67
Citerne.	9	Rambures.	117
Forceville.	46	Seigneville.	130
Fontaine lez Secq.	75	Senerpont & Bernapré.	33
Foucaucourt.	36		
Framicour le Grand.	34	S. Maxens.	94
		Teuf lez Rogent.	124
Fresne.	29	Tilloy.	24
Frucourt.	77	Vaux & Yonval.	20
Gaons & Goüy.	38	Villeroy.	127
Hoquincourt.	60	Villers.	14
Huppy & le Pou-		Visme & Andecourt.	27

DOYENNE' DE MOREUIL.

Paroisses.	Feux.	Paroisses.	Feux.
Berny.	25	Boquet.	77
Boués, Marq.	162	Lorthioy.	18
Cagny.	55	La Falloise.	66
Cottenchy.	92	Moreüil.	59
Estrée.	69	Paillard.	106
Gollencourt.	10	Remiencourt.	34
Guyencourt.	40	Saints.	113
Haineville & Espagny.	16	S. Fussien & le petit Cagny.	36
Halliviller & Luvarde.	106	Taisy & Glimont.	42
Jumelle & le petit		Thennes & Bertaucourt.	58

DOYENNE' DE FOUILLOY.

Paroisses.	Feux.	Paroisses.	Feux.
Aubercourt.	29	Hamelet.	22
Aubigny.	58	Hangart.	50
Blangy & Tronville.	46	Longucauë.	57
Cachy.	39	La Motte en Senterre.	70
Demvin.	3	Marché le Cave.	173
Domart.	57	Villers Bretonneux.	174
Foüilloy.	42		
Gentelle.	80	Wiencourt l'Equipée.	61
Glizy.	32		

DÉNOMBREMENT

DOYENNÉ DE LIHONS.

Paroisses.	Feux.	Paroisses.	Feux.
Cerisy Gailly.	113	Vers lez Corbie.	39
Hamel.	90	Warfusée.	56
Mourcourt.	55		

ELECTION D'ABBEVILLE.

Divisée par Bailliages.

Paroisses.	Feux.	Paroisses.	Feux.
Ailly.	86	Franciere.	54
Ailhel.	61	La Halle.	1
Belencour & Moufliers.	80	Laviers, Bon & Lautre.	55
Bussu Bussuel.	12	Le Plaissiel & Halloy.	42
Caours les Prez.	46	Le Titre & Forest l'Abbaye.	76
Caucourt & Merliere.	39	Le Val d'Abbeville.	1
Coquerel & la C de Nielle.	38	L'Heure.	24
Crottoy, V. 5 g.f.	125	Long & Castelet.	142
Drucat.	77	Ponthieu, Com.	
Espagne.	31	Port Bon & Lautre.	68
Espagnette.	34	Sailly le Secq.	67
Famechon.	45	Vauchelle.	26
Flibaucourt.	26	Villers sous Ailly.	66
Flixcourt.	57	Ville S. Vin.	72

BAILLIAGE D'ABBEVILLE.

Paroisses.	Feux.
Abbeville, V. 14. Par. 3642 Feux, Préf. Bail. Sen. Prev. G à S. J C. M P. Am. T F. B du Tabac, 36 l.	
Aigneville.	92
Aimeville, Champagne & Frulle.	12
Arrest & Cattigny.	122
Behen & Bienfay.	14
Bouancourt.	38
Boubers & Mons.	204
Boüillancourt.	12
Bretel.	5
Buigny lez Gamaches.	51
Busmenar.	20
Cambron.	44
Caumont.	21
Courchelles.	8
Courthieux.	20
Dodelainville.	93
Embreville.	30
Feuquieres.	10
Fontaine sur Somme.	154
Framicourt.	15
Frans-Leux.	93
Grebaumesnil.	61
Helicourt.	41
Hochencourt.	41
Hocquelius.	50
Houdan.	42
Huchenneville.	47
Huppy.	68
Le Ploüy.	25
Limercourt Inval.	57
Lurcourt & Dunq.	65
Marœüil.	95
Martainville.	78
Mautor.	36
Meneville Frettemeulle.	46
Mesnelies.	72
Mesnieres & V.s.	67
Mesnil 3 Festus.	3
Miannay & Lambercourt.	68
Monchaut.	1
Monchelet.	23
Morival.	35
Mortaineville.	78
Oincourt Isangre-	

C v

DÉNOMBREMENT

Paroisses.	Feux.	Paroisses.	Feux.
mel.	31	Martz.	77
Pandé & Sallenelle.	9	Vieuxlaine.	17
Quesnoy.	57	Vismes au Mont & au Val.	49
S. Mexens.	71		
Tranlay.	55	Willaimmeville.	10
Vallenne & S.		Witame Eglise.	25.

BAILLIAGE DE RHUE.

Paroisses.	Feux.	Paroisses.	Feux.
Aignevilleretz.	22	Regnier l'Ecluse.	19
Arry.	41	Rhüe, V. Bail. Prev. G à S. 36 l.	297
Avesnes.	15		
Fresnes.	13	Vercourt.	27
Marquenterre, B.	289	Villers.	40
Nouvion.	123	Won & Hamencourt.	17
Noyelles.	146		
Ponthoille.	102		

BAILLIAGE DE WABAN.

Paroisses.	Feux.	Paroisses.	Feux.
Airon N^e De.	65	Le Val lez Montreüil.	1
Airon S. Vast.	12		
Buire, Bertonval & Maintenay.	80	Montigny.	12
Caq & Trepied.	60	Nempont vers Montreüil.	30
Coline & Beaumont.	27	Nempont Ponthieu.	40
Conchis le Temple.	21	S. Josse.	101

DU ROYAUME.

Paroisses.	Feux.	Paroisses.	Feux.
Tigny & Noulle.	38	Waban & Grosflieres.	156
Vailly.	97		
Vis & Marest.	59		

BAILLIAGE DE CRESSY.

Paroisses.	Feux.	Paroisses.	Feux.
Acquet.	26	Hurmont.	89
Anconnay.	7	Juren & Perneville.	72
Auxi & Miaquieres.	193	La Broye & Branslicourt.	66
Bernastre.	53	Lannoy.	14
Bezancourt.	1	Ligescourt.	73
Boufflers.	44	Maisnil.	42
Brailly.	49	Maschiel & Rossignol.	34
Canchy.	123	Maschy & Baillon.	60
Conteville.	14	Mezicourt.	63
Cornehotte.	26	Moesmont.	2
Coulonvillers.	16	Neüilly l'Hôpital.	7
Cressy & Caumartin, B. Bail.	237	Ponches.	39
Cumont.	8	S. Lot.	20
Dominors.	70	Veriolvy.	27
Dompuast.	87	Villeroy.	38
Elcourt & Noyelles.	51	Vis sur Authie.	42
Froyelles & Marchelles.	20	Wironchaux.	49
Gapennes.	32	Wacourt.	30
Genvilliers.	72	Wavans.	60

DÉNOMBREMENT

BAILLIAGE D'AIRENNE ET D'ARGUEL.

Paroisses.	Feux.
Airenne & Allery.	12
Andainville.	106
Arguel.	11
Beaucamp le Vieil.	249
Broscourt & Forestel.	32
Cannissieres & Oysemont.	53
Croquoison & Espaumesnil.	43
Devis & Hames.	67
Fresneville.	36
Guibermesnil.	86
Halaincourt & Rainvilliers.	164
Heucourt & Vergis.	62
La Boissiere.	71
Le Mazis & Inval.	32
Le Quesne.	41
Liomer & Rossignol.	55
Lompré les Corps Saints.	142
Nesle Neslette.	33
Rambures.	95
Senarpont, Redriq & le Mesnil Oudin.	157
Sorel.	49
Soués & Rouvroy.	14
S. Aubin.	60
S. Jean.	12
S. Martin.	1
Wanel.	47
Werel.	14

DU ROYAUME.

ELECTION DE DOURLENS,
Divisée par Doyennez.

DOYENNE' D'ABBEVILLE.

Paroisses.	Feux.	Paroisses.	Feux.
		s. g f. 35 l.	
Auville & le Titre.	40	Drucat & Pié.	35
Aviller.	30	Flibaucourt.	20
Bouchon.	26	Hamelet.	35
Bonnance.	1	La Motte Buleux.	82
Buigny l'Abbé.	62	L'Estoille.	110
Buigny S. Marcloux.	35	Longuet.	5
		Marcheville.	20
Cahours & Neumoulin.	35	Nolette, Port-Sailly, Bray.	25
DOURLENS, V. 3 Par. 4309 Feux. Prev. n. r. G. à S.		V. tschelles les Quenoy.	22

DOYENNE' DE LA BROYE.

Paroisses.	Feux.	Paroisses.	Feux.
Autheux.	77	Conteville.	34
Barly.	166	Dompierre, Dadicour & Cressy.	152
Beauvoir Riviere.	32		
Bois Bergue.	42	Frohen le Grand, & le Petit Meillard.	125
Buire.	3		

Paroisses.	Feux.	Paroisses.	Feux.
Frohen le Petit.	13	Mons & Beulcourt.	57
Guefchart.	198	Nevelly le Dieu.	33
Hemhardinval, Recmefnil & Laleu.	88	Neuvillette.	84
		Occoche.	49
Heftraye.	1	Outrebois, Courcelles, Partie Doche & le Quenel.	168
Heuzecourt & Grimont.	106		
Maifon Ponthieu.	127	Quefnoy.	1
Maizicourt.	32	Remefnil.	41
Maquefer.	1	S. Acheüil.	26
Meillard le Grand.	1	Tigny Nempont.	1
Montigny.	57	Wilancourt.	15

DOYENNE' DE DOURLENS.

Paroisses.	Feux.	Paroisses.	Feux.
Acheux.	79	Bus.	66
Arquefves.	68	Cauteleux.	1
Authies.	81	Coigneux.	8
Authieulle.	27	Gezamcourt.	36
Baigneux.	12	Grouches.	63
Beauquefnes, B. Prev. J R. n r.	245	Heriffart.	117
		Longuilleté.	23
Beauval & Hulleux.	216	Louvencourt.	72
		Luchuel.	37
Belleglife.	1	Le Val des Maifons.	6
Bouquemaifon.	128	Le Valvion.	1
Breftel.	6	Marieu.	49
Breviller.	34	Piergot.	56

DU ROYAUME.

Paroisses.	Feux.	Paroisses.	Feux.
Raincheval.	59	S. Leger lez Authie.	41
Ransart.	1	Toutancourt.	126
Rozel.	1	Thievres.	40
Rubempré.	122	Vauchelles lez Authie.	38
Seriel.	1		
Souich.	13		

DOYENNÉ D'ENCRE.

Paroisses.	Feux.	Paroisses.	Feux.
Buires.	43	d'Horanguiere.	100
Estinheu.	39	Treves.	20
Lealviller.		Varennes & Hierville.	83
Mericourt l'Abbé.			
Sailly Laurest.	75	Vaux sous Corbie.	42
Sailly le Sec.	46	Viefville.	10
Senlis, Hedauville, & là C.		Ville sous Corbie.	42

DOYENNÉ DE LIHONS.

Paroisses.	Feux.	Paroisses.	Feux.
Allonville.	70	Cardonnette.	30
Baizieu.	75	Contay.	70
Beaucourt, Bigeudet & Orbenda.	38	Chipilly.	12
		Daours.	92
Bonnay.	41	Frenviller.	56
Bresles.	38	Frechencourt.	57
Buissy.	36	Harponville.	45
Camons.	87	Heilly.	76

Paroisses.	Feux.	Paroisses.	Feux.
Henencourt.	56	Querieu.	86
Houssaye.	14	Raineville.	96
Mervault.	52	Revery & Creuse.	8
Molliens au Bois.	97	Ribemont.	58
Montigny Vilain-		S. Gratien.	49
court.	24	S. Vast.	1
Mothe Brebure.	8	Vesquemont.	42
Pontnoyelle.	49	Warloy Baillon.	115

DOYENNÉ DE MONTREUIL.

Paroisses.	Feux.	Paroisses.	Feux.
A Bihen.	1	Montrœüil, V. 6 P.	
Blauville.	1	Bail. 5 g f. B du	
Buignaupré.	1	Tabac, 54 l.	831
Campignolle.	17	Montenay.	62
Le Bos, Jean &		Romont.	1
le Guille.	22	Roussent.	30
L'Epine les Bruye-		S. Josse sur la Mer.	25
res.	40	S. Vast sur la Mer.	1
Le Temple.	10		

DOYENNÉ DE RHUE.

Paroisses.	Feux.	Paroisses.	Feux.
B Alance.	1	Cressy.	1
Beauvoir l'Ab-		Estouval.	5
baye.	1	Estrée lez Cressy.	61
Bernay Beauregard.	34	Favieres.	50
Bois Rifard.	1	Fontaine.	56

DU ROYAUME.

Paroisses.	Feux.	Paroisses.	Feux.
Forest l'Abbaye.	25	Neuville lez Bernay.	21
Forest Montier.	40	Petit Quemin à Dominois.	10
Hemencour.	1		
La Barre.	20	Preau Reteauville.	12
La Chiel.	35	Regnier l'Escluse.	42
Mesoutre le Grand.	1	Urronchaux.	25
Mesoutre le Petit.	1		

DOYENNÉ DE S. RIQUIER.

Paroisses.	Feux.	Paroisses.	Feux.
Agenville.	40	Franqueville & Baillerte.	74
Agenviller Halencourt.	18	Fransu & Houdancourt.	74
Beaumets.	78	Gapennes.	127
Belleval & Brailly.	1	Gorenflos.	110
Bernaville & Gorge.	227	Longuilleru.	93
Berneüil & Gorge.	188	Le Mesnil & Donleger.	61
Brucamps.	55	Maison d'Aymond.	1
Bussu.	76	Maison Roland.	66
Coulonviller.	76	Millencourt.	66
Cromont.	161	Mont Regnault.	10
Domemont.	17	Moufflers.	28
Dommart.	184	Neuville.	37
Donquevre & le Plovich.	125	Noyelle en Cauchie.	61
Donquerel.	1	Oneux & le Festre.	80
Drugy.	17	Pecamps.	1
Ergnies.	33		

DÉNOMBREMENT

Paroisses.	Feux.	Paroisses.	Feux.
Prouville.	110	Prev. s g f.	238
Ribaucourt.	49	Vaquerie.	34
Surcamps.	8	Vauchelles.	28
S. Hilaire & Lanche.	47	Wivreuch.	27
S. Leger l'Epinoy.	40	Wivrencheux.	75
S. Riquier, V. Bail.		Yaucourt.	59

DOYENNÉ DE VIGNACOURT.

Paroisses.	Feux.	Paroisses.	Feux.
Argœuvres.	55	Le Valheureux.	4
Belloy.	92	Loulainville.	35
Bourdon.	50	Mouftrelet.	50
Bonneville.	128	Montonvillec.	26
Bertangle.	37	Naours, B.	295
Bertaucourt.	70	Pernois.	85
Berthaucourt.	45	Septenville.	7
Canaples, .~. Com.	69	S. Sauveur.	78
Candas.	210	S. Thuin.	76
Coisy.	40	S. Vast.	51
Flexelles, B.	275	Talmas, B.	232
Fieffes.	94	Vaux en Amienois.	93
Fienviller & Longeville,	174	Vignacourt.	505
Flixcourt.	141	Villeru Bocage.	150
Halloy.	47	Wargnies.	26
Hauconnas.	65	Xavieres.	9
La Vigogne.	14	Yzeux.	47

ELECTION DE PERONNE.

Paroisses.	Feux.	Paroisses.	Feux.
Ablaincourt.	91	Bernes & Flechin.	91
Alaine, le Mont S. Quentin, Feulicour, & les dépendances de la Banlieuë de Peronne abonnées.	103	Berny.	59
		Bertrancourt.	61
		Bethencourt.	37
		Bethencourt.	21
		Biache.	55
		Biars.	25
Albert, V. 5 g f.	238	Billencourt.	32
Angle, Belmer & Vitermont.	86	Bouchavannes.	64
		Bouvencourt.	27
Asseville.	52	Bouzincourt.	64
Athée.	130	Bray sur Somme, V. 5 g f.	165
Auchonvillé.	65	Brie.	72
Auelus.	37	Briot.	23
Authville.	37	Buire & Gourcelle.	47
Balustre.	31	Bussu.	67
Bayencourt.	41	Cappy.	127
Bazentin grand & petit.	73	Carepuy.	53
		Carchy.	26
Beaucourt.	31	Cartigny.	103
Beaumont Amel.	89	Carnoy.	24
Becquincourt.	24	Cauvigny.	5
Becour Becordel.	17	Chaulnes, V. D P.	226
Belloy.	65	Champieu.	77
Berleux.	51	Chilly.	63

DENOMBREMENT

Paroisses.	Feux.	Paroisses.	Feux.
Chipilly.	30	Estinchen.	51
Chuigne.	55	Esterpigny.	27
Chuignolles.	50	Estrée en Cauchie.	16
Cizencourt.	5	Estrée & Demiecourt.	80
Clery.	104		
Coigneux.	23	Falvy.	54
Comble.	44	Farvier.	2
Contalmaison.	48	Fay.	27
Cresmery.	17	Fins & Ploüy.	37
Cressy.	54	Flaucours.	72
Croix.	99	Flers.	68
Courceleste.	66	Fonches.	47
Courcelles au Bois.	30	Fonchette.	6
Curlu.	61	Fontaine les Cappy.	21
Dernancourt.	60	Fontaine les Pargny.	2
Devise.	21	Forceville.	68
Dompierre.	84	Foucaucourt.	114
Doving, Banl. de Peronne, abonné.	64	Fouquiecourt.	97
		Framerville.	82
Dreslincourt.	16	Fransart.	46
Drencourt.	48	Fregicourt.	4
Driencourt.	42	Fresne & Paroiss.	71
Esclusieres & Vaux.	28	Fresnieres.	40
Esme le Mesnil.	49	Fresnoy.	112
Ennemain.	49	Fricourt.	91
Espeschy & Peziers.	149	Frize.	42
		Fuliere.	57
Espennencourt.	27	Goyencourt.	63
Esquancourt.	83	Grandcourt.	59
Estallon.	40	Gruny.	49

DU ROYAUME.

Paroisses.	Feux.	Paroisses.	Feux.
Ginchy.	21	caise.	35
Gueudecourt.	51	Le Montellet.	2
Guignemont.	67	Le Mesnil Martin-	
Haizecourt.	24	sart.	81
Hallu.	58	Les Bœufs.	43
Hancourt.	45	Licourt.	79
Harbonnieres, B.	250	Liencourt.	96
Hardecourt.	50	Lieramont.	68
Hattencourt.	48	Lihons, B.	256
Herbecourt.	34	Longuiul.	79
Herleville.	71	Longuoüesne.	97
Herly.	20	Lucheux, B.	228
Hervilly.	52	Mailly, V. Marq.	136
Hebescourt.	28	Mamez.	85
Heudicourt.	165	Manencourt.	95
Humbercourt.	110	Manicourt.	11
Hyencourt le G.	36	Marcelet Soye-	
Hyencourt le P.	20	court.	87
Irly.	25	Marche le Pot.	77
La Chavatte.	29	Marche l'Wars.	29
Landevoisin.	39	Maricour.	77
La Neufville lez		Marquay.	38
Bray.	19	Maucour.	75
Le Boisselle & Au-		Maurepas.	121
villé.	69	Meaute.	85
Le Forest.	18	Mericourt.	68
Le Hemnonacu.	20	Mettigny.	101
Le Maisnil en Roi-		Millencourt.	49
laize.	60	Miraumont.	96
Le Maisnil S. Ni-		Misery.	49

DÉNOMBREMENT

Paroisses.	Feux.	Paroisses.	Feux.
Moislins.	136	Reglise.	58
Monchy la Gache.	156	Retonviller.	123
Montauban.	84	Roizel.	95
Mons en Cauchie.	107	Ronsoy.	114
Morchair.	67	Rouvroy.	165
Morlencourt.	165	Roye, V. Bail. Prev. G à S. 30 l.	385
Nurlu.	71	Sailly au Bois.	37
Ognolle.	93	Sailly Salizet.	81
Omanecourt.	11	Solent.	47
Omiecourt.	49	Sorel.	82
Pargny.	49	Suzanne.	95
Partain.	137	S. Christ.	77
Parvillé.	104	S. Leonard.	70
PERONNE, V. Feux, Bail. Prev. G à S. T F. Mar. 36 l.	756	Templeux le Guerard.	74
Peüilly.	42	Templeux les Fossez.	80
Peziere.	60	Terty.	55
Piz.	56	Tincourt.	87
Potte.	32	Trepval.	42
Pressoir.	34	Vadencourt.	6
Proyare.	118	Vaucourt.	4
Puchevillé.	78	Vauvillé.	47
Punchy.	45	Vermandoüillé.	66
Puzeaumont.	46	Villecourt.	11
Puzeau.	33	Villers Carbonnel.	55
Quniere.	61	Villers Faucoir.	121
Rainecourt.	58	Villers aux Flos.	125
Rancourt.	45	Vraigne.	41

Paroisses.	Feux.	Paroisses.	Feux.
Wailly lez Herchu.	3	Ytre.	97
Waluzet.	9	Y.	36

ELECTION DE MONDIDIER,

Divisée par Doyennez.

Paroisses.	Feux.	Paroisses.	Feux.
Abbeville S. Lucien.	70	Bonneüil, B.	212
Ailly sur Noye.	91	Bonvillé.	100
Ainval.	40	Bouchoires.	99
Amy, le Gr. & le P. Houssoy.	92	Bouillancourt.	53
Andechy.	87	Boulongne, V. Com. Ev. Bail. Sen. M P. Am. T F. B du Tabac, Mar. 40 l.	235
Arviller.	164		
Aubercourt.	1		
Aubvillé.	55		
Auchy.	151	Boursaine, Henu au Roy, la Boudiniere.	130
Aussainviller.	50		
Bayonvillé.	103	Boitteau.	1
Beaufort.	106	Boncourt.	76
Beaupuis.	15	Boussicourt, B.	30
Beaurevoir Evancheaux.	84	Braches.	47
		Bretheüil, B.	390
Bequignie.	53	Broye.	91
Berny.	16	Buenviller.	81
Biermont.	55	Buissancourt.	7
Bonneliers.	85	Bus.	85

DÉNOMBREMENT

Paroisses.	Feux.	Paroisses.	Feux.
Buvraines.	210	Davesnescourt.	89
Campremy.	87	Denuin & Courcelle.	130
Canny.	73		
Cantignie.	34	Domeliens.	106
Cardonnois.	30	Domeliers.	123
Castel.	34	Domfront.	23
Catheu.	104	Dompmartin.	41
Caurel.	2	Dompierre.	77
Cayeux.	53	Enguillaucourt.	9
Chepoix & Bacoüel.	157	Erches.	82
		Ermancourt.	6
Chermont.	54	Esclainvillier.	58
Caix, B.	213	Esquesnoy.	128
Conchy les Pots.	187	Estelfey.	85
Conslemelle.	123	Falleville.	65
Conteville.	87	Faverolles.	60
Contoire.	67	Ferrieres.	124
Cormeil.	174	Fescamps.	62
Coüirel.	91	Fignieres.	56
Courtemanche.	24	Fleschie.	77
Courcelle.	79	Follye.	99
Crapaumesnil.	62	Fontaine S. Lucien.	84
Crevecœur, B. Marq.	505	Fontaine p. Mond.	61
		Foüencamp.	36
Crevecœur lez Ferieres.	22	Fournival.	60
		Francastel.	187
Cuvilly & Bellicourt.	98	Fresneau.	24
		Fresnoy lez S. Martz.	55
Damery.	95	Frestoy.	32
Dancourt.	39	Froissy, Provenlieu &	

DU ROYAUME.

Paroisses.	Feux.
& Froissy la Grange.	129
Gannes & Blin.	102
Godenviller.	68
Grandvillé.	47
Gratibart & Halles.	59
Graullé.	32
Greveines.	88
Guerbigny.	152
Guillaucourt.	87
Gury.	70
Hailles.	42
Hainvillé.	48
Hangest, *B.*	255
Hardivillier, *B.*	171
Hargicourt.	66
Hedencourt.	104
Herelles.	110
Houges.	17
Ignaucourt.	26
La Bertiere.	38
La Boissiere.	86
La Fraye.	46
La Neuville Sire Bernard.	22
La Neuville les Ressous.	43
La Neuville Roy.	158
La Taulle.	101
Laucourt & Chef-sois.	47
Le Blanc Fossé.	82
Le Chaussoy sur Davescourt.	25
Le Chaussoy, Espagny, Erondel.	124
Le Galles.	63
Le Mesnil Contenille.	81
Le Mesnil S. Firmin.	60
Le Mesnil S. Georges.	48
Le Petit Saint.	2
Le Plaissier Rozainvillier.	116
Le Plaissier S. Just.	79
Le Ploiron.	40
L'Eschelle Duncourt.	22
Leuvarde Mauger.	88
Lieuviller.	53
Ligniere.	66
Louvrechy & la Druelle.	71
Luchy.	194
MONDIDIER, *V.* 837 *Feux, Bail. Prev.* n r. *G* à *S. Mar.* 30 *l.*	
Maignelers.	149
Maisoncelle.	100

Tome I.   D

DÉNOMBREMENT

Paroisses.	Feux.	Paroisses.	Feux.
Maiziers.	135	Pairraine & la Par.	141
Malpart.	46	Pierrepont.	58
Mangny aux Cerises.	75	Plainval.	92
		Ponceaux.	59
Maresmoutier.	39	Popincourt.	9
Mareüil & la Motte.	137	Prompleroy.	132
		Puis en la Vallée.	87
Marqueviller.	95	Quesnay.	56
Maulers la Chausssée.	202	Quesnes.	192
		Quinquempoix.	72
Meharicourt.	143	Quiry.	89
Mernil.	58	Raineval.	82
Mesniller.	110	Ravenel, B.	236
Mesneviller.	45	Remaugie.	66
Montemer.	83	Ressons, B.	207
Montgerain.	40	Revencourt.	10
Montiereu.	70	Riquebourg.	71
Montigny, B.	27	Rollot.	301
Moreüil, B.	246	Roquencourt.	79
Morimavereux.	50	Rouvrel.	57
Morizel.	49	Rouvroy les Merles.	17
Moyenville.	14	Rouziere, B.	387
Muid d'Orge.	56	Roye sur le Matz.	81
Neufvy.	17	Rubescourt.	35
Noiresmont.	58	Rueul sur Breche.	144
Noyers.	144	Saulchoy.	79
Onviller.	82	Sauvillé Monginal.	75
Orvillers & Sorel.	167	Septoutre.	23
Ourcellemaison.	75	Seresvillier.	51
Paillart.	42	Sourdon.	100

DU ROYAUME.

Paroisses.	Feux.	Paroisses.	Feux.
S. Aurin.	12	Trouffancourt.	85
S. Azoye.	122	Vandeüil & Capty.	59
S. Juft.	151	Varfies.	85
S. Martin aux Bois.	98	Vavignies.	87
S. Martz les Triot.	36	Vaux S. Mondidier.	56
S. Morenviller.	145	Verpillieres.	45
Tartigny.	43	Villars les Raye.	67
Thennes.	40	Villers Vicomte.	71
Thieux.	50	Villers Tournelle.	70
Thilliers.	71	Villers aux Erralles.	32
Thilloloy.	85	Vrely.	118
Thory.	87	Waque Moulin.	50
Tricot, B.	348	Warviller.	72
Tronquay.	22	Yencourt.	25

ELECTION DE S. QUENTIN.

Paroisses.	Feux.	Paroisses.	Feux.
A Trilly.	58	Bray.	37
Aubigny.	20	Croix.	34
Auroy.	8	Caulincourt.	49
Bantheüil.	45	Dallon.	35
Beaurevoir, B.	192	Douchy.	40
Bellengliffe.	41	Doüilly.	49
Bellicourt.	86	Dury.	48
Bertaucourt.	45	Eftoüilly.	19
Beauvois.	64	Eftrée,	72
Brancourt.	145	Eftreilliers.	105
Bonny.	28	Fayel.	100

D ij

DÉNOMBREMENT

Paroisses.	Feux.	Paroisses.	Feux.
Flucquier.	52	Neuville.	23
Fontaine les Clercq	43	Offroy.	60
Fontaine Uterte.	26	Omissy.	36
Fresnoy le Grand.	192	Partie d'Urvillers.	10
Gauchy.	39	Pithon.	19
Germain.	25	Pontruet.	33
Giffecourt.	14	Remaucourt.	42
Goncourt.	65	Rouppy.	73
Gonnelieu.	58	Rouvroy.	24
Goüy.	96	S. Quentin, V.	1729
Gricourt.	60	*Feux, Bail. Prev. n r.*	
Grugies.	11	*G à S. M P. 5 g f. B*	
Happencourt.	62	*d Tabac, Mar. 36 l.*	
Harchies.	13	Saucourt.	67
Hargierus.	84	Savy.	106
Harly.	22	Sequehart.	33
Heroüel.	30	Seraucourt le Gr.	67
Holnon.	80	Seraucourt le P.	22
Honnecourt.	128	S. Sulpice.	74
Jeancourt.	50	Trefcon.	23
Lanchy.	32	Tugny.	31
Le Hancourt.	52	Vaux.	30
Lesdin.	56	Vendelle.	31
Le Vergie.	55	Vendeville.	63
Le Verguier.	56	Vermand, B. Bail.	112
Magny à la Fosse.	19	Ugny l Equippée.	23
Maissemy.	61	Villeret.	44
Malincourt.	56	Villers Audreau.	95
Maurecourt.	32	Villers S. Chryst.	100
Monbrehain.	215	Villers Guillain.	12
Nauroy.	74	Villevesque.	33

GENERALITE'
DE
SOISSONS,

Composée de sept Elections.

Sçavoir,

SOISSONS,
LAON,
NOYON,
CRESPY, } en Picardie.
CLERMONT,
GUISE,
CHATEAU-THIERRY, en Brie.

DÉNOMBREMENT

ELECTION DE SOISSONS.

Paroisses.	Feux.	Paroisses.	Feux.
Acy.	152	Beugneux Wallé.	88
Aizy.	67	Bieuxy.	14
Ambleny & Pont-Archer.	160	Billy sur Aixne.	120
		Billy sur Ourcq.	100
Ambrief.	23	Birry.	82
Antienville.	35	Blanzy.	24
Arcy Ste Restituë.	58	Bleraucourdel.	30
Armentiere.	55	Bleraucourt, B.	212
Attichy, B.	205	Bourguignon.	15
Auchy la Ville.	79	Braine, V.	354
Auchy le Château, J. R. n r.	81	Brange.	40
		Braye.	22
Augy.	40	Breüil sur Saconin.	11
Autresche.	179	Bruy.	23
Bagneux.	23	Bruyere Valchretien, B.	50
Barbonval.	26		
Bassevelle.	56	Bucy le Long, B.	300
Bazoches.	73	Buzancy.	44
Belleu.	44	Caine.	40
Bernelle.	27	Camelin.	73
Berneüil.	94	Celles sur Aixne.	58
Berny Riviere.	75	Cerceüil.	46
Bertigny.	43	Chacrise & Vilblain.	86
Berzy.	46		
Besmé.	19	Charentigny.	16

DU ROYAUME.

Paroisses.	Feux.	Paroisses.	Feux.
Charly & Beaurepaire.	148	Coupru.	57
Chassemy.	87	Courtieux.	27
		Couvrelie.	30
Chaudun, Luceron, la Maison neuve & Cravençon.	30	Cramaille.	34
		Cramoiselle.	8
		Crecy au Mont.	119
Chavignon.	127	Crouttes.	27
		Croutoy.	29
Chavigny le Fort & Milencourt.	58	Croüy, B.	200
		Cuffie.	140
Clavonne.	57	Cugny.	27
Chemery le Montcel.	24	Cuisy en Almont.	78
		Cury & Housse.	43
Chery Chartreuve.	122	Cus, B.	217
Chivres.	30	Cutry.	35
Choisy au Bac.	30	Dhuisel.	64
Choüy.	105	Dommier.	70
Ciis.	35	Drachy.	113
Ciry.	80	Dravegny.	100
Clamecy.	78	Droizy.	29
Clancy & Morembœuf.	2	Eguisy Berthenay.	50
		Espagny.	89
Cœuvre, V. D P.	128	Filain.	58
Cohan.	60	Fontenoy.	120
Condé sur Aixne.	83	Fresne.	46
Couloizy.	30	Goussencourt.	72
Coulonge.	70	Guny.	113
Courcelle.	75	Hartanne.	38
Courdoux.	15	Jauzy.	64
Courmelle.	92	Joüagnes & Virly.	50

DÉNOMBREMENT

Paroisses.	Feux	Paroisses.	Feux
Joüy.	47	Maupas.	54
Juvigny.	85	Merval.	18
Laffaux & Allemand.	114	Misly aux Bois.	25
		Misly sur Aixne.	106
Lattilly & Secours.	49	Montgobert.	78
La Versine.	32	Montigny Langrain.	81
Launoy & Neuville S. Jean.	33	Montmaque.	41
Le Mont Ne De.	103	Morsain.	148
Le Mont S. Martin.	10	Moslin sous Touvent.	45
L'Enclos de Valsery.	8		
Le Plessis Brion.	85	Muret.	29
Le Plessis & la Cense de Martinprest.	67	Nampcel.	114
		Nampteüil la Fosse.	84
		Nampteüil sous Cugny.	32
L'Eschelle & Chaselle.	22	Nampteüil sur Marne.	113
Leury.	30		
L'Huy sous le Mont Ne De.	53	Nampteüil sur Ourcq, le Mesnil & Beaucourt.	38
Limé & Malmaison.	62		
Loeüilly.	109	Nanteüil sous Muret.	36
Longueval.	109		
Lonastre & Violaine.	75	Nauroy.	36
Loupigne & Vaux.	39	Neuville sur Margival.	41
Lucy le Boccage.	73		
Maast.	23	Nouvron.	61
Manicamp.	193	Noyan & Aconin.	40
Margival.	54	Offemont.	29
Mercin, Vaux, &		Osly Courtil.	40

Paroisses.	Feux.	Paroisses.	Feux.
Ostel.	60	Saconin.	51
Oudignicourt.	34	Salsogne.	49
Parcy.	23	Sancy.	33
Pargny.	77	Saponay.	48
Passy.	46	Sellen.	46
Pavant.	124	Serche & le Mont de Soissons.	73
Perle.	16		
Pernant.	78	Sermoise.	51
Pinon le Fruitil.	70	Septmont.	68
Ploisy.	22	Serval.	25
Pommier.	60	Servenay, Rugny & Fouffry.	46
Pontarcy, B.	51		
Pont S. Mard.	82	Silly la Potterie.	345
Presles & Boües.	63	Sorny.	51
Quierzy.	95	Soucy & Puiseux.	13
Quincy sous le Mont.	23	S. Aubin.	68
		S. Bandry.	72
Resson le Long.	114	S. Crespin aux Bois & Offemont.	81
Retonde.	76		
Rocourt.	43	S. Christophe-Abery.	95
Romigny.	30		
Rozel S. Albin.	44	S. Hilaire Montgru.	28
Rozieres.	45	S. Leger aux Bois.	105
Rozoy les Auchy.	79	S. Mard.	47
Ruvet.	66	S. Paul aux Bois.	80

SOISSONS, *V.*
5 P. 1783 Feux, Ev. Com. B d F. Pres. Bail. J C. G à S. Mar. 22 l.

S. Pieresle.	84
S. Pierre Abitry.	32
S. Quentin Macogny.	15
S. Remy Blanzy.	106

Paroisses.	Feux.	Paroisses.	Feux.
S. Thibault.	35	Vauxaillon.	122
Tanniere.	25	Vauxtin.	29
Tartier.	64	Venizel.	51
Taux.	21	Vezaponin.	43
Terny.	50	Vezilly.	82
		Vichel.	36
Tigny Coutermain.	27	Vielarcy.	82
Tourotte.	52	Vierzy Vaucastille.	47
Troisne.	30	Villemontoire.	38
Trosli Breüil.	103	Villers Agron.	44
Trosly Loire.	118	Villers le Hellon.	65
Turcy.	40	Villesavoye.	28
Vailly, *B. G à S.*	314	Villomé & Party.	23
Vassan.	83	Violaine.	17
Vasseni.	91	Vingrel.	21
Vaubuin.	65	Vis sur Aisne.	67
Vaudesson.	90	Vregny.	33
Vaurezis.	84	Willery.	14
Vauxceré.	53		

ELECTION DE LAON.

Paroisses.	Feux.	Paroisses.	Feux.
Achery.	117	Aippe.	86
Agnicourt, Sechelles & Maurensis.	70	Aizelle.	97
		Alaincourt.	73
Aille & la Cense S. Emille.	60	Amiefontaine, Fleuricourt & Remirecourt.	42

Paroisses.	Feux.	Paroisses.	Feux.
Amigny & Roüy.	168	sancourt & Dep.	122
Andelain.	29	Bertignicourt.	17
Anizy le Chastel.	166	Bertricourt.	15
Arancy.	40	Bery au Bac.	70
Archon & Ongnis.	57	Besny & la C. S. Andrin.	12
Assis sur Serre.	97		
Athis.	59	Bichancourt.	111
Aubigny & la C. S. Jean.	72	Bievres.	58
		Bossignereux.	23
Auffriques.	48	Bois & Pargny.	135
Auliers & Bazolles.	40	Boncourt & la C. S. Aquaire.	96
Aulnois, Longueau & Reneüil.	44	Bosmont.	78
Aumencourt.	40	Bosmont Neuville.	30
Autremencourt.	56	Bouconville.	61
Bancigny.	34	Boulleaux, Augicourt, & Roquignicourt.	53
Barenton, Bugny.	41		
Barentonsel.	18		
Barenton sur Sere.	40	Bourguignon.	52
Barzis & les Hameaux.	200	Bourg & Comin.	55
		Brancourt.	106
Baune & Chivy.	38	Bray en Laonnois, V.	138
Bautor.	102		
Beaurieux, B.	221	Bray en Thierache.	99
Bessecourt.	30	Brenot.	179
Berieux.	97	Bris.	34
Berlancourt.	7	Briennes & Dep.	11
Berlize.	41	Bisset & Choigny.	92
Bertaucourt, Espourdon, Mus-		Brisly.	77
		Brunehamel, B.	237

D. vj.

Paroisses.	Feux.	Paroisses.	Feux.
Bruyeres.	209	Chevesnes.	142
Bucilly Abbaye.	84	Chevregny.	124
Bucy lez Pierrepont.	96	Chevresis le Meldeux.	45
Bucy lez Sarny & Lessart l'Abbé.	50	Chevresis N. D.	5
Buire, sans Clairfontaine.	24	Chincheny & Autreville.	145
Bureüilles, Bellimont & Dep.	83	Chivres & Machecourt.	71
Cerny en Laonnois.	50	Chivy lez Estouvelles.	37
Cerny lez Bucy.	37		
Cessieres.	107	Cilly.	105
Chaillevois.	40	Clacy & Thierest.	33
Chalandry.	64	Clermont.	12
Chambry.	13	Coing & Dep.	78
Chamoüille.	51	Concevreux.	66
Champdatte.	108	Condé.	24
Charmes & la Chapelle.	48	Corbeny.	147
Chastillon lez Sons & Champcourt.	44	Coucy la Ville, Mar. Neuville & Dep.	33
Chastillon sur Oize.	19	Coucy le Chastel, V. Bail. M P. G à S. 26 l.	217
Chaudarde.	43		
Chaulse & la Déconfiture.	88		
Cherest.	28	Coucy lez Aippe.	70
Chermizy.	76	Coüillegis.	32
Chery lez Poilly.	67	Courbe & le Censier.	6
Chery & Monceau lez Rozoy.	60	Courson.	21
		Courtecon.	34

DU ROYAUME.

Paroisses.	Feux.
Couvron & Montrescouture.	98
Craonne, V. 5 g f.	151
Craonvelle.	80
Crandelin.	38
Crecy sous Fere, V. 5 g f. & Piercourt.	340
Crespy, en Laonnois, V. 14 l.	278
Creuttes.	11
Cuincy & Basse.	33
Cuirieux.	38
Cuiry lez Chaudarde.	26
Cuiry lez Yviers.	42
Dagnis Lambrecis.	95
Damemarie & Fayaut.	6
Davizy & Dep.	66
Dercy.	118
Deüillet.	148
Dizy & la Ville aux Bois.	40
Dohis.	102
Dolignon.	24
Effris.	35
Erlons.	74
Ernansart.	96
Esparcy sans Bucilly.	21

Paroisses.	Feux.
Estouvelles.	30
Euregnicourt.	44
Faucoucourt, Marcilly & la Cense du Vez.	113
Faucousis.	6
Fay le Noyer & Cerfontaine.	72
Fay lez Pierrepont.	1
Festieux.	108
Folambray, M R.	100
Fontaine lez Vervins.	158
Fourdrain & Dep.	125
Francqueville.	30
Fresnes.	41
Fressencourt.	28
Froidestré.	33
Froismont, Cobartil & Louvry.	65
Fussigny & Courtrisy.	46
Geni.	52
Gercis.	82
Gerignies.	48
Gernicourt.	22
Gizy.	120
Glennes.	85
Goudelancourt lez Bericux.	30

Paroisses.	Feux.	Paroisses.	Feux.
Goudelancourt lez Pierrepont.	42	La Hairie, la Vieville & la C. de Bretagne.	88
Grandlud.	42	La Hairie sans Bucilli.	61
Grandrin.	48	Landiefay.	76
Gronnart.	36	Landouzy Lacourt & Belleperche.	23
Guiencourt.	54	Landricourt & Courval.	24
Guignicourt.	65	Lasnicourt.	37
Hamegicourt.	30	Lapion & Maquigny.	115
Harcigny.	138	La Selve.	77
Haris & Train.	65	Laval.	77
Haution & Feronval.	142	Lavergny.	30
Horis & Curbigny.	20	La Ville aux Bois.	20
Houssel.	92	La Ville aux Bois & Dizy.	40
Houssel Neuville.	22	Le Pont à Bucy.	32
Jantes.	152	Le Sart sur Sere & Aguilcourt.	101
Jumigny.	76	Lierval & les Hameaux.	77
Juiers & Cuissy.	142	Liesse sans Marchais, B.	287
Juvincourt le Grand & Dep.	110	Lislet.	13
LAON, V. 16 Par. 1625 Feux, Ev. D P. Pres. Bail. Prev. n r. G à S. T F. M P. Mar. 30 l.		Lizy.	39
La Fere, V. J R. n r. G à S. Mar.	456	Lor.	21
La Ferté sur Peron.	89	Lugny.	42
Lagny & Beaurepaire.	157		

Paroisses.	Feux.	Paroisses.	Feux.
Magnivilliers & Plenoy.	10	Monceau le Neuf.	50
Maineville.	43	Monceau les Leups.	97
Maizy.	79	Monceau le Vieil.	14
Malmaison & Dep.	60	Monceau le Vaast.	36
Malval.	8	Moncornet, V.	266
Marchais sans Liesse.	58	Mons en Laonnois.	78
Marcy & Houdreville.	51	Montagut.	133
Marfontaine.	29	Mont Bavin & Mont Arcenne.	31
Marle, V. Bail. Gruërie, G à S. 5 g f. 32 l.	233	Mont Berault & Courtuy.	15
Martigny en Laonnois.	71	Mont Chalons.	51
Mauregny & Haye.	118	Montenault & Chaumont.	47
Mauxloüé.	66	Montigny le Franc.	67
Mayot.	35	Montigny & Dormicourt.	15
Merlieu & Valavergny.	82	Montigny.	50
Mesbrecourt & Coupet.	64	Mont Nanteüil.	87
Meurival.	37	Mont S. Jean.	63
Mezieres sur Oise & le Hamel.	70	Morigny en Thierarche.	63
Missy lez Pierrepont.	23	Mortiers.	54
Molinchart.	60	Moucy & le Metz.	42
Molins.	76	Moy.	132
		Muscourt & Beauregard.	31
		Nampcelle.	89
		Neufchatel.	62
		Neufmaison.	98

Paroisses.	Feux.	Paroisses.	Feux.
Neufville Beaumont.	41	pelacourt.	51
Neufville en Laonnois.	29	Ploiart.	37
		Plomion, B.	257
Neuville Houssel.	37	Poilly.	96
Nizy le Comte.	93	Premontré, Abb.	46
Nogent sous Coucy.	11	Presles, Tierny, les Chasteaux de Presles & Cornelle.	99
Noircourt & Beaumont.	29		
Nouvion l'Abbesse.	78	Prisces.	57
Nouvion le Comte.	109	Proviseux.	44
		Prouvais.	100
Nouvion le Vineux.	35	Raineval.	54
Ohis.	77	Raucourt.	10
Orainville & Pontgival.	38	Remy.	54
		Resigny & Train.	102
Orgeval.	93	Revillon.	37
Oulche.	57	Ribemont, V. Bail. J R. n r. 5 gf.	240
Paissy le Mosnier.	67		
Paucy & l'Espine.	33		
Parfondeval sans Ongnis.	217	Richecourt.	15
		Rogericourt.	31
Parfondru.	75	Rognis.	43
Pargnant.	69	Roucy, V. Com.	200
Parpelaville & Villencel.	82	Rougeris & Vauxharis.	55
Pierremande.	40	Rouvroy & Dep.	84
Pierrepont.	112	Rozoy & Apremont, V.	254
Pignicourt.	20		
Plaineselve & Par-		Royaucourt &	

DU ROYAUME.

Paroisses.	Feux.	Paroisses.	Feux.
Caillevet.	50	Taveau & Pontse-	
Sains & Richau-		ricourt.	166
mont, B.	354	Thenailles.	106
Samouzy & Etre-		Thiernut.	39
poix.	8	Thosny, Pontavaire	
Servais.	40	& Dep.	78
Sery lez Maizieres.	86	Thoulis & Hatten-	
Sevaux.	64	court.	50
Sissonne, B	200	Tribecourt, Jumen-	
Sissy & Villers le		court & Grand-	
Vert.	106	champ.	51
Soize.	57	Trojon.	18
Sons & Dep.	78	Trucy.	72
Soupir & Dep.	100	Variscourt.	17
Suzy & Subascourt.	121	Vassogne.	50
S. Clement.	39	Veucelles & Besse-	
S. Erme Outre &		court.	42
Ramecourt.	200	Vauclerc.	27
S. Gobert.	86	Vauresaine.	18
S. Gobin.	222	Vendresse.	22
S. Nicolas aux		Vercigny, Macqui-	
Bois.	77	gny & S. Martin.	108
S. Pierre lez Fran-		Verneüil Cour-	
queville.	45	tonne.	64
S. Pierremont &		Verneüil sous Cou-	
Raris.	32	cy.	61
S. Thomas.	56	Verneüil sur Sere.	30
Ste Croix.	55	Vervins, V. Marq.	
Ste Genevieve.	17	G à S. 5 gf.	600
Ste Preuve.	56	Vesle & Caumont.	46

DÉNOMBREMENT

Paroisses.	Feux.	Paroisses.	Feux.
Vesluc.	89	Voulpaix.	197
Vigneux.	130	Voyenne & la Paroisse.	107
Villers en Prieres.	60		
Villers le Sec.	47	Urcel.	80
Viney, Reüil & Magny.	39	Willy.	43
Vivaise.	17	Wissignicourt & Fontenille.	54
Vorges.	73		

ELECTION DE NOYON.

Paroisses.	Feux.	Paroisses.	Feux.
Abbecourt.	93	Breüil.	18
Annoy.	38	Brouchy.	61
Appilly.	54	Bucy.	34
Arthem.	44	Buverchy.	13
Babeuf.	110	Cambronne.	154
Bailly.	51	Campagne.	27
Baquencourt.	40	Candeure.	127
Baugie.	29	Canectancourt.	85
Beaulieu, B.	102	Cailloüel.	76
Beaumont.	53	Carlepont.	227
Beaurains.	27	Castres.	34
Behencourt & Bezincourt.	3	Catigny.	49
		Caumont.	51
Behericourt.	115	Chauny, V. Bail. Prev. Ch. M P. 5 g f.	816
Benay.	46		
Berlencourt.	55		
Betancourt.	85	Cherizy.	42

DU ROYAUME.

Paroisses.	Feux.	Paroisses.	Feux.
Chiry.	102	Grandroüy.	35
Claſtres.	74	Grandru.	112
Commenchon.	40	Grecourt.	13
Condren.	71	Guiencourt & Pleſ-	
Contreſcourt.	15	ſiſgodin.	15
Cugny.	99	Guivry.	67
Cuy.	68	Ham, V. Bail.	
Dive Divette &		J R. nr. 5 g f.	378
Plemont.	55	Hinnacourt.	26
Dominois.	37	Hombleux & Ba-	
Dreſlincourt.	147	quencourt.	73
Epeville Vrelaine.	50	Juſſy Gamal.	75
Ercheu & Rame-		La C. de Beaulieu.	12
court.	163	La C. de Bonneüil.	17
Ervillé.	82	La C. de Lannoy.	4
Eſcuvilly.	79	La C. de l'Hôpital	
Eſmery Hallon.	180	du Temple.	9
Eſſigny le Grand.	115	La Bainette.	8
Eſcaricourt Epinoy.	42	Lagny.	145
Faillouel.	40	Larbroye.	41
Fargnier.	72	La Solle S. Martin.	5
Flavy le Martel.	178	Laſſigny.	166
Flavy le Meldeux.	59	Les Menagers	
Freniche.	76	d'Orcamps.	20
Fretoy.	79	Libermont.	66
Frieres.	50	Liez.	57
Genlis, B. Marq.	127	Lisfontaine.	59
Genury.	36	Machemont.	112
Gibercourt.	14	Magny, Tirlan-	
Golencourt.	52	court, Rouvrel,	

DÉNOMBREMENT

Paroisses.	Feux.	Paroisses.	Feux.
Betancourt.	198	cy.	40
Marest Dampcourt.	93	Porquericourt.	50
Maucour.	27	Potierepezée.	29
Menessier & Dep.	28	Quennezy.	39
Mondescourt.	36	Quesmy.	43
Montescourt Lizerolles.	64	Quessy.	32
		Quiquery.	6
Morlincourt.	61	Ribecourt.	77
Moyencourt.	53	Rimbercourt Grisolle.	56
Muille Villette.	25		
Muirencourt.	60	Rumigny.	151
NOYON, V. 10 Par. 1466 Feux, Ev. Com. Pair. Bail. Prev. J R. n r. G à S. 5 g f. Mar. 22 l.		Salency.	159
		Sempigny.	101
		Seraucourt.	64
		Sermaise.	21
		Sommette.	13
Nesle, V. Marq.	362	Suzoy.	43
Neuflieu.	11	S. Simon, D P.	56
Neuville en Baine.	34	Tergny.	35
Ollezy.	48	Thiescourt.	204
Ongne.	59	Tracy le Mont.	310
Passel.	36	Tracy le Val.	77
Petitrouy.	31	Travecy.	130
Pimpres.	98	Varennes.	60
Plessier Cacheleux.	53	Vavenelles.	44
Plessier de Roye.	97	Vendeüil, B.	200
Plessier Patte d'oye.	38	Ugny le Guay.	110
Pont l'Evêque.	94	Ville.	108
Pont de Tugny.	13	Villeserve.	56
Pontoise & Couar-		Viry Noreüil.	133

Paroisses.	Feux.	Paroisses.	Feux.
Voüel.	49	Yaucourt.	19
Voyenne.	59		

ELECTION DE CRESPY,

Paroisses.	Feux.	Paroisses.	Feux.
Acy en Mulcien.	130	Chelle.	59
Antilly.	50	Chevreville.	42
Auger S. Vincent.	87	Chezy en Orxois.	141
Autheüil & Bilmont.	111	Coulomb.	126
Bargny.	41	Corcy.	43
Bellemont.	29	Coyolles.	38
Berongne.	16	Cuise & la Motte.	165
Bethencourt.	42	Cuvergnon.	79
Bets.	60	Damars.	79
Bonneüil & Auberval.	136	Dampleu.	53
Boüillancy.	82	Demeville.	40
Boüillant.	76	Duvy.	37
Boularre.	45	Eschancu.	52
Boursonne.	103	Estavigny.	56
Crespy en Valois, V. 3 Par. 500 Feux. Prés. Bail. Prev. J R. Ch. G à S. Mar. 14.		Faverolles.	121
		Feigneux.	52
		Fleury.	40
		Fresnoy & Boissy.	98
		Fresnoy la Riviere.	40
		Fresnoy le Luat.	23
		Fulaine.	38
Chaversy.	16	Glengnes.	44
		Gondreville.	48

DE'NOMBREMENT

Paroisses.	Feux.	Paroisses.	Feux.
Haramont.	60	Neüilly S. Front, V. Prev. J R. n r.	392
Hautefontaine.	72	Oigny.	52
Ivor.	111	Ongnes.	53
La Basse Cour du Parc aux Dames.	30	Ormoy lez Damien.	40
La Ferté Milon, V. 3. Par. Bail. Prev. J R. n r. Ch. G à S. 22 l.	480	Ormoy & Villers.	57
		Palennes.	19
		Passy.	21
Largny.	72	Pierrefonds, V. Prev.	209
La Villeneuve.	31	Pisseleu.	30
Le Luat.	25	Pontdron.	45
Le Plessis Placy.	71	Pretiamont.	40
Le Vignen.	52	Proy.	89
Longpont.	33	Retheüil.	58
Maquelines.	23	Roquemont.	37
Mareüil.	63	Rouville.	26
Marigny.	119	Rouvres.	64
Marizy Ste Genevieve.	54	Roy S. Nicolas.	17
Marizy S. Mard.	22	Rozoy en Mulcien.	38
Marolles.	67	Senneviere.	61
May en Mulcien.	151	Sery & Magneval.	42
Moloy.	40	S. Aines.	108
Montigny & Russy.	20	S. Clement.	88
Morcourt.	29	S. Estienne.	77
Mottefontaine.	50	S. Germain.	13
Nantheüil le Haudoüin, V. Prev.	303	S. Pierre de Charcy.	40
Nery.	89	Taillefontaine.	74

DU ROYAUME.

Paroisses.	Feux.	Paroisses.	Feux.
Thoiry.	110	V. Prev. J R. nr. M. P. Cap. de Chasses.	474
Trumilly.	50		
Vaucienne.	88		
Vaumoise.	24	Villers S. Genest.	64
Verrines.	20	Viviers.	105
Vez.	79	Warinfroy.	29
Villers-Cotterests,			

ÉLECTION DE CLERMONT.

Paroisses.	Feux.	Paroisses.	Feux.
Agnets.	125	Bethencourt S. Nicolas.	68
Airion.	30		
Angicourt.	68	Brincourt.	39
Ansac.	90	Breüil le Sec.	165
Ansauvillers.	143	Breüil le Vert.	128
Arcy en Campagne.	112	Bucamp.	45
		Bulles, V. J R. nr.	217
Audiviller & la Fraye.	165	CLERMONT, V Feux, Com. Bail. J R. n r. Prev. M P. G à S. Mar. 14 l.	495
Augiviller.	61		
Aurigny.	89		
Auviller.	14	Cambronne.	144
Bailleval,	91	Castenoy.	101
Bailleul le Soc, Erreuse, S. Julien & Esloges.	118	Castillon.	130
		Cauffry.	59
		Cernoy.	27
Bazicourt.	37	Chivrieres.	148
Belloy.	30	Choisy & Froyeres.	49

DÉNOMBREMENT

Paroisses.	Feux.	Paroisses.	Feux.
Ciuqueux.	41	Le Plessis Crotoy.	42
Cires, B.	213	Le Plessis prés Pont.	17
Cramoisy.	57	Le Quesnel Aubry.	75
Cressonsac.	68	Liancourt, B.	
Cuigneres.	64	Marq.	179
Erquery.	85	Lieuviller.	86
Erquinvillers.	23	Maimbeville.	98
Espineuse.	52	Mauregard.	3
Estoüy.	126	Maysel.	36
Estrée S. Denys.	123	Mery.	169
Foüilleuse.	26	Mesto.	103
Fournival.	70	Mogneville.	76
Fresnoy, B.	230	Mojenneville.	48
Fumechon.	32	Moiviller.	107
Gournay, B.	133	Monchy S. Eloy.	39
Hautechy.	47	Montreüil.	100
Hemeviller.	63	Neufvy.	15
Houdainville.	42	Nointel.	185
Houdancourt.	53	Nourard.	110
La Bruyere.	60	Nouroy.	66
Laigneville.	89	Nully.	60
Lamescourt.	50	Rantigny.	55
La Neuville en Hez.	107	Remerangle.	76
		Remsecourt.	14
La Rüe Prevost.	24	Remy, B. J R. n r.	190
La Rüe S. Pierre.	105	Reüil.	1
Le Bus Maubert.	1	Rousseloy.	17
Leglentier.	90	Rouviller.	55
Le Mesnil sur Bulles.	94	Rozoy & Hardencourt.	75
		Sacy	

DU ROYAUME.

Paroisses.	Feux.	Paroisses.	Feux.
Sacy le Grand, B. J R. n r.	134	Thieux.	48
Sacy le Petit.	60	Thiverny.	14
Sarron.	33	Thury.	76
S. André Fariviller.	87	Trois Esteaux.	21
S. Aubin.	50	Valescourt.	42
S. Felix.	62	Verderonne.	58
S. Martin Longueaüe.	26	Uny S. George.	13
S. Remy en Leaüe.	79	Warnaviller.	2
S. Vaast.	96	Warty.	72
		Wavegnie.	122

ELECTION DE GUISE.

Paroisses.	Feux.	Paroisses.	Feux.
Agny & Martin Rieux, Housseaux & Depend.	266	gnette.	12
Andigny.	13	Bergues.	35
Aubenton, V. Pair. G à S. 5 g f.	290	Besmond.	124
		Bohain, B.	200
		Bohery & S. Hilaire.	4
		Boüé.	102
Audigny.	60	Buironfosse, B.	242
Autheville.	77	Chigny.	111
Autrepe.	102	Clanlieu.	6
Aysonville & Bernoville.	40	Colonfay.	29
		Crupilly.	56
Barzy.	62	Doreng.	95
Bequigny & Bequi-		Englancourt.	146
		Erloy.	154

DÉNOMBREMENT

Paroisses.	Feux.	Paroisses.	Feux.
Eschaufour.	12	Foigny.	161
Esqueheries, B.	210	La Capelle.	155
Essigny le Petit.	24	La Flamangrie.	181
Estreux Landrenas.	116	La Maison du Bois.	7
Etaye & Boqueaux.	96	Landouzy la Ville.	197
Etreaupont & Aubenton la Cour.	150	La Neuville aux Joustes.	182
Fasty, Wiege & le Sourd.	261	La Vaqueresse.	115
		Lerzy.	120
Femy.	143	L'Eschelle.	178
Flavigny le Grand & Beaurin.	55	Les Maisons du Mesnil Laurent.	29
Flavigny le Petit.	12	Les M. de Morcourt.	2
Fonsomme.	35	Les M. du Tillois.	3
Fontaine.	148	Lesquielle, S. Germain & Montreux.	148
Fontenelle.	68		
GUISE, V. 386 Feux. D P. G à S. 5 g f. 40 l.		Leuze & Beaumé.	163
		Longchamps.	33
Grougy & Marchavennes.	79	Luzoir.	105
		Mainnevreil.	73
Hannappe.	91	Mallezy brûlé & Brandouzy.	90
Herisson, B.	177		
Homblieres.	92	Macquigny.	62
Honnechy.	26	Marcy & Houdainville.	44
Jouqueuse.	6		
Iron.	91	Marly & Gomont.	180
Irson, ou Herisson.	18	Martigny.	170
Itancourt.	30	Monceau sur Oise.	58
La Bouteille &		Mondrepuis.	79

DU ROYAUME.

Paroisses.	Feux.	Paroisses.	Feux.
Montigny en Aroise.	72	Roquigny & Montreüil.	75
Neuville lez Doreng.	77	Seboncourt.	172
Noyalle & Tremond.	47	Sommeron.	52
		Sorbay.	134
		S. Algy.	116
Nouvion en Thierarche.	299	S. Martin à la Riv.	33
Nulcifrotte & Clairfontaine.	130	S. Michel Rochefort, B.	345
		Thenelle.	95
Oizy.	62	Tupigny & Seignieres.	104
Origny en Thierarche.	272	Vadancourt.	89
Origny Ste Benoiste, B.	325	Vaux en Aroise.	89
		Venerolles.	71
Proix.	50	Villers lez Guise.	32
Proisy.	15	Verly.	83
Puisieux, Marq.	118	Wassigny.	119
Regny.	48	Watigny.	154
Ribauville.	30	Wimy.	95
Romery.	26		

ELECTION DE CHATEAU-THIERRY.

Paroisses.	Feux.	Paroisses.	Feux.
Azy.	107	cilly, Rozoy.	103
Baizy, Mar-		Beaulne.	105

DÉNOMBREMENT

Paroisses.	Feux.	Paroisses.	Feux.
Belleaüe.	65	Coupigny.	8
Berasle.	134	Courboüin.	64
Berny.	38	Courchamps.	47
Bezu le Guery.	74	Courmont.	67
Bezu les Feves.	12	Courtemont Varennes.	55
Bezu S. Germain.	84		
Blesmes.	57	Cresancy & Paroy.	89
Bonneil.	80	Croustes.	86
Bonnes.	52	Domptin.	91
Bouresche.	40	Espaux.	142
Brecy.	8	Espieds & Trugny.	90
Bussiaire.	39	Essises.	56
Buverde.	135	Essomes, B.	303
CHATEAU-THIERRY, 940 Feux, V. D P, Pres. Bail. Prev. M P. G à S. Mar. 20.		Estampes.	46
		Estrepilly.	27
		Fere en Tartenois, V. MP. S g f. 32 l.	560
Celle.	40		
Chamblon.	8	Fontenelle.	32
Chartreuve.	71	Fossoy.	59
Chezy l'Abbaye.	282	Fresnes.	97
Chierry.	43	Gandelus, Marq.	168
Cierges.	69	Genevroy.	8
Citry.	126	Gland.	112
Coincy, V. J R.	208	Grisolle & le Charme.	65
Cointicourt.	20		
Condé.	147	Hartonge.	52
Confremault.	5	Hautevesnes.	49
Connegis.	70	Janvilliers.	32
Corribert.	3	Jaugonne.	92

DU ROYAUME.

Paroisses.	Feux.	Paroisses.	Feux.
La Chapelle Montaudon.	78	Montreüil aux Lions.	175
La Chapelle sur Chezy.	50	Montron, Montoury, Macogny & Lessart.	30
La Croix.	40		
Laiges.	54	Mont S. Pere.	135
La Potterie.	24	Monturel.	33
La Ville sous Orbais.	34	Nesle.	48
		Nogentel.	85
Le Breüil.	107	Nogent Lartault, V.	215
Le Charmelle.	63		
L'Eschelle.	60	Orbais.	180
Les Franquests.	13	Pargny.	41
Les Oclanes.	19	Parts.	58
L'Espine aux Bois.	72	Passy.	50
Licy Elignon.	35	Perriers & Sommelan.	54
Marchais.	103		
Mareüil en Dosse.	66	Pichigny.	14
Margny en Brie.	22	Reüilly Sauvigny.	56
Mery.	68	Roncheres.	74
Mezy Moulins.	59	Rozoy Gastebled.	27
Molnon la Fosse.	24	Sauchery, B.	240
Mont Armault.	11	Serchamps.	14
Mont Coupeau.	32	Sergy.	84
Mont Faucon.	54	Seringle & Nesle.	89
Montiers.	69	S. Agnan.	60
Montigny lez Condé.	34	S. Eugene.	45
		Trelou, B.	264
Montlean.	36	Vandieres.	82
Montmirel, V.	344	Vauchamps.	44

E iij

Paroisses.	Feux.	Paroisses.	Feux.
Vaux sous Coulombs.	60	Villemoyenne.	34
Verdelot.	181	Villeneuve sur Fere.	78
Verdilly.	64	Villers sur Fere.	100
Verdon.	36	Villers sur Marne.	108
Veüilly la Potterie.	87	Vinly S. Jean Goulph.	40
Viez Maisons.	103		
Viffort.	97		

GENERALITÉ
DE CHALONS,

Composée de 12. Elections.

Sçavoir,

CHALONS,
RHETEL,
RHEIMS,
Stᵉ MENEHOUD,
VITRY,
JOINVILLE, } en Champagne.
CHAUMONT,
LANGRES,
BAR-SUR-AUBE,
TROYES,
ESPERNAY,
SEZANNE, en Brie.

DÉNOMBREMENT

ELECTION DE CHALONS.

Paroisses.	Feux.	Paroisses.	Feux.
Aigny.	64	Bussy le Château, B. J R.	77
Aliencelles.	142	Bussy le Repos.	68
Avise, B.	242	Bussy Lestrée.	142
Aulnay aux Plaches.	49	CHALONS, V. Com. Pair.	2872
Aulnay sur Marne.	71	Feux, Ev, B d F. Prés. Bail. J C.G à S.	
Autrecourt.	2	5 g f. B du Tabac, Mar. 36 l.	
Aulve & Herconval.	46		
Bailly & la Folie.	19		
Bannes.	116	Cauroy.	79
Bage & la Par.	134	Cernon.	46
Beaunay.	76	Chaintry.	13
Bellay.	1	Chastray.	48
Belval & Dep.	35	Champagne.	15
Bergers.	152	Champaubert.	31
Betancourt.	106	Chapelaine.	2
Bierge.	12	Charmont & Charmoutel.	241
Bignipont.	2	Charmontois l'Abbé.	49
Bois Japin.	2		
Bourolles.	141	Charmontois le Roy.	46
Brabant.	134		
Breuvery.	25	Cheniers.	27
Brizeau.	54	Cheppy.	58
Bronne.	8		

DU ROYAUME.

Paroisses.	Feux.	Paroisses.	Feux.
Chevigny.	11	Ferbriange.	83
Clamange.	69	Fere Champenoi-	
Croizart.	37	se, V.	371
Colligny & Dep.	94	Flavigny.	15
Conflans.	4	Fontaine sur Colle.	56
Congy.	109	Faucaucourt.	55
Compertrix.	22	Francheville.	40
Connentiay.	47	Fromentiers.	83
Connantie.	76	Fulaine & Dep.	41
Contault & Mau-		Germinon.	94
pas.	50	Giury lez Loizy.	47
Coolus.	23	Gizaucourt.	34
Coulmiers.	47	Gourganzon.	94
Coupels.	38	Haussimont & Vas-	
Coupeville.	81	simont.	71
Courtisoux, B.	571	Jallon.	75
Cuperly.	60	Juvigny.	154
Dampierre au		La Chap. sur Our-	
Temple.	22	bais & Bievre.	28
Dompmartin Les-		La Cheppe.	71
trée.	140	La Croix en Champ.	36
Esclaires & Dep.	96	La Folie.	4
Escury sur Colle.	86	La Gravelle.	2
Escury le Petit.	3	La Lieuf.	3
Escury le Repos.	50	La Maison-Dieu au	
Eslise.	21	Bois.	2
Ezure.	63	La Veuve.	66
Estages.	118	La Venerie.	1
Fagniers.	79	La Voix.	40
Faux sur Colle.	28	Le Chemin.	47

DÉNOMBREMENT

Paroisses.	Feux.
Le Fresne.	49
Le Mesnil, B.	263
Le Mesnil la Caure.	17
Le Moulin de l'Etang.	1
Lanharcy.	54
Le Vieil Dampierre.	75
Loizie en Brie.	201
Mery & Montjalon.	74
Maiſ. & Pichotel.	52
Maisons d'Aval & d'Amont.	130
Matougue.	162
Mellette.	40
Montcetz.	43
Montgrimault & Grave.	100
Montespreux.	9
Mutigny & la Chauſſée.	41
Nettencourt, B.	283
Noirlieu & Dep.	42
Normey.	59
Nuiſement.	52
Oeuvis.	54
Oger.	120
Omey.	26
Ongnes.	28
Outre-Rivieres & Bois.	4

Paroisses.	Feux.
Paſſavant, V. J. R. Prev. 5 g f.	170
Pierremorains.	49
Pocancy.	65
Poix en Champ.	93
Pogny.	171
Poſſes.	80
Prez.	53
Puits & Eſthiechy.	30
Rapſecourt & Plaignicourt.	24
Recy.	113
Reineville.	25
Riaucourt.	3
Rouſſy.	12
Sarry.	177
Senard.	40
Songny.	30
Sommezoux.	126
Sommeveſte.	73
Sommieure.	76
Soudey Nᵉ Dᵉ.	51
Soudey Ste Croix.	143
Soudron.	160
Soulliers.	66
Soumeſne.	6
Suriette.	5
Thogny aux Bœufs.	71
Tibie.	64
Tilloy.	39

DU ROYAUME.

Paroisses.	Feux.	Paroisses.	Feux.
Toullon.	30	Vesigneux sur Marne.	54
Trecon.	44	Vinetz.	13
Vadenay.	51	Villes aux Corneilles.	54
Vadiniers.	29	Villeneuve.	10
Vanault le Chatel.	94	Villeseneux.	93
Vanault les Dames.	159	Villevenard.	163
Vatrie.	56	Vitry la Ville.	46
Vaurefroy.	44	Voipreux.	10
Vilie.	39	Voulsienne.	3
Vernancourt.	61	Voulzy.	50
Vertus, V. Com. Pair. J R.	437	Vraux.	118
Vert.	58	Vroil.	112
Vesigneux.	17		

ELECTION DE RHETEL.

Paroisses.	Feux.	Paroisses.	Feux.
Ably sur Bar.	26	Autruche.	66
Acy.	77	Ayvelle la Grande.	29
Alincourt.	41	Ayvelle la Petite.	22
Amaigne.	174	Baslon & Dep.	76
Ambly.	73	Baslay.	38
Amboucourt.	33	Balejure.	48
Anneles.	67	Barbaize.	73
Antre & Ginaux.	85	Barbie.	73
Armoize la Gr.	83	Bautemont.	41
Arreux.	28	Bayonville.	102
Auboncourt.	84	Belval.	59

DE'NOMBREMENT

Paroisses.	Feux.	Paroisses.	Feux.
Belleville.	57	Coegny.	18
Bergnicourt.	36	Condé sur Aisne & Dep.	60
Bertoncourt.	67		
Biermes.	78	Couvage.	55
Blaire & Richecourt.	23	Coutreuves & Chambernard.	63
Boulzicourt.	73	Coiny la Ville & Cornizelle.	36
Bourg.	79		
Boutancourt.	34	Coucy.	77
Boüellemont.	48	Damouzy.	46
Briaurd & Dep.	14	Dom le Menil.	82
Brienne.	59	Donchery, V. Bail. 5 g f.	478
Brieulle, B. 5 g f.	99		
Buissomme.	12	Doux.	52
Buz.	29	Dricourt.	5
Chaunois & Dep.	28	Escordalles.	133
Chalandry.	19	Eslaire.	12
Champigneulle.	18	Estrepigny.	50
Charbogne.	168	Estion.	46
Chardeny.	21	Esuigny.	52
Charillon & Villeux.	86	Faux & le Paquis.	30
		Faissault.	32
Chaumont S. Quentin.	13	Felchier.	17
		Fleury.	18
Chehery.	47	Flize.	17
Chemery.	183	Fossé.	60
Cheppe.	28	Fresnois.	33
Cherpette & Dep.	9	Germont & Dep.	30
Chevriere.	32	Glaire.	23
Clavy & Warby.	143	Giury.	36

DU ROYAUME.

Paroisses.	Feux.
Gruyers & Malonsault.	29
Guignicourt.	55
Hagnicourt & Dep	86
Hannogue S. Martin.	51
Hoquemont.	11
Houdizy.	42
Heurtebize.	51
Jandun & Vauze.	97
Ige.	43
Inaumont.	68
Ionval.	45
Ivernaumont.	34
La Cense de Corny la Cour.	5
Les autres Censes.	19
La Croix & Tanon.	64
La Francheville.	26
La Horgne.	50
La Metz & la C. de Ploiraux.	60
La Mortrave.	7
La Neuville à Maire.	75
La Piereuze.	27
Launois.	75
Le Chanois & Riv.	31
Le Chastelet & Depend.	60
Le Chesne.	292
Le Dancourt.	22
Le Menil les Annelles.	49
Le Mont de Jeux.	26
Le Moulin Faveau.	20
Le petit Ban & le Quay la Comtesse.	66
Les Alleux, la Maison Rouge, & Marcelot.	48
Leffincourt.	43
Liry.	80
Loizy & la C. de Rochefroy.	53
Longime l'Abbaye & Depend.	43
Longime & Livry.	66
Louvergny.	64
Lugny.	27
Machaut.	97
Macheromenil.	5
Maire.	10
Maizieres, V. Bail. D d S. 5 g f.	635
Malmy.	24
Manicourt & Nouvion.	60
Marqueny au Bois.	84
Marqueny au Valage.	17

DE'NOMBREMENT

Paroisses.	Feux.	Paroisses.	Feux.
Mars sous Bourg.	30	Rilly & Vaalard.	61
Maudigny.	24	Sapogne & Beau-	
Mazervy.	89	regard.	58
Monclin.	25	Sauseüil & Creve-	
Mohon.	69	cœur.	31
Montlaurens.	34	Savigny, B.	230
Montmorin.	9	Sauces aux Bois.	151
Moronvilliers.	6	Sauces aux Tour-	
Mont S. Remy.	19	nelles.	11
Montigny, V. Prev.		Sault.	21
s g f.	107	Sauville & Dep.	128
Neuflize.	57	Selles.	54
Neuville les This.	69	Semeuze.	28
Norrival.	65	Semide & Sez.	83
Noüys.	67	Semuy & Dep.	64
Omieourt.	54	Seüil, R.	240
Omont & la Gran-		Seuricourt.	13
gette.	86	Siy.	108
Pargny.	34	Simonnel.	3
Perthes.	104	Singly au Valage.	2
Pierrepont.	18	Singly au Mont.	58
Poix & Terron.	104	Sompy, B.	245
Puiseux.	33	Sorcy & Dep.	76
Quilly.	58	Soreau.	3
Rhetel ou Ma-		Sugny & Maljoux.	42
zarin, V.	1437	Sury.	16
Feux, D P. Bail.		Suzanne & la	
s g f. Mar. 40 l.		Treille.	109
Raillicourt.	98	S. Estienne.	112
Resson.	33	S. Lambert.	157

DU ROYAUME.

Paroisses.	Feux.	Paroisses.	Feux.
S. Loup aux Bois.	66	Vandezincourt.	45
S. Loup en Champagne.	108	Vaux & Beaumont.	74
		Vaux Montreüil.	78
S. Marcel.	32	Vauzelles.	29
S. Mauret & Corbon.	81	Vendresse & Dep.	189
		Verrieres.	63
S. Pierre sur Vauze.	24	Ville sur Retourne & Dep.	68
S. Remy.	17		
S. Souplet.	153	Villette.	17
Ste Marie à Pye.	115	Ville & Betanval.	2
Ste Marie & Baillet.	22	Villiers sur Bar.	52
Tagnon.	98	Villiers prés Mezieres.	28
Teligne & Dep.	21		
Terron sur Aisne.	100	Villiers sur le Mont.	31
Terron les Vendresses & Dep.	67	Villiers le Tigneux.	44
This.	51	Viviers & Tumecourt.	61
Toge.	55		
Toligny.	21	Voncy, Bossay, Coqueraumont & Fonteüil.	330
Torcy Gr. & Pet.	38		
Tourcelles & Chaumont.	56		
		Vourrieres.	137
Tourne.	116	Vrigne & Dep.	28
Tourteron, B. s.g f.	227	Vrizy.	171
		Wagnon.	104
Trugny.	96	Warq.	53
Tugny.	116	Warnecourt.	89
Vandy, le Moulin & Dep.	224	Wignicourt.	51

DÉNOMBREMENT

ELECTION DE RHEIMS.

Paroisses.	Feux.	Paroisses.	Feux.
Addon.	45	Bacounes.	58
Aire.	75	Baconville.	60
Allend'huy.	86	Bailleux.	63
Aougny.	60	Bairon & Dep.	20
Aoust & Dep.	172	Balham.	56
Arcy le Pongard & Igny l'Abbaye.	138	Banogne.	46
		Bar.	37
Ardeüil.	22	Baricourt.	92
Artaize & Viviers.	73	Bay.	69
Athenay.	111	Bazancourt.	47
Atigny, 5 gf.	154	Beaufort.	95
Avanson.	80	Beaufort lez Regnicourt.	15
Avaux le Château.	70		
Avaux la Ville, Com. & Dep.	153	Beaumont en Argone, V. J R. nr.	211
Auberive.	104	Beaumont en Vesle.	53
Aubigny.	69	Beaumont.	12
Avesgre & Marvault.	32	Beffort.	40
		Begny.	33
Aubilly.	25	Beine.	110
Avirginis.	42	Bermericourt.	16
Aumencourt le Gr.	36	Beru.	152
Aumencourt le P.	31	Betancourt.	13
Aure, Auffonce & Merland.	81	Betheniville.	60
		Betheny.	70
Auvillers.	50	Bezannes.	97

DU ROYAUME.

Paroisses.	Feux.	Paroisses.	Feux.
Bignicourt.	26	Chambrecy.	47
Blaigny.	23	Champfleury.	50
Blanzy.	111	Champigny.	28
Blonbay.	95	Chappes & Vilaines.	61
Bonnefontaine.	100		
Boüilly.	31	Chastel les Cornas.	112
Boujacourt.	71	Chasteau Portien, V. G à S. Chat. 5 g f.	389
Bouleuze.	22		
Bourgogne.	84		
Bourgogne & Lochefontaine.	50	Chaudion.	21
		Chaveuge.	74
Bouvencourt.	42	Chaumont & Pagan.	155
Boult sur Suippe.	101		
Boy.	83	Chaumontagne.	1
Branscourt.	35	Chamuzy.	140
Brimont.	78	Chehery.	37
Brieulle.	128	Chenay.	90
Broüiller.	22	Chestre.	52
Bruyers & Crecy.	35	Chuffily.	19
Carna.	120	Clairefontaine.	15
Cauroy lez Lavannes.	85	Coemy.	25
		Condé.	14
Cauroy lez Herm.	88	Cormicy, V. G à S. 5 g f.	251
Cauroy lez Machaux.	121	Cormontreüil.	87
Cernay, V.	224	Cormoyeux.	85
Chalons le Meldeux.	1	Coulommes.	50
Chalons sur Vesle.	28	Coulommes en Montagne.	46
Chigny.	162		
Chaigny.	88	Courcelles lez	

DE'NOMBREMENT

Paroisses.	Feux.	Paroisses.	Feux.
Rheims.	55	Flaygnis & les Oliers.	65
Courcelles lez Ronay.	58	Fleville.	49
Courcy & Dep.	98	Fontaine.	25
Courlandon.	28	Foulzy.	40
Courmas.	35	Fraillicourt.	77
Courmelois.	15	Fresne & Marqueuse.	46
Courtagnon.	30		
Courville.	118	Germigny.	40
Crugny.	157	Gerzicourt.	1
Day.	12	Geux.	84
Deüil & Dep.	2	Gezilly.	18
Dommelier.	51	Givry, V. 5 g f.	110
Dommery.	69	Gomont.	80
Dontrian.	22	Grandchamp.	50
Drezé.	41	Grateüil.	10
Erpy.	104	Guiron.	67
Escharson.	11	Hanappes.	172
Escly.	46	Hanongues.	118
Escüeil.	93	Harcis.	35
Espoye.	60	Harmicourt.	70
Estrebaye & Dep.	60	Haudrecis.	40
Fagnon.	62	Havis.	26
Fallaize.	104	Hauteville.	85
Faverolles.	45	Herbigny.	44
Ferrieres.	22	Hermonville & Marzilly.	177
Fismes, V. Bail. J R. Fismette, Cours & Villette.	359		
		Heudregiville.	69
		Houdicourt.	33
Flaygnis.	32	Hourges.	41

DU ROYAUME.

Paroisses.	Feux.	Paroisses.	Feux.
Houvinet.	76	La Cerloüe.	36
Hurlus.	21	Laval Morancy.	45
Janvry.	58	La Vannes.	114
Isle.	32	Le Bourg Fidel.	6
Junchery sur Suippe.	60	Le Chastelier.	28
		L'Eschelle.	119
Junchery sur Vesle.	54	Les Chesnois.	1
Juniville.	141	Le Mesnil lez Epinois.	29
Junquery.	27		
Justine.	59	Le Mesnil lez Murlus.	21
Joüy.	30		
Juzancourt.	33	Le Plain.	25
La Besace.	81	Lery.	45
La Berliere.	48	Le Thaur.	99
Lagery.	124	Les Maisons du Mont-Dieu.	36
La Hardoye.	62		
La Lobbe.	179	Les Mazures.	5
La Neuville.	1	Les Meneux.	117
La Neuville les Chesnes.	70	Les petites Loges.	9
		Les petites Armoizes.	43
La Neuville en Morancienne.	36		
		Lespron, Vaux & Vilaine.	74
La Neuville en Tournafuy,	97	L'Estalle.	38
La Neuville aux Tourneurs.	101	Les Tremblaux.	15
		Livry.	54
La Neuville Vassigny.	47	Lognis Bognis.	68
		Lognis lez Chaumont.	28
Lansonny.	42		
La Romagne.	50	Lognes.	30

DÉNOMBREMENT

Paroisses.	Feux.	Paroisses.	Feux.
Louvercis.	42	ville.	40
Loivre & Gehery.	75	Monthois.	75
Ludes.	168	Montigny sur Vesle.	77
Luternay.	4	Mourmelern. le Gr.	60
Liart.	90	Mourmelern le P.	62
Mailly, B.	79	Murtin.	15
Mainbressy.	100	Muison & les	
Mainbresson.	35	Vautes.	29
Maisoncelles.	13	Nampteüil sur	
Malmy.	20	Aisne.	25
Manye.	45	Nampteüil & Dep.	102
Malfaux.	60	Naurcy.	25
Marenoüé.	35	Neufmaisons.	33
Maubert Fontaine.	20	Neufvisy.	49
Melfont.	50	Nogent l'Abbesse.	255
Mersy & Villers Ste Anne.	54	Non compris les Maîtres des Forges.	160
Mery lez Atigry.	11	Nouville & Dep.	18
Mery en Montagne.	15	Nouvion & Dep.	133
Mismont.	72	Oches.	62
Montbret.	46	Olizy & Violaine.	47
Montcheutin.	60	Ormes.	90
Montcornet.	93	Pauvre en Champ.	41
Montfauxeüil.	20	Perthes.	18
Montgon.	25	Peny.	85
Montmelian.	48	Poilcourt.	21
Montiers.	42	Poilly.	55
Mont S. Martin.	46	Pommacle.	41
Mont S. Pierre.	14	Pont Faverger.	101
Mont sur Cour-			

DU ROYAUME.

Paroisses.	Feux.	Paroisses.	Feux.
Pouillon.	57	Romain.	72
Pourcy & Courton.	40	Romigny.	58
Prain.	15	Ronay.	62
Premecy.	20	Roquigny.	176
Prez.	55	Rouveroy.	30
Prienes.	45	Rouvroy.	19
Prosne.	104	Rubigny.	47
Prouilly.	82	Rumigny, B.	225
Prunay.	82	Sacy.	114
Puiseux.	36	Sapicourt.	19
Quatie Champs.	78	Sapigneulles.	20
RHEIMS, V.	5400	Sarcy.	60
Feux, D P. Arch. Un. Pres. Bail. J C. Hôtel d M. G à S. 5 g f. B du Tabac, M P. Mar. 30 l.		Sauce Champenoise.	100
		Savigny & Dep.	87
		Saux S. Remy.	33
		Saumory.	35
		Septsaux.	62
Raineville.	81	Septsarges.	40
Recouvrance.	32	Serincourt.	123
Regnicourt.	12	Sergnion.	20
Remaucourt.	50	Sergnon.	58
Remilly & Dep.	80	Sermieres.	120
Remonville.	30	Sermonne.	53
Renuvez, B.	249	Sernion & Souru.	41
Rilly.	152	Sery & Couvercy.	141
Rimongne.	45	Seschaux.	56
Ripont.	18	Sevigny.	13
Roche.	16	Sevigny & Valeps.	177
Roizy.	41	Serry Maupas.	97

Paroisses.	Feux.	Paroisses.	Feux.
Signy l'Abbaye, *B.*	223	S. Pierre Mont.	96
Signy Brognon, *V.*	319	S. Thierry.	60
Sillery & Pont-		S. Vaux.	34
avray, *Marq.*	44	Ste Fraize.	46
Sommerance.	41	Tailly.	49
Somme Suippe.	70	Taizy.	9
Son.	14	Tannay.	75
Sorbon.	41	Tarzis.	45
Soüain.	180	Terrieres.	28
Stonne & Franclieu.	38	Thil.	31
Suippe la Lon-		Thilhois.	45
gue, *V.*	266	Thinlemouriers.	185
S. Aignan.	38	Thuify.	29
S. Clement.	35	Tourteron.	11
S. Estienne.	32	Tramery.	57
S. Ferjeux.	73	Treslon.	40
S. George.	18	Trigny.	60
S. Germain.	97	Trois Puits.	44
S. Gilles.	40	Varry.	18
S. Hilaire.	104	Vauxboison.	8
S. Hilaire le Petit.	90	Vaux en Deüillet.	59
S. Jean aux Bois.	112	Vaux lez Mouron.	29
S. Jean de Tourbe.	41	Vaux lez Rubigny.	46
S. Imoges.	48	Vendeüil & Irval.	30
S. Juvin.	104	Ventelay.	91
S. Lienard.	11	Verzenay.	107
S. Marcel.	112	Verry.	130
S. Martin.	28	Vieux lez Avaux.	80
S. Masmes.	57	Vieux lez Mante.	21
S. Pierre à Arnes.	16	Ville Domange.	116

DU ROYAUME.

Paroisses.	Feux.	Paroisses.	Feux.
Villers Allerand.	150	Vrigy.	65
Villers aux Nœuds.	38	Usermont.	34
Villers prés les Tours.	141	Wadimont.	56
		Wargemolin.	22
Villers de Raucourt.	9	Warmeriville.	112
Villers & Dep.	56	Wartigny.	14
Villers Franqueux.	95	Wassigny.	98
Villers le Tourneur.	39	Wez.	52
Villers Mamery.	91	Witry & Burigny.	187
Villers Meurtry.	10	Yoncq.	25
Unchair.	51		

ELECTION DE Ste MENEHOUD.

Paroisses.	Feux.	Paroisses.	Feux.
Aincreville.	36	Beaurepaire.	28
Aliepont.	27	Berzieux.	30
Andevave Varge.	40	Biffeu.	34
Apremont.	87	Binarville.	114
Arger.	20	Boureulle.	30
Auche.	50	Bournonville.	40
Aulve.	46	Boux aux Bois.	54
Autry.	116	Braux Ste Cohiere.	15
Bantheville.	45	Braux S. Remy.	24
Baricourt.	92	Brecy.	45
Barlé.	40	Briville sur Meuse.	128
Baulny.	54	Briquenay.	121
Beaucler.	39	Brizeau.	29
Beaulieu.	28	Buzancy.	177

DE'NOMBREMENT

Paroisses.	Feux.	Paroisses.	Feux.
Cernay en Dormoy.	142	Jurey.	84
Cessargue.	40	Eslise.	21
Challerauge.	100	Felcourt.	8
Champigneulle.	81	Fleville.	49
Chamy.	20	Fleurent.	169
Chatel lez Cornay.	30	Fleury.	200
Chaude Fontaine.	76	Fontenay.	22
Chemoy.	1	Gercourt.	70
Chemery.	130	Gesne.	32
Chivieres.	26	Gizaucourt.	34
Cierges.	50	Grandhans.	30
Cond.	66	Grandpré, V. Com.	286
Cornay.	22	Guiry.	144
Courtemont.	36	Halle.	71
Cusy.	30	Hans.	96
Dampierre.	30	Harricourt.	11
Dampierre sur Aulve.	23	Haucourt.	148
Dampierre le Chatel.	70	Herpont.	45
Daulcourt.	55	Ismecourt.	63
Dompmartin.	11	Ivry le Petit.	60
Dompmartin sous Hans.	24	Ixermont.	40
Dompmartin sur Yevre.	53	La Chap. sur Aulve.	16
Ente.	18	Landeville.	37
Epenie.	152	Landres.	110
Epinonville &		La Neuville aux Ponts, B. 5 g f.	282
		La Neuville aux Bois.	80
		Lanon.	40
		Laval.	20

Le

DU ROYAUME.

Paroisses.	Feux.	Paroisses.	Feux.
Le Bois les Dames.	20	Somercourt.	50
Le Grand Bois de Lor.	40	Sommerance.	42
Le Mort Homme.	50	Sommetourbe Sivry.	44
Maffrecourt.	21	Sivry sur Ente.	25
Malencourt.	20	S. Georges.	18
Marc.	82	S. Jean sur Tourbe.	41
Massiges.	35	S. Juvin.	41
Melzicourt.	20	S. Marc sur Aube.	31
Minaucourt.	70	S. Pierremont.	54
Moirmont.	80	Tailly.	111
Montfaucon, *V.* S & f.	210	Tahur.	65
Moulin.	40	Termes.	144
Mouron.	70	Terrieres.	60
Novars.	39	Thenorques.	42
Olizy & la Ferté.	73	Triaucourt.	152
Ouchery.	28	Vallemy.	75
Rabécourt.	37	Varimont.	11
Remicourt.	38	Verpel & Vaux en Diollet.	118
Remonville.	30	Verrieres.	150
Ste MENEHOUD, *V.* 540 Feux, *Bail.* Prv. *J R n r. G à S. T F. M P. Mar.* 50 l.		Viel S. Remy, *B.*	300
		Viesne & Royon.	52
		Ville sur Tourbe.	73
		Villiers en Argonne & Chattis.	82
Senucq.	144	Villiers le Secq.	108
Somaulre.	95	Virginy.	100
Sombonne.	24	Voilemont.	27

Tome I.

ELECTION DE VITRY.

Paroisses.	Feux.	Paroisses.	Feux.
Ablancourt.	53	Chatelroux.	45
Ambrieres.	62	Cheminon.	177
Arzilleres.	82	Cheppes.	131
Aunay Baitre.	30	Chevillon.	161
Autigny l'Abbé.	23	Coolle.	96
Autigny le Petit.	9	Courdommange.	90
Bassu.	92	Couvrot.	35
Bassuet.	179	Dompremy.	24
Bemont.	2	Douée.	74
Betancourt l'Afferée.	25	Esouennes.	61
		Estrepy.	
Bienville.	71	Eurville.	68
Bignicourt.	57	Faremont.	16
Blaize.	41	Faveresse.	16
Blecourt.	46	Franpas.	47
Blesmes.	56	Glannes.	45
Blanché.	124	Guincourt.	1
Braucourt.	33	Gudmont.	55
Brauvillers.	53	Hallignicourt.	61
Breüil.	21	Haussignemont.	24
Brusson.	23	Hautefontaine.	3
Chamoüillé.	82	Helmaurup, B.	219
Champaubert.	69	Helvegue.	69
Chancenay.	50	Hellurier.	85
Changy.	56	Henruel.	20
Charmes.	81	Hoiricourt.	38

DU ROYAUME.

Paroisses.	Feux.	Paroisses.	Feux.
Huiron.	49	Perthes.	101
Illon.	17	Plichancourt.	41
Jussicourt.	47	Ponthion.	45
Lambreüil & Loupvent.	18	Pré sur Marne.	23
		Pringy.	68
Landricourt.	47	Roche.	57
La Neuville aux Forges.	33	Rozay.	62
		Sapignicourt.	23
La Neuville lez S. Dizier.	15	Secru.	57
		Sermaize, V. 5 g f.	415
La Petite Ville.	18	Sommancourt.	34
Le Montoy.	8	Soigny.	85
Les Landres.	8	Songy.	98
Les Grandes Costes.	67	Soulanges.	29
Les Petites Costes.	16	S. Amant, B.	282
Les Rivieres.	27	S. Dizier, V. Bail. M P. G à S. 5 g f. Mar. 44 l.	955
Loisye.	90		
Lucemont.	15		
Maisons.	95	S. Eulien.	60
Marolles.	12	S. Genest & la Folie.	8
Maurupt.	82	S. Lumier & Lisse.	151
Merlaut.	97	S. Lumiere.	21
Minecourt.	64	S. Livieres.	73
Mœssin.	40	S. Martin aux Champs.	67
Mussé.	115		
Neuville.	18	S. Quentin.	39
Nusement.	1	S. Remy.	71
Orconte.	81	S. Vrain.	71
Outrepont.	66	Thieblemont.	70
Pargny.	98	Tournizet, & Dep.	23

Paroisses.	Feux.	Paroisses.	Feux.
Trois Fontaines l'Abbaye.	77	Vavré le Petit.	72
VITRY LE FRANÇOIS, V. 2760 Feux, Prés. Bail. f R n r. G à S. M P. 5 g f. Mar. 40 l.		Vaux sur Blaize.	72
		Verzel.	1
		Villers en Lieu.	87
		Villers & Vaux.	8
		Villotte.	11
		Vitry en Parthois, V.	211
Valcourt.	35		
Valleret.	33	Ulmoy.	1
Vauclerc.	18	Vrainville.	45
Vavré le Grand.	128		

ELECTION DE JOINVILLE.

Paroisses.	Feux.	Paroisses.	Feux.
Allichamps	44	Domblain.	49
Attencourt.	40	Dompmartin le Franc.	77
Bailly aux Forges.	37		
Baudricourt.	63	Dompmartin le S. Peré.	79
Blaize le Chatel.	112		
Blescourt.	46	Donjeux.	70
Bouzancourt.	67	Doulencourt.	29
Brandonvilliers.	52	Doullevant le Chatel.	139
Braché Gr. & Pet.	34		
Bouxeval.	38	Doullevant le Petit.	9
Chatonrup.	50	Droüille.	20
Ciray le Chatel.	97	Esclaron, V.	377
Courcelles.	59	Etnonville.	40
Curel.	49	Fays.	27

DU ROYAUME.

Paroisses.	Feux.	Paroisses.	Feux.
Flamericourt.	40	Buisson.	59
Flornoy.	30	Maconcourt.	26
Fontaine.	37	Magneul.	40
Forges.	30	Magneulx.	54
Fronville.	77	Maisieres.	54
Fryeres.	46	Marthehoy.	2
Gouzon & Ruez.	44	Mertrud.	88
Guindrecourt.	51	Montirande, V.	334
Gusinont.	55	Montreüil.	10
Humbescourt & Marthehey.	79	Morancourt.	81
		Mussey.	115
JOINVILLE, V. 910 Feux, Prin. Bail. G à S. Mar. 5 g f. 60 l.		Noumescourt.	36
		Nurcy & Ste Glassane.	50
		Osne & le Val Attigny.	121
La Ceuse mal assise.	1	Planrup.	129
La Grange aux Bois.	1	Poisson.	130
Landeville & Pontaine.	44	Ragecourt sur Blaise.	22
La Neuville aux Forges.	33	Ragecourt sur Marne.	32
La Neuville & Bayard.	33	Robert Magny.	63
La Neuville à Mathons.	37	Rouvroy.	42
		Royecourt.	32
Le Chatelier.	28	Rup.	30
Le Petit Breüil.	127	Saulcourt.	41
Leschers.	92	Sefond & Sommevoir.	176
Longchamp.	4		
Louvemont & le		Sommencourt.	34

Paroisses.	Feux.	Paroisses.	Feux.
Sommermont.	20	G à S. M P.	
Sommeville.	35	40 l.	450
Suzemont.	10	Vatrigninville.	1
S. Urbain, V.	208	Vaux sur S. Urbain.	34
Thenance & Sezannecourt.	239	Vesqueville.	38
		Villembesois.	59
Trois Fontaines la Ville.	53	Villiers aux Bois.	79
		Villiers aux Chesnes.	43
Valleré.	33		
Vassy, V. J R n r.		Voillecompte.	105

ELECTION DE CHAUMONT.

Paroisses.	Feux.	Paroisses.	Feux.
Ageville.	46	Blessonville.	28
Aillanville.	62	Blezy.	24
Andelot, V. Priv. J R n r. 5 g f.	129	Bologne.	99
		Bonnet.	82
Angaulincourt.	7	Bourdons.	43
Anneville.	17	Brechainville.	28
Annonville.	10	Bressoncourt.	11
Augeville.	10	Bretenay.	30
Auranville.	31	Briocourt.	15
Autreville.	112	Brottes.	47
Badonvillers.	27	Brontiers.	7
Bertilleville.	31	Bruslé.	40
Bataincourt.	77	Busson.	22
Betoncourt.	28	Bure.	63
Blancheville.	24	Burcy en Vaux.	38

DU ROYAUME.

Paroisses.	Feux.	Paroisses.	Feux.
Burcy la Coste.	25	Eschenez & Bayencourt.	42
Buxieres lez Villiers.	35	Esnouveau.	46
Buxieres sur Marne.	39	Espiay.	16
CHAUMONT, *V.*		Espizon.	34
Pres. Bail. J R n r.		Essay lez Ponts.	27
M P. G à S. 5 g f.		Eussigneix.	27
Mar. 54 l. 700 Feux.		Euffincourt.	40
Chaluraines.	52	Feroüeles.	39
Chamarande.	25	Forecy.	25
Chambroncourt.	19	Febrecourt.	40
Chanteraine.	31	Freville.	25
Charcey Belpré.	41	Germay.	42
Charmizey.	44	Germizay.	27
Chateau Vilain, *V. D P.*	360	Gillancourt.	35
		Gilleaumel.	13
Choigne.	17	Gouffaincourt.	25
Cire-Fontaine.	24	Grandz.	145
Cirey lez Mareilles.	27	Greux.	20
Clinchamp.	56	Harmeville.	20
Condes.	12	Hevilliers.	24
Consigneix.	18	Heugney.	40
Coupperay.	52	Humberville.	19
Crenay.	53	Jonchery.	25
Dainville.	21	Juzancourt.	43
Darmanne.	27	L'Abbaye de la Creste.	28
Dompremy.	53		
Doulaincourt.	72	L'Abbaye des Fontaines, & Dep.	6
Escot & les Granges.	33	La Chapelle Ri-	

Paroisses.	Feux.	Paroisses.	Feux.
maucourt.	53	Montot.	11
La Fauche.	36	Montsaon.	23
La Harmard.	15	Morionvilliers.	18
La Mancine.	19	Mortault.	5
Lanques, les Granges Sevillon, &c.	36	Neüilly sur Suize.	28
		Neuville aux Bois.	23
La Ville aux Bois.	39	Neuville lez Vaucouleurs.	40
La Villeneuve au Roy.	39	Neuville lez Treveray.	8
Le Grand Rigny.	50		
Le Mesnil.	19	Noncourt.	40
Le Puis de Meze.	13	Orges.	179
Leureville.	34	Ormoy.	19
Lezeville.	134	Orgevaux.	53
Liffol le Petit.	51	Oudelincourt.	36
Lonchamp.	19	Ourches.	60
Luzy.	43	Pagney.	56
Mandre.	37	Pancey.	23
Manoix.	39	Paroy.	31
Marault.	46	Pont la Ville.	53
Mareille.	6	Prey la Fauche.	67
Macé.	39	Provencheres.	18
Mennouveau.	13	Reclancourt.	15
Meure.	26	Ribaucourt.	26
Midrevaux.	34	Rimaucourt.	69
Milliers.	28	Reinel.	76
Mont.	27	Riocourt.	40
Montreüil.	30	Roche Cultru.	63
Montherie.	38	Rochefort.	25
Montigny.	18	Rocourt la Coste.	23

DU ROYAUME.

Paroisses.	Feux.	Paroisses.	Feux.
Rorthey.	15	Touraille.	9
Roise.	6	Trampot.	39
Sailly.	31	Treix & Depend.	21
Sarcicourt.	38	Treverey.	48
Sauderon Valouze.	33	Tuzey.	2
Semilly.	38	Val de Lancourt.	24
Sexfontaine.	69	Vaucouleurs, V.	
Signeville.	23	Prev. J R n r.	
Sionne.	36	5 gf.	300
Soncourt.	53	Vaudeville.	32
Solaincourt.	20	Verbiesle.	28
S. Belin & Dep.	68	Verincourt.	11
S. Germain.	20	Vezaine.	38
S. Joüarre & l'Abbaye des Vaux.	71	Viefville.	40
		Vigne.	7
S. Martin.	53	Vignory.	134
Taillancourt.	61	Villiers le Secq.	60
Tenance les Moulins.	17	Villiers sur Marne.	45
		Voüecourt.	34

ELECTION DE LANGRES.

Paroisses.	Feux.	Paroisses.	Feux.
Aisey & Richecourt.	25	Arbot.	45
Amfonville.	54	Arcemont.	2
Andilly.	42	Arnoncourt.	29
Anrosey.	49	Aubepierre.	117
Arbigny.	66	Aubigny.	32
		Aubtray.	30

R w

DÉNOMBREMENT

Paroisses.	Feux.	Paroisses.	Feux.
Audeloncourt.	61	Chalancey, B.	66
Aujeure.	45	Chalendrey.	96
Aunoy.	35	Chalmezin.	16
Aurecourt.	29	Chambain.	30
Ayselot.	31	Champigny.	21
Baisse.	111	Champigny sous Varennes.	45
Balesmes.	44		
Bannes.	36	Changey.	37
Barges.	37	Charmes.	32
Bay.	30	Charmoiles.	42
Beissey.	87	Charmoy.	45
Beauchemin.	24	Chascul.	58
Befal.	3	Chanoy.	11
Beroncourt.	17	Chassigny.	60
Bielles.	106	Chastoillenot.	53
Bize.	16	Chatenay Macheron.	14
Bonnecourt.	60		
Bonefontaine.	6	Chatenay Vaudin.	25
Boudreville.	43	Chaudenay.	20
Bourberain.	46	Chaufourt.	50
Bourbonne les Bains, B. 5 gf. & Mont-Beliard.	373	Chaumondel.	24
		Chosaux.	48
		Chevigny.	14
Bourg.	42	Choilley & Frumentel.	39
Brennes.	46		
Brevannes.	10	Choiseul, V. D P. 5 gf.	35
Buxereulles.	8		
Buxieres.	21	Clefmont, B. 5 gf.	81
Celles.	38	Cohons.	126
Celsoy.	27	Coiffy le Chatel.	105

DU ROYAUME.

Paroisses.	Feux.	Paroisses.	Feux.
Coiffy la Ville, Prev. S g f.	71	Faricourt.	19
Colommier le Haut.	49	Faverolles.	48
		Flagey.	24
		Fley.	7
Colommier le Bas.	40	Fontaine Françoise.	30
Corlée.	26	Fontenotte.	1
Coublanc.	73	Forfeliere.	4
Courcelles en Montagne.	54	Foulain.	28
		Fouvant.	44
Courcelles en Val.	99	Franoy.	54
Courchamp.	14	Frecourt.	29
Corgirenon.	48	Freittes.	43
Courlomp.	53	Genevrieres & Belfond.	56
Couzon.	19		
Culment.	29	Genrup.	7
Cufey.	86	Germaine.	27
Cuves.	21	Gevraulles.	60
Daillecourt.	37	Gilley.	30
Dammartin.	67	Grancey, V. Com.	112
Damcevoir.	100	Grand Champ.	29
Damfalle.	6	Grenant.	36
Dampierre.	72	Grossesauve & Montfricon.	8
Dameremont.	42		
Denay.	20	Guionvelle.	26
Dommarien.	87	Gurgy le Chastel.	39
Donnemarie.	39	Gurgy la Ville.	40
Espinant.	43	Herisseule.	16
Eschavannes.	44	Heuley Cotton.	79
Esnours.	100	Heuley le Grand.	54
Essey, en Bassig.	23	Heuley le Petit.	20

F vj

D'E NOMBREMENT

Paroisses.	Feux.	Paroisses.	Feux.
Hortes.	88	La Gr. de la Borde.	4
Humes.	42	La Gr. de la Doüix.	1
Iche.	17	La Gr. de la Vesure.	2
Jorquenay.	19	La Gr. de l'Envieuse.	1
Is, en Bassig. B.	111	La Gr. d: l'Erbüe.	1
Isoms.	95	La Grange de Mondrecourt.	3
LANGRES, V. 1670 Feux, Ev. D P. Pres. Bail. J C. G à S. 5 g f. Mar. 50 l.		La Gr. de Petasse.	2
		La Gr. du Chesne.	1
		La Grange du Fossé.	2
L'Abbaye d'Aubirve.	60	La Gr. de Crepant.	4
L'Ab. de Beaulieu.	25	La Grange de Villey.	6
L'Ab. de Longuay.	2	La Margelle.	20
L'Ab. de Moriment.	4	Lannes.	72
L'Abbaye de Vaux la Douce.	8	La Papetrie du Valdone.	3
La Chartreuse de Lugny.	5	Lavernoy.	28
		Lavigny.	4
La Chaume.	89	Le Bourg Ste Marie.	25
La Ferté sur Amance.	110	Lecey.	38
		Le Court.	21
La Genevrouze.	3	Le Nizeulle.	33
La Grange d'Anchaume.	4	Leuglay.	39
		Le Pailley.	85
La Grange de Bourceveaux.	1	Les Goulles.	32
		Les Loges.	42
La Grange de la Chassagne.	2	Leuchey.	28
		Licey.	21
		Ligneureulles.	41
La Gr. de Dreulle.	2	Lorgeau.	52

DU ROYAUME.

Paroisses.	Feux.	Paroisses.	Feux.
Louviers.	39	G à S. 64 ℔	70
Locey & Faverolles.	68	Mornay.	35
		Moüilleron.	21
Maast & le Socq.	32	Neuvel lez Coiffy.	68
Mainzancelles.	36	Neuvel lez Grancey.	16
Maizieres.	48		
Mandres.	36	Neuvel lez Voisey.	23
Marac, hors ce qui est du Duché de Bourgogne.	47	Neüilly l'Evêque.	104
		Ninville.	38
		Nogent le Roy, V. Prev. J R n r. 5 g f.	202
Marcilly en Bassig.	71		
Marcilly lez Tilchatel.	26	Noidant Chatenoy.	31
Mardor.	25	Noidant le Rocheux.	52
Marigny.	6		
Marnay.	51	Noyers en Bassigny.	26
Maulain.	38	Occey.	36
Meuze.	22	Orbigny au Mont.	42
Montcharvot.	29	Orbigny au Val.	36
Montesson.	18	Orcevaux.	25
Montigny le Roy, V. Prev. J R. 5 g f.	98	Ormancey.	51
		Oudival.	30
Montigny sur Aube, V. 5 g f.	200	Palaiseul.	26
		Parnot.	85
Montigny sur Vingenne.	49	Parcey.	30
		Parcey le Potel.	29
Montmor.	4	Perongney.	36
Montlandon.	33	Perusses.	32
Montormentier.	13	Parencey.	30
Montsaujon, V.		Pieppape.	52

D'ENOMBREMENT

Paroisses.	Feux.	Paroisses.	Feux.
Pierrefaite.	46	Saquenay.	68
Pierrefontaine.	15	Santenoge.	21
Pegney.	21	Sarrey.	74
Plenoy.	49	Sarcey.	19
Poinsons en Bassig.	36	Savigny.	26
Poinsons lez Grancey.	40	Saulles.	60
		Serqueux.	115
Poiseul.	20	Seuchey.	6
Pouilly en Bassig.	56	Soyers.	22
Pouilly sur Vingenne.	33	S. Andoche & Trecourt.	28
Poullangis.	51	S. Beroin le Bois.	32
Prauthoy.	131	S. Beroin les Fosses.	68
Precigny.	54	S. Beroin les Gurgy.	5
Provencheres.	59	S. Ciergues & Virloup.	47
Prusly.	35		
Queüe de Mouton.	2	S. Geosmes.	54
Queussey.	51	S. Loup.	29
Ransonniere.	49	S. Martin.	18
Ravenefontaine.	38	S. Maurice lez Langres.	6
Rangecourt.	22		
Recourt.	31	S. Maurice sur Vingenne.	54
Rigny.	55		
Riviere le Bois.	41	S. Michel.	36
Riviere les Fossez.	90	S. Valliere.	24
Roches.	48	Thivet.	69
Rollampont.	127	Tischatel.	168
Rougeux.	47	Toost.	18
Rouvre.	82	Torcenay.	55
Rozoy.	58	Trois Champs.	25

DU ROYAUME.

Paroisses.	Feux.	Paroisses.	Feux.
Tronchoy.	9	Viellemoulin.	24
Vaillant.	24	Vieillegusien.	31
Valleroy.	14	Villemeruys.	28
Varennes.	114	Villemoron.	24
Vaux.	84	Villeneuve en Ang.	19
Vaubon.	36	Villeneuve	r
Vesures.	37	Vingenne.	36
Vellepelle.	4	Villiers le Potel.	40
Velle sur Amance.	36	Villiers lez Aprecy.	35
Verseilles dessus.	23	Villiers Montroyer.	18
Verseilles dessous.	10	Vitry en Bassigny.	43
Veuxaules.	99	Viveyi	16
Vesaignes.	25	Voisines.	48
Violot.	36	Voncourt.	17
Vicq.	67	Ysomes.	68

ELECTION DE BAR-SUR-AUBE.

Paroisses.	Feux.	Paroisses.	Feux
Ailleville.	36	Arsonval.	77
Aisanville.	35	Aunay.	49
Amance.	65	BAR-SUR-AUBE, V. 748 Feux, Prev. J R n r. G à S. Mar. 40 l.	
Ambonvill.	74		
Anglus.	37		
Arconville.	48		
Arentiere.	90	Bailly le Franc.	40
Argençon.	44	Balnot & Vaudon.	112
Argentolle.	36	Barouille.	118
Arnancourt.	54	Bayel.	34

Paroisses.	Feux.	Paroisses.	Feux.
Bergere.	33	Cirefontaine.	98
Bertignolle.	48	Clairvaux.	16
Betignicourt.	38	Clerville & Pars.	32
Beurey.	102	Colombé les deux Eglises.	125
Beurreville.	75		
Blaize sous Hauteville.	33	Colombé la Fosse.	115
		Colombé le Secq.	96
Blaygnicourt.	26	Corbeille & Braham.	130
Bligny.	128		
Blumerée.	74	Cormont.	19
Bossancourt.	67	Courteron.	98
Brandonvillers.	45	Courtinot.	52
Braux le Chatel.	106	Couvignon.	97
Braux le Comte.	52	Crespy.	44
Briel.	88	Cunfin.	104
Brienne la Vieille.	108	Cussangy.	156
Brienne le Chatel, V.	403	Daillancourt.	62
		Dainteville.	75
Brillecourt.	51	Dampierre.	198
Bruché.	34	Dienville, V.	417
Ceriziers.	47	Donnemont.	90
Chalette.	71	Doulancourt.	29
Champcourt.	36	Doulevant le Chatel.	539
Champigneulle.	100		
Chaours, V.	388	Dronay.	90
Chapelaine.	46	Droye, V.	220
Charué.	184	Esclance.	61
Chasley.	144	Espigny.	60
Chassenay.	54	Esporemont.	24
Chaumenil.	27	Essoye, B.	297

DU ROYAUME.

Paroisses.	Feux.	Paroisses.	Feux.
Engente.	15	La Genevroye.	10
Fligny.	51	La Gesse.	92
Fontaines.	97	La Maison des Champs.	30
Fontaite.	136		
Fravaux.	17	La Motte en Blaizy.	95
Fravigne.	36	Lantage.	153
Fresnoy.	41	Lanty.	90
Gerzins.	58	La Rothiere.	49
Giffaumont.	102	Larricourt.	183
Gigny & Bussy.	89	Lassicourt.	55
Gondrecourt.	36	La Ville aux Bois.	30
Grancey sur Ourée.	117	La Ville lez Vandeuvre.	25
Gyé sur Seyne, B.	284	La Villeneuve aux Fresnes.	26
Hamcourt.	17		
Hampigny.	128	La Villeneuve M.	30
Haricourt & Bierne.	46	Le Champ au Roy.	31
		Le Petit Menil.	58
Humbersin.	24	Le Puits & Nuisement.	65
Humbanville.	37		
Jessaine.	114	Le Val de Fontaine.	3
Jaucourt.	106	Le Val Suzenet.	2
Joncreüil.	51	Le Vigny.	85
Juvancourt.	47	L'Huitre, B.	257
Juvandé.	19	Lignol.	112
Juzanvigny.	51	Lignon.	92
La Chaize.	7	Longchamp.	75
La Chap. d'Oze.	6	Longeville.	76
La Ferté sur Aube, V. J. R.	198	Longpré.	65
		Louze.	150

DE'NOMBREMENT

Paroisses.	Feux.	Paroisses.	Feux.
Magnan.	109	Polligny.	24
Maisons.	14	Prals.	26
Maizieres.	64	Praslin.	75
Marbeville.	20	Proverville.	48
Marmesse.	49	Radonvilliers.	140
Maranville.	86	Renepont.	91
Margerie.	56	Rizaucourt.	55
Marolles.	80	Ronnay.	154
Menil Fouchard.	70	Rouvre.	97
Menil S. Pere.	71	Roziere.	40
Metz Robert.	32	Saucy.	38
Metz Tiercelin.	91	Saumevoir, B.	109
Mirebel.	24	Sauvagemenil.	7
Montmartin.	34	Silvanrouvre.	47
Monthiere en l'Isle.	93	Sompsois.	82
Morvilliers.	73	Sompuis.	193
Mureville.	73	Soulaine.	199
Mussy l'Evêque, V. J R. G à S. 5 g f. 44 l.	364	S. Spoy.	151
		S. Cheron.	44
		S. Christophe.	6
Neuville sous Gyé.	153	S. Leger sous Brienne.	78
Neuilly.	163		
Noyers & Maillet.	67	S. Leger sous Margerie.	63
Ormoy.	71		
Outine.	110	S. Utin.	49
Pargues.	107	Thil.	97
Pel & Dert.	113	Thil Fontaine.	2
Perthes.	41	Thors.	34
Plaines & S. Langes.	80	Thilleux.	51
		Tieffrain.	49

DU ROYAUME.

Paroisses.	Feux.	Paroisses.	Feux.
Tranne.	56	Ville en Trode.	15
Tremilly.	89	Villars en Azois.	83
Troüan le Grand.	58	Ville sous la Ferté.	74
Troüan le Petit.	58	Villiers Merderet.	77
Vachonvillers.	75	Viray sous Bar.	56
Valantigny.	72	Vitry le Croisé.	200
Valliers.	73	Unienville.	87
Vandeuvre, V.	435	Voigny.	72
Vaudrimont.	76	Vougry.	38
Vaugogne.	105	Urreville.	78
Vernonvilliers.	49	Yeure & Courcelle.	89
Verpilliere.	94		

ELECTION DE TROYES.

Paroisses.	Feux.	Paroisses.	Feux.
Aix en Othe.	318	Bailly.	52
Allibaudiers.	71	Barberay aux Moines.	19
Angluzelles.	54		
Arcs sur Aube, V. G à S. 40 l.	212	Barberay S. Sulpice.	98
Argentolle.	24	Beaufort ou Montmorency, V. D. G à S. 5 g f. 44 l.	144
Argny.	24		
Assencieres.	56		
Avans.	98	Beaumont.	23
Auberterre.	23	Belley.	35
Aubigny.	54	Bercenay le Hayer.	83
Avon & la Peze.	84	Bercenay en Othe.	110
Auzon.	72	Bignicourt.	10

DE'NOMBREMENT

Paroisses.	Feux.	Paroisses.	Feux.
Bierne.	26	Charmont.	99
Blanicourt & Vauxbercey.	102	Charmoy.	44
		Charny & le Bachot.	59
Bonsaq.	22		
Bourdenay.	101	Chatillon sur Broucy.	32
Bouchy le Repos.	82		
Boüilly & Souligny, B.	367	Chatillon sur Moran.	60
Boulages.	108	Chastres.	93
Bouranton.	55	Chauchigny.	98
Boüy.	58	Chaudrey.	147
Brantigny.	51	Chavange, V. & la Brau.	300
Bray, V. J R.	20		
Brevonne.	129	Chenegy.	167
Bricot la Ville & l'Abbaye.	42	Chevillie & Dep.	16
		Clerey & Courcelles.	18
Bussey.	54		
Bussiers.	86	Clesles.	98
Ceres & Monceaux.	110	Cloyes.	30
		Cocloix, B.	209
Chalautre la Grande.	251	Conflans.	28
		Cormost.	27
Chamoy.	249	Courcemain.	49
Chantemerle.	52	Courgeraines.	27
Chappes.	76	Courteranges.	39
Chapelle S. Pere.	143	Creney.	112
Chapelle S. Luc.	110	Cressantine.	85
Chap. S. Nicolas.	70	Croncels.	56
Chapelle Valon.	100	Cu'oison.	78
Charmeceaulx.	19	Daudes.	51

DU ROYAUME.

Paroisses.	Feux.	Paroisses.	Feux.
Dierey S. Julien.	121	Isle & Chantemerle.	83
Dierry S. Pere.	112	Isle sur Marne.	31
Domperot.	6	Isle sous Ramerup.	84
Dosches.	56	L'Abbaye sous Plancy.	27
Dosnon.	87		
Droup S. Basles.	127		
Droup Ste Marie.	56	La Borde d'Ille.	31
Esclavolles.	48	La Forestiere.	78
Eschemines.	65	Latines au Bois.	245
Escollemont.	17	La Loge Pontbeton.	22
Estrelles.	54		
Faux & Fresnoy.	160	Lantilles.	116
Follet & Villacers.	66	Lascelles.	80
Fontaine les Luyers.	30	La Vaux & la Valotte.	49
Fontaine Beton.	190		
Fontaine lez S. Georges.	261	Laubressel.	105
		La Vendüe Mignot.	27
Fontaine sous Montaiguillon.	95	Le Chesne.	55
		Les Loges Margueron.	54
Fontuannes.	75		
Foucheres & Vaux.	75	Le Mesnil.	70
Fresnoy.	43	Les deux Torcis.	136
Frignicourt.	44	Les Essarts le Vicomte.	119
Gerodot.	136		
Goncourt.	19	Les Monts.	111
Granville.	115	Les Noes.	109
Haute Ville & Haute Fontaine.	111	Linson l'Epine & S. Germain.	64
Herbisse.	110	Lirey & Villery.	116
Jaurenant.	85	Longueville.	53

DÉNOMBREMENT

Paroisses.	Feux.	Paroisses.	Feux.
Longiaux.	52	Montieramey.	142
Louan & Montaiguillon.	115	Mont le Poitier.	195
		Mont Aulin.	82
Lutigny.	104	Mont Suzin.	126
Luyers.	90	Monsey.	43
Machis & Pommerois.	40	Nauroye.	39
		Nesle.	35
Magnicourt.	106	Neufville.	55
Mailly, B.	235	Nogent sur Aube, B. 14 l.	200
Mizieres la Grande Paroisse.	300	Nozay.	23
Marais.	108	Nuisement & Chantecocq.	54
Marcilly le Hayer.	100		
Marigny.	99	Orjon.	119
Massey Montgueux.	183	Origny.	154
		Ormes.	52
Mathault.	92	Orvilliers.	90
Matignicourt.	18	Ossey.	112
Megrigny.	5	Pailly & Coldon.	54
Mesnois.	29	Pallis.	147
Mergey	134	Palluau.	19
Mery sur Seine.	175	Pavillon.	95
Menil S. Loup.	48	Payens.	85
Meslou.	126	Pelmontier.	107
Molins.	34	Pigney, V. D.	257
Montabert.	17	Plancy, V. Marq.	180
Montingon.	69	Plantis.	92
Moncelz.	31	Poivre & Ste Suzanne.	160
Montgenoz.	115		
Montereil.	85	Pont Ste Marie.	108

DU ROYAUME.

Paroiss.	Feux.	Paroiss.	Feux.
Pottangy.	42	Sommefontaine.	60
Poüan.	195	Sommeval.	93
Pougy, B.	218	S. André Esche-	
Precy N. De.	14	nilly, B.	380
Precy S. Martin.	138	S. Aventin.	15
Premier Fait.	58	S. Benoist sur Seine.	58
Prunay.	40	S. Benoist sur Van-	
Rachily.	5	nes.	75
Rainerup.	137	S. Bon.	90
Rances.	58	S. Cir.	121
Rombecourt &		S, Estienne.	6
Chassericourt.	116	S. Ferjeul.	180
Reges.	77	S. Flavy.	191
Roncey.	50	S. Jean de Bone-	
Rosson.	42	val.	167
Roüillerot & la		S. Leger.	90
Planche.	22	S. Lié.	150
Roüilly lez Sacey.	70	S. Liebault.	173
Roüilly S. Loup.	24	S. Loup de Bussi-	
Rumilly les Vau-		gny.	100
des.	190	S. Mards, V.	324
Ruvigny.	24	S. Martin de Cha-	
Sacey.	45	netron.	191
Sallon & Champ-		S. Martin lez Dau-	
fleury.	126	des.	15
Sancey Villepart.	120	S. Martin lez	
Savieres.	60	Troyes, B.	394
Savoye.	23	S. Maur.	42
Semoyne.	246	S. Mesmin &	
Soligny.	102	Courlanges.	55

DÉNOMBREMENT

Paroisses.	Feux.	Paroisses.	Feux.
S. Nabor & le Mesnil.	113	Viaspre le Petit.	34
S. Oulf.	36	Vignetz.	70
S. Oüin.	124	Villacerf le Grand.	81
S. Perre de Bouffenoy.	78	Villadain.	74
S. Phole & le Perchoir, B.	312	Villecheif.	66
		Vilegruis.	95
		Villemoureüil.	56
		Villemoiron.	90
S. Parre au Teltre.	103	Villemort.	129
S. Parre lez Vaudes.	40	Villemoyenne	102
S. Poüanges, Marq.	63	Villenauxe, V.	909
S. Remy.	46	Villeneuve à Rh.	39
S. Savire, B.	286	Villiers aux Cornelles.	28
S. Thibault.	44	Villeretz.	51
TROYES, V. Ev. Pres. Bail. Hôtel d M. J C. G à S. M P. 5 g f. B Tabac. Mar. 34 l. 3500 Feux.		Villers lez Herbilles.	102
		Villette.	42
		Vill sur Terre.	100
Tenclieres.	45	Villevauque.	46
Torvillieres.	103	Ville Hardoüin.	62
Transcault.	52	Villy le Mareschal.	122
Vailly & Feuge.	76	Vireloup prés Isle.	13
Vallans S. George.	65	Vireloup prés le Pavillon.	98
Vannes.	61		
Vaucharcis, B.	217	Voixpoissons.	52
Vaudes.	72	Voulers.	47
Verrieres.	70		
Viaspre le Grand.	24		

ELECTION

ELECTION D'ESPERNAY.

Paroisses.	Feux.	Paroisses.	Feux.
A Hy, *V.*	720	Cumiere.	148
Ambonnay.	101	Cuis.	136
Antenay.	4	Cuisle.	27
Athie.	178	Damery, *V.*	292
Avenay, *V.*	392	Dizy & Champillon.	36
Bastieux & Mezerot.	52	Dormans, *V.*	472
Billy.	5	ESPERNAY, *V.*	792
Bisseüil.	168	*Feux, D P. Bail.*	
Boursault.	151	*J R n r. G à S.*	
Bouzy.	38	*M P. 5 g f. Mar.*	
Binson & Orquigny.	85	*30 l.*	
Brugny.	76	Festigny.	146
Chamvoisy.	91	Fontaine.	17
Chastillon, *V.* D P. Bail. Mar.	230	Germaine & Vauremont.	69
Cherville.	26	Hautevillers.	162
Chezy.	4	Igny le Jard.	118
Choüilly.	211	Isles.	27
Chuchery, &c.	191	La Malmaison.	2
Comblizy.	33	La Neuville au Chaillois.	26
Condé Brabant.	114	La Neuville en Beauvais.	25
Courtiezy.	94	Les Grandes Loges.	35
Craimant.	72	Les Isles Bury &	
Crilly le Moulin.	4		

Tome I. G

Paroisses.	Feux.	Paroisses.	Feux.
Flavigny.	57	Suizy.	47
Le Baizil.	99	S. Martin d'Amblois, *B.*	221
Louvois.	95		
Lucy.	38	Ste Jamme & Neuville.	99
Luvrigny.	82		
Mareüil sur Ay.	186	Tauxierre.	41
Mareüil en Brie.	81	Troissy & Bouquigny, *B.*	215
Mareüil & le Port.	132		
Mancy & Argensolle.	52	Tours sur Marne.	107
		Trepail.	78
Mardeüil.	57	Vaucienne.	69
Moulins.	74	Vaudemange.	45
Montarmé.	1	Vaudencourt.	51
Montmort.	168	Vendi & Trou.	115
Morangis.	41		
Monthelon.	118	Venteüil.	176
Monfelix & Chanot.	54	Verneüil Haut & Bas, *B.*	203
		Vertville.	17
Moussy.	101	Vilenseive.	69
Mutigny.	29	Villers sous Chastillon.	44
Mutry.	13		
Nesle.	72		
Oeüilly.	102	Ville en Tardenois.	170
Passy & Grigny.	128		
Pierry & S. Jullien.	51	Vinay.	63
Plivot.	90	Vincelles.	124
Reüil.	85	Vivry.	37
Soilly.	66		

DU ROYAUME.

ELECTION DE SEZANNE.

Paroisses.	Feux.	Paroisses.	Feux.
Allemant.	108	La Celle Monteüil.	76
Allemanche & Launay.	32	La Chap. Lasson.	36
Anglure, *V.*	140	La Chy.	60
Bagneux.	183	La Nouë.	68
Bannay.	2	Les Essarts.	90
Barbonne, *V.*	306	Le Gaut.	140
Baudemant.	30	Le Meix.	48
Bergere.	54	Lethout.	71
Boissy Bifontaine.	74	Lintres.	29
Broussy le Grand.	75	Lintel & S. Loup.	54
Broussy le Petit.	65	Maclaunay.	29
Broyes, *B.*	228	Marcilly.	134
Champguyon.	85	Marigny.	17
Charleville, *V.* Princ. 5 g f.	53	Marsangy.	20
		Mescringes.	57
Chiché.	26	Mœurs & les Bordes.	23
Corfelix.	22	Mont Dauphin.	59
Courbetaut.	74	Mont Demant.	17
Courgivaut.	62	Mont Girost.	22
Escarbé.	42	Mont Ollivet.	55
Esternay.	150	Moreins.	69
Fontaine Denys.	144	Neufvy.	49
Granges.	56	Nuisy.	10
Guay.	110	Oye.	32
Joisel.	33	Pleurs.	86

G ij

DÉNOMBREMENT

Paroisses.	Feux.	Paroisses.	Feux.
Peau.	24	Thas.	30
Rennes.	48	Trefols.	33
Revillon.	34	Tresnel.	8
Rieux.	63	Verdey.	27
SEZANNE, V.	1093	Villeneuve lez Charleville.	48
Feux Bail. Prev.		Villeneuve la Lyonne.	61
J R n r. G à S.			
M P. Mar. 24 l.			
Saron.	70	Villeneuve la Louvotte.	52
Soigny.	17	Vindey.	48
Soizy au Bois.	37	Voüarces.	28
Soudoy.	83		
Soyer.	13		

GENERALITE' D'ORLEANS,

Composée de douze Elections.

Sçavoir,

ORLEANS,
PITHIVIERS, } dans l'Orleanois,
BEAUGENCY,
MONTARGIS, } dans le Gastinois.
GIEN,
CLAMECY, dans le Nivernois,
BLOIS, } dans le Blaisois.
ROMORANTIN,
DOURDAN,
CHARTRES, } dans la Beauce.
CHATEAUDUN,
VANDOSME,

DÉNOMBREMENT

ELECTION D'ORLEANS.

Paroisses.	Feux.	Paroisses.	Feux.
Allaines.	94	Checy, B.	323
Andesglou.	208	Chaussy.	94
Ardon.	81	Chingy, B.	339
Artenay, V.	294	Clery, V.	164
Ascheres, B.	292	Combleux.	44
Baignaux.	66	Combreux.	63
Basoches la Galle-rande, B.	211	Creusy.	57
		Crottes.	66
Basoches les Hautes.	86	Damberon.	44
		Darvoy.	132
Boigny.	43	Donnery.	125
Bonzy.	116	Faronville.	3
Bou.	163	Fay.	170
Bougy.	45	Ferrolles.	77
Boullet.	83	Fleury, V.	223
Bourneuf.	37	Gergeau, V.	428
Bray.	92	Germigny.	107
Brinon.	249	Gidy.	119
Bucy le Roy.	63	Guilleville.	44
Cercottes.	71	Guilly.	85
Cerdon.	174	Heustre.	56
Chanteau.	68	Huisseau, B.	235
Chaon.	91	Ides.	71
Chateauneuf, V. Bail. J R.	607	Jugrannes.	89
		Jugré, B.	582

DU ROYAUME.

Paroisses.	Feux.	Paroisses.	Feux.
La Chapelle S. Mesmin, B.	223	Poinville.	44
La Ferté S. Aubin.	284	Poupry.	66
La Queuvre.	51	Prénouvellon.	80
Le Puiset.	96	Rebrechien.	209
Lion en Beauce.	50	Rouvray Ste Croix.	37
Loury.	201	Ruan.	96
Lumeau.	87	Sandillon, B.	263
Maizieres.	108	Sanoy.	86
Marcilly.	100	Santilly.	78
Mardié.	137	Saren, B.	259
Mareau, B.	201	Seichebrieres.	29
Marigny.	102	Senely.	135
Marvillier.	23	Sigloy.	86
Menestreau.	127	Sougy.	138
Neuvy.	82	Souvigny.	123
Noan, B.	203	Sully la Chapelle.	86
ORLEANS, V. D. Ev. Un. H d M. B d F. Chast. Pres. Bail. J C. G à S. M P. Cap. de Chasses, B du Tabac, Mar. 32 l.		Sury au Bois.	135
		S. Aignan des Guets.	27
		S. Aignan le Jaillard.	74
		S. André.	233
		S. Ay, B.	202
		S. Benoist, B.	390
Oison.	35	S. Cir.	89
Ormes.	106	S. Denys de Gergeau, B.	249
Outarville.	76		
Ouvroüer.	50	S. Denys en Val.	160
Ouzoüer sur Loire.	173	S. Germain le Grand.	46
Pierrefitte. V.	156		

Paroisses.	Feux.	Paroisses.	Feux.
S. Hilaire, *B*.	233	Tillay le Gaudin.	44
S. Jean de Brayes.	242	Tillay le Peneux.	93
S. Jean de la Ruelle.	136	Tillay S. Benoist.	33
		Tivernon.	92
S. Jean le Blanc.	136	Tournoisis.	63
S. Loup lez Orleans.	111	Trainou.	211
		Traisnay.	66
S. Lyé.	141	Vannes.	72
S. Martin d'Abat.	152	Venecy.	100
S. Martin sur Loire, *B*.	626	Viennes.	121
		Viglain.	78
S. Peravy Epreux.	99	Villamblis.	108
S. Pere S. Nicolas.	56	Villemurlin.	101
S. Privé.	100	Villereau.	68
Terminier.	189	Vitry, *B. J R.*	222
Tigy.	124	Vouzon, *B*.	343

ELECTION DE PITHIVIERS.

Paroisses.	Feux.	Paroisses.	Feux.
Acquebouille.	19	Boënes, *V*.	51
Attray.	66	Boigneville.	94
Ascoux.	95	Boisse.	139
Allainville.	38	Bondaroy.	31
Audeville.	42	Bouilly.	28
Augerville.	62	Boullancourt.	73
Aulnay.	69	Bouzonville aux Bois.	53
Autruy, *V*.	146		
Blandy.	34	Bouzonville.	22

DU ROYAUME.

Paroisses.	Feux.	Paroisses.	Feux.
Briarres.	57	Las.	54
Broüy.	30	Laneuville.	65
Buthieres.	45	Lebourgs, l'Abb.	19
Cezarville.	34	Leonville.	36
Charmont.	87	Limiers.	30
Chatillon le Roy.	71	Mainvillier.	56
Chilleurs, V.	244	Manchecourt.	94
Coudroy.	79	Marcinvilliers.	44
Courcelle le Roy.	138	Mareau.	90
Courcy.	79	Montigny.	47
Dadonville.	115	Montville.	8
Dimancheville.	28	Moraille.	48
Dossainville.	31	Nangeville.	23
Emponville.	50	Nantheau.	59
Engenville.	89	Neufville aux Bois, B.	347
Engerville la Gaste.	162	Orceville.	56
Eschileuse.	110	Orvau.	45
Escrennes.	63	Orville.	46
Esgry.	108	PITHIVIERS, V. 704. Feux, J R. G à S. 20 l.	
Estruy.	57		
Grigneville.	75		
Guigneville.	44	Puiseaux, V.	90
Guignonville.	45	Ramoulu.	56
Guiraines.	71	Rouville.	24
Herbauvillier.	24	Rouvres.	46
Insville.	27	Santau.	75
Joüy.	52	Sauville.	34
Izy.	72	Sebonville.	35
Labrosse.	23	Sermaizes.	134

G v

DÉNOMBREMENT

Paroisses.	Feux.	Paroisses.	Feux.
Soixy Malherbes.	136	Urigny.	144
Tignonville.	47	Yenville, B.	254
Thoury, V.	188	Yeure, V.	104
Treizan.	23	Yeure le Chastel, B † R.	62
Villereau.	16		

ELECTION DE BEAUGENCY.

Paroisses.	Feux.	Paroisses.	Feux.
Avaray.	143	Dry.	118
BEAUGENCY, V. 1050 Feux Bail. n r. Prev. n r. M P. Cap. de Chasses. G à S. 40 l.		Espieds.	116
		Genugny.	60
		Herbilly.	77
		Josnes.	157
		Joüy.	96
Baccons.	118	La Ferté S. Cir.	143
Baulle, B.	41	Lailly & Monfay, B.	325
Bauzy.	72		
Bonneville.	15	La Marolle.	62
Bricy.	64	Leges.	102
Bussi S. Liphard.	32	Lestiou.	149
Charsonville.	137	Meung, V. J R.	872
Chaumont.	158	Messas.	199
Coinces.	115	Monstrieux.	114
Coulmiers.	69	Neufvy.	93
Courbouzon.	147	Nidz.	50
Cravan.	189	Noüan.	145
Croüy.	92	Ozoüer le Marché, B.	151
Dhuisson.	132		

DU ROYAUME.

Paroisses.	Feux.	Paroisses.	Feux.
Poisly.	66	S. Sigismont.	76
Roche Concriez & Briou.	115	Tavers.	161
		Thoury.	67
Rozieres.	64	Villeneuve sur Buveron.	22
Sauslay.	62		
Seris.	59	Villeny.	76
S. Laurens des Eaux, V.	147	Villermain.	57
		Yvoy.	94
S. Peravy.	94		

ELECTION DE MONTARGIS.

Paroisses.	Feux.	Paroisses.	Feux.
A Doin.	100	Chastillon sur Loing, V. D.	376
Aillaut.	123		
Amilly, B.	270	Chaslette.	77
Auvilliers.	103	Châteauregnard, V. J R n r.	420
Barville.	100		
Batilly.	197	Chatenoy.	75
Beauchamp.	98	Chemault.	116
Beaune, V.	482	Chesne-Arnoul.	52
Boiscommun, V. 374 Feux. Bail. J R. G à S. 24 l.		Chevillon.	138
		Choisy-bellegarde.	156
		Conflans.	43
Boismorand.	51	Corterat.	19
Changy.	64	Coudroy.	87
Chailly.	107	Cepoy.	94
Chambon.	153	Damemarie.	118

G vj

Paroisses.	Feux.	Paroisses.	Feux.
Dicy.	101	M P. Cap. de Chasse.	
Douchy.	150	G à S. Mar. 32 l.	
Feingis.	30	Maizeres.	55
Ferrieres, V.	264	Melleroy.	127
Fontenay.	46	Montbarois.	135
Fresville.	61	Montbouy.	121
Gaubertin.	65	Montcorbon.	175
Giy.	102	Monthereau, V.	207
Grandgermon.	56	Montliard.	66
Grisolles.	120	Monteresson.	112
La Bussiere.	89	Mormaud.	36
La Chapelle sur Laveron.	152	Nancray.	163
		Nesploy.	58
La Chapelle S. Sepulcre.	22	Nibelle.	252
		Noyens.	100
La Courmarigny,	98	Noyers.	104
Lanarville.	36	Oudreville.	52
Langesse.	41	Oussoy.	172
La Selle en Hermoy.	87	Ouzoüer des Champs.	54
Le Charme.	72	Ouzoüer - lez- Choisy.	82
Le Moulinet.	59		
Les Choux.	65	Poucourt.	51
Lombreville.	33	Prenoy.	81
Lorris, V. 238 Feux. Bail. J R n r.	238	Pressigny.	55
		Quiers.	107
MONTARGIS, V. 1210 Feux. D P. Pres. Bail. Prev. n r.		Rogny.	135
		Sotterre.	34
		S. Firmain des Bois.	112

DU ROYAUME.

Paroisses.	Feux.	Paroisses.	Feux.
S. Germain.	170	Thimory.	89
S. Hilaire.	84	Triguerre, B.	233
S. Loup.	160	Varennes.	115
S. Maurice.	251	Vieilles Maisons.	67
S. Michel.	71	Villemandeur.	79
S. Sauveur.	7	Vimoury, B.	133
Ste Geneviéve, B.	230		

ELECTION DE GIEN.

Paroisses.	Feux.	Paroisses.	Feux.
Agnan le Gaillard,	50	Champoulet.	28
Annay.	115	Chatenoy.	89
Argenou.	68	Chastillon, V. J R.	489
Arquian, V.	114	Ciez & Bois-Jardin.	170
Aurabloy.	25	Cosne, V. G à S. 40 l.	734
Autry, V.	100	Coullons, B	443
Autry le Chastel.	146	Cours.	89
Batilly.	50	Damemarie.	58
Beaulieu, B.	364	Dampierre sous Bouhy.	154
Bernoy.	152	Dampierre, B.	232
Bitry.	76	Escrignelles.	46
Bleveau, V.	246	Faverelles.	90
Bonné.	66	Fontaines, B.	264
Bonny, V.	282	Fontenoy.	139
Bouhy.	112		
Breteau.	55		
Briarre, V.	230		

DÉNOMBREMENT

Paroisses.	Feux.	Paroisses.	Feux.
GIEN, V.	985 Feux.	Poilly, B.	263
Com. Bail. J R n r.		Pougny.	97
Prev. G à S. Mar.		Roncheres.	50
30 l.		Septfonds.	82
La Lande.	73	Souhiers.	159
La Selle sur Loire.	103	Sully sur Loire, V. D. Bail. G à S.	598
Lavau.	177	S. Amand, V.	239
Les Bordes prés Sully.	105	S. Brisson.	127
		S. Esoges.	24
Le Deffand.	12	S. Fargeau, V. G à S. 32 l.	299
Le..s.	77		
Lion en Sullias.	99	S. Firmin.	121
Lugny.	132	S. Florent Ozoüer sur Loire, B.	85
Merilles, B.	305		
Mienne.	32	S. Gondon.	195
Moulins.	98	S. Loup.	98
Moutiers, B.	276	S. Martin.	92
Nannay.	88	S. Martin des Champs.	145
Nevoy.	85		
Neuvis.	167	S. Pere de Sully.	101
Ouanne.	176	S. Pere.	89
Ousson.	108	S. Privé.	221
Ouzoüer, B. J R. n r.	232	Thou.	65
		Treigny, B.	354
Pierrefitte és Bois.	164	Thury, V.	186
		Thoussy, V.	474

ELECTION DE CLAMECY.

Paroisses.	Feux.	Paroisses.	Feux.
Amazy.	104	Diroul.	28
Andrié.	106	Dompierre.	76
Antrain.	184	Dornecy, V.	134
Asnois.	184	Druye.	144
Beuveron.	64	Estayes, B.	212
Billy.	138	Germenay.	96
Breves.	182	Hery.	41
Breugnon.	90	La Chapelle S. André.	131
Brivon.	52	Lain.	72
CLAMECY, V. 770 Feux. G à S. 50 l.		La Montagne.	41
		Linsecq.	159
Courvol l'Orgüilleux.	168	Lye.	118
Challement.	6	Marcy.	95
Champlemy.	178	Marigny.	33
Changy.	20	Mets le Comte.	125
Chastel Censoy.	270	Michaulgues.	51
Chazeal.	54	Molesme.	116
Cheveroches.	11	Moraches.	60
Corbelin.	16	Neuveigne.	118
Courcelles.	83	Neuville, B. J. R.	38
Courvol d'Ambernard.	94	Oizy.	85
		Oüagne.	46
Cuncy sur Yonne.	92	Parigny.	44
		Paroy.	32
Cuncy lez Varzy.	100	Pereuse.	62

DÉNOMBREMENT

Paroisses.	Feux.	Paroisses.	Feux.
Rix.	19	S. Puis.	113
Sementron.	91	S. Sauveur.	204
Sozay.	24	Ste Colombe.	101
Surgy, B.	202	Tannay.	251
S. Cir lez Anfrain.	94	Thoüez.	50
		Tingy.	152
S. Didier.	26	Tracy.	114
S. Empuifaye.	178	Treigny.	10
S. Germain.	80	Varzy, B.	450
S. Pere du Mont.	115	Villiers le Secq.	30

ELECTION DE BLOIS.

Paroisses.	Feux.	Paroisses.	Feux.
Averdon.	89	G à S.	211
Aunay, B.	151	Chouzy, B.	201
BLOIS, V. 1859. Feux. Ev. Ch. & C. Pref. Bail. G à S. Cap. de Chaſſes. M F. Mar. 50 l.		Condes.	61
		Contres, B.	256
		Courchiverny.	311
		Coulanges.	49
		Courmefmin.	79
Bacieux.	161	Cour fur Loir.	113
Candé.	127	Faings.	90
Chaille.	121	Fontaine.	162
Chambort, V. M P. Cap. de Chaſſes.	125	Foſſes.	49
		Fougeres.	103
Chaumont.	129	Freſnes.	64
Chiſtenay.	204	Huiſſeau.	163
Chiverny, B.		Landes.	141

DU ROYAUME.

Paroisses.	Feux.	Paroisses.	Feux.
La Chapelle Vendomoise.	63	Soings.	168
		S. Bohaire.	61
La Chapelle S. Martin.	138	S. Christophe des Veures.	229
Les Moutits.	137	S. Claude, *B.*	342
Marolles.	80	S. Denis, *B.*	219
Maslives.	156	S. Dié, *V.*	238
Maves.	111	S. Gervais.	74
Menars.	117	S. Honoré.	151
Mer, *V. G à S.*	452	S. Lubin.	119
Meslan.	78	S. Lubin des Veures.	93
Monteaux.	177		
Montlineau.	156	S. Martin des Veures.	79
Montou.	76		
Monts, *B.*	319	S. Nicolas, *B.*	224
Muides.	94	S. Segoudin.	109
Mulſan.	95	S. Sulpice.	33
Orcheſe.	72	S. Victor.	166
Ouchamp.	114	Ste Solenne.	49
Ouzain, *B.*	213	Talcy.	93
Pontlevoy.	171	Tours.	133
Prunay.	8	Vallere.	31
Sambin.	122	Vienne.	122
Santenay.	94	Ville-Baron, *B.*	226
Saſſay.	43	Villerbon, *B.*	138
Seillats.	14	Ville-Santon.	81
Sellettes, *B.*	228	Vineüil, *B.*	465
Seur.	35		

ELECTION DE ROMORANTIN.

Paroisses.	Feux.	Paroisses.	Feux.
Alse.	86	Larpeçay, B.	76
Anjoing, B.	202	Lassay.	41
Bagneux.	97	Lhopital.	80
Billy.	61	Loreux.	76
Buxeüil, B.	79	Lye, B.	208
Chabris, B.	276	Maray.	57
Chanory.	97	Marcilly.	147
Chastre.	132	Menetou sur Cher.	179
Châteauvieux.	145	Menetou sur Nahon.	33
Châtillon.	96	Mers.	44
Chouffy.	51	Mery.	109
Cously.	118	Meunes.	87
Doulçay.	55	Millançay.	107
Dun le Poislier.	108	Monthault.	73
Fontenay.	41	Monthou.	156
Gieuvres.	94	Mur.	179
Gy.	109	Nançay.	174
La Chapelle S. Laurian.	43	N. D. & S. Martin de Graçay.	78
La Chap. Moine-Martin.	66	Noüan & Graçay.	98
La Ferté Aurain, V. D P.	63	Noyers.	88
Langon.	117	Nung.	164
Lanthenay.	70	Oisly.	52
		Orcay.	49

DU ROYAUME. 163

Paroisses.	Feux.	Paroisses.	Feux.
Orvilles.	35	Vatan, *V.*	237
Paulmery.	88	S. Julien.	89
Poullaines, *B.*	225	S. Laurens de Vatan.	84
ROMORANTIN, *V.* 1748 Feux. Bail. *J R n r. G à S. M P. Mar.* 50 *l.*		S. Loup.	77
		S. Phallier.	26
		S. Remain.	117
Rougeon.	18	Ste Cecile.	42
Ruerieres.	115	Theillay, *B.*	209
Salbris, *B.*	298	Themou.	101
Segy.	65	Thezée.	118
Selles S. Denis, *B.*	376	Tremblevif.	211
		Varennes.	124
Sembleçay.	36	Veillain.	64
Soüesine, *V.*	175	Vernon.	169
S. Aignan, *V. D.*	434	Villedieu.	22
S. Auftrilles.	39	Villefranche.	75
S. Chriftophe.	88	Villehervier.	92
S. Chriftophe de			

ELECTION DE DOURDAN.

Paroisses.	Feux.	Paroisses.	Feux.
A Blis, *B.*	171	Barmainville.	25
Allainville,	59	Baudreville.	60
Angervillier.	52	Boinville le Gaillard.	72
Ardelu.	36		
Aulu.	23	Boifly le Secq.	109
Authon.	131	Bonnelles, *V.*	126

Paroisses.	Feux.	Paroisses.	Feux.
Boutervillier.	31	Moulineux.	19
Breux.	74	Neufvy.	87
Brieres les Sellées.	52	Oysonville, V.	101
Broüillet.	101	Oynville S. Liphard.	102
Bullion.	129		
Chalo S. Mars.	171	Parray.	34
Chalou la Royne.	44	Ponthevrard.	37
Chastenay.	75	Pussay.	93
Chastignonville.	31	Rochefort, V.	136
Clairefontaine.	47	Roinville.	89
Congerville.	25	Rouvray S. Denis.	151
Corbereuse.	85		
DOURDAN, V.	450	Sermaize, V.	149
Feux. Bail. M P. Mar. 12 l.		Somchamp.	174
		Souzy la Briche.	48
Dommerville.	23	S. Arnoul, V.	287
Garantieres.	61	S. Cheron.	195
Gaudreville.	20	S. Cir.	92
Gommerville, V.	129	S. Eccobille.	78
Grandville.	26	S. Hilaire.	30
Guillerville.	119	S. Lubin des Champs.	56
Hattonville.	27		
Intreville.	49	S. Martin de Bresteucourt.	132
La Forest le Roy.	70		
Le Val S. Germain.	140	S. Maurice.	57
Les Granges-le-Roy.	80	Ste Mesme.	130
Longvilliers.	73	Thionville.	20
Meroüville.	83	Trancrainville.	65
Mesrobert.	98	Vierville.	20
Monerville, V.	69	Villecognin.	128

ELECTION DE CHARTRES.

Paroisses.	Feux.	Paroisses.	Feux.
Allonne.	58	Boiflandry.	100
Amilly.	74	Boisvillette.	51
Andeville.	29	Boinglainval.	67
Anneau, *V*.	248	Boisville, *B*.	203
Armenonville lez Gastineaux.	59	Boucey.	36
		Betonvilliers.	119
Ascheres, *B*.	47	Briconville.	27
Aulnay sous Anneau.	180	Bullou.	84
Baillau sous Gallardon.	121	CHARTRES, *V*. Ev. D. Vid. Pref. Bail. Prev. J R n r. J C. Prev. des 4 Mairies. G à S. Mar. 18. l.	
Baillau Lévêque.	117		
Baillau le Pin.	157		
Bainville le Comte.	158	Cereuse.	27
		Cernay.	93
Beaumont le Chetif.	141	Champrond, *B*.	137
		Champseru.	42
Beauvillier.	118	Chauffours.	51
Bercheres Lévêque.	115	Chartainvilliers.	75
		Challet.	60
Bercheres la Maingot.	69	Chesne & Chesne Chenu.	62
Berjonville.	24	Cheronville.	61
Billancelles.	64	Chuisnes.	136
Blandainville, *V*.	61	Cintrauy.	18
Bleury.	120	Claisvillier le	

DÉNOMBREMENT

Paroisses.	Feux.	Paroisses.	Feux.
Moutier.	123	Fraisnay le Comte.	67
Coltainville.	89	Francourville.	181
Combres.	94	Frazay.	254
Condé, V.	248	Fresnay Lévêque.	131
Corancez.	36		
Coullombe.	141	Fresnay le Gilmert.	31
Courville, B.	207		
Crache & l'Abbaye.	57	Fretigny, B.	200
Dammarie, V.	245	Friaize.	77
Dangers.	37	Fruncey.	136
Denonville.	110	Gellainville.	89
Drouë.	52	Gallardon, V.	293
Epeautrolles.	32	Gas.	87
Ermenonville la Grande.	97	Gasville.	189
		Gattelles.	105
Ermenonville la Petite.	45	Gazeran.	99
		Germignonville.	109
Escublé.	149	Goüillons.	49
Escrone.	131	Grandhour.	69
Esmancé.	61	Guchonville.	25
Espernon, V. D P. Bail. Du 12. l.	187	Happonvilliers.	114
		Hanches, B.	238
		Hermeray.	116
Fadainville.	13	Honville.	65
Faings.	89	Houx.	54
Fontenay sur Eure.	62	Joüy.	154
		La Chapelle d'aunainville.	51
Fontaine la Guyon.	112	La Chapelle S.	

Paroisses.	Feux.	Paroisses.	Feux.
Loup.	75	Louville la Chesnard.	108
La Chapelle de Ticulen.	100	Lucé.	95
La Croix du Perche.	85	Luplanté.	89
		Magny.	106
La Gaudaine.	67	Maintenon, *V. Marq.*	286
La Folie Herbaut.	40	Mainvilliers.	144
La Louppe, *B.*	238	Maisons.	74
Landouville.	32	Marcheville.	93
La Madelaine.	22	Marolles.	140
Le Charmoy Gontier.	34	Meaucé.	101
		Meslat le Grevet.	71
Le Peage Robercourt.	35	Meslay le Vidame, *Bar.*	57
Les Autels Tubœuf.	37	Mezieres.	57
		Mereglise.	31
Les Chaises.	2	Mevoisin.	45
Les Coruées.	88	Mignieres.	89
Les Chatelliers Nᵉ Dᵉ	27	Mittainvillier.	68
		Molandon.	68
Lesvesville.	32	Mondonville.	34
Lestuin.	58	Montoir, sur Loire, *V.*	139
Levainville.	99	Montainville.	102
Levesville la Chesnard.	80	Montigny, *B.*	216
Les Yys.	37	Mottreau.	54
Le Tremblay le Vicomte, *V.*	128	Morainville.	23
		Moravez.	78
Lormoye.	70	Montireau.	85

Paroisses.	Feux.	Paroisses.	Feux.
Moutiers.	98	Sainville.	134
Moynville la Jeuf-lain.	29	Sandarville.	62
		Santeüil.	62
Neron.	102	Soullaire.	87
Nogent sur Eure.	82	Souars, B.	256
Nogent le Faye.	142	S. Amand.	16
Nogent le Roy, V. J R.	279	S. Arnoul des Bois.	148
Ollé.	97	S. Aubin des Bois.	109
Ormoy.	41		
Orphin.	40	S. Avy.	104
Orsemont.	75	S. Cheron du Chemin.	66
Quarville, V.	190		
Orsouville.	54	S. Simphorien.	105
Orroüer.	94	S. Denis d'Authou.	95
Oynville.	84	S. Denis de Champfol.	117
Pezy.	37		
Pierre.	143	S. Denis de Cervelles.	18
Poisvillier.	40		
Pontgoing, B.	263	S. Denis des Puits.	80
Prunay.	104	S. Elips.	169
Prunay l'Egillon,	289	S. George sur Eure.	108
Praville.	97		
Puiseux.	49	S. Germain de l'Espinay.	21
Rambouïllet, V.	189		
Reclainville.	89	S. Germain de la Gastine.	18
Roinville.	92		
Rouvray & S. Florentin.	50	S. Germain le Gaillard.	73
		S. Hilaire	

DU ROYAUME.

Paroisses.	Feux.	Paroisses.	Feux.
S. Hilaire d'Illiers.	206	S. Pierre du Faveril.	183
S. Hilaire des Noyers.	58	S. Simphorien.	105
S. Hilarion.	59	S. Prest, B.	200
S. Jacques d'Illiers, B.	426	Theuville.	111
		Thiron.	198
S. Julien du Coudray.	148	Thivars.	60
		Vacheresses les Basses.	46
S. Laurens de la Gastine.	72	Vaupillon.	156
		Verigny.	57
S. Lazare de Leves, B.	258	Vert.	94
		Villars.	65
S. Leger des Aubez.	65	Villeau.	69
S. Lhomer de Lhiusant.	103	Villeneuve S. Nicolas.	44
		Vieuxvy.	105
S. Lucien.	53	Viabon.	145
S. Luperce.	61	Umpau- Voise.	66
S. Lubin de Chassant.	57		89
		Voües, B	285
S. Marc de Landelle.	56	Yesme & Villiers.	100
S. Martin de Nigelle.	131	Yermenonville.	68
		Ymeray.	83
S. Maurice de Gallou.	65	Ymonville la Grande.	119
S. Piat, B.	282		

Tome 1.

ELECTION DE CHATEAUDUN.

Paroisses.	Feux.	Paroisses.	Feux.
Alluye, *V.*	143	Champigny.	95
Arville.	54	Champrond.	28
Arrou, *V.*	625	Chapelle-Guillaume.	114
Authainville.	95		
Autheüil.	39	Chapelle-Ouzerain.	51
Auton, *V.*	249		
Baignollet.	41	Chapelle Royale.	102
Basoches.	84	Charbonnieres.	211
Beauvillier.	18	Charay.	50
Binas.	162	Chastillon, *V.*	210
Boisgasson.	63	Chesnecarré.	42
Bon. eval, *B. F rev.*		Clois, *V.*	241
J R G à S.	359	Conan.	49
Bourguerin, *E.*	207	Connie.	68
Bourneville.	50	Cormainville.	89
Boursay.	108	Courbehaye.	52
Bouffry.	94	Courtallain, *V.*	69
Bouville.	131	Coudray.	103
Brevainville.	40	Cuyry.	87
Brou S. Romain, *V.*	400	Dampierre.	116
		Dancy.	64
Bullainville.	56	Dangeau, *Marq.*	265
Baslou.	43	Donnemain.	72
CHATEAUDUN,*V.*		Doüy.	68
925 *Feux. Bail. J R.*		Escomen.	58
G à S. Mar. 50 *l.*		Flacey.	45

Paroisses.	Feux.	Paroisses.	Feux.
Fontenay sur Connie.	57	Chelles.	48
Fontaine sous Pesou.	30	Le Plessis Dorin.	105
		Le Poillay.	131
Françay.	94	Le Saules.	160
Fretteval, B.	68	Les Autels S. Eloy.	43
Frouville.	16	Les Estilleux.	45
Gohory.	43	Les Fiefs d'Authon.	68
Guillonville.	88		
Houssay.	72	Lignieres.	97
Jallans.	52	Logron.	82
Jussay.	66	Loigny.	63
La Basoche Goüet, V.	384	Lolon.	15
		Luz en Dunois.	98
Labosse.	44	Marboé.	110
La Chapelle du Noyer.	74	Marchenoir, V.	103
La Colombe.	36	Melleray.	210
La Ferté Villenveille, B.	87	Membrolles.	83
		Miarmaigne.	86
La Fontenelle.	156	Moisy.	76
La Gahandiere.	26	Molleand.	79
Langé.	122	Montarville.	35
Luigny au Perche.	123	Montemain.	51
		Montigny.	89
Lanneray.	115	Montmirail, V.	195
Legaut au Perche.	200	Morée.	200
		Moriers.	89
Lemée.	77	Moulhard.	95
Le Plessis de		Moullitard,	54

Paroisses.	Feux.	Paroisses.	Feux.
Neuvy en Dunois.	163	S. Hilaire la Gravelle.	101
Nottonville.	111	S. Hilaire sur Yerre.	99
Oigny.	61		
Orgeres.	59	S. Jean Fromentel.	88
Oucques.	208		
Ozoüer le Breüil.	129	S. Laurens des Bois.	79
Ozoüer le Doyen.	88		
Pattay, V.	193	S. Leonard.	160
Peronville.	109	S. Lubin de Cinqfonds.	72
Pré S. Curol.	84		
Pré S. Martin.	68	S. Lubin de Signy.	45
Revay.	46		
Rodon.	26	S. Lubin des Prez.	59
Romilly.	94		
Ruan.	60	S. Mandé.	6
Sancheville.	180	S. Martin du Pean.	49
Saumeray.	97		
Semerville.	31	S. Maur.	69
S. Auy au Perche.	54	S. Maurice.	36
		S. Pellerin.	97
S. Bomert.	108	Ste James Villeneuve.	107
S. Christophe.	39		
S. Claude Fromentel.	28	Thiville.	93
		Trizay.	60
S. Cloud.	48	Troubleville.	37
S. Denis.	119	Varize, V.	94
S. Etienne du Gault.	146	Verdes.	114
		Vervillon.	88
S. Germain.	69	Vieufuy.	30

DU ROYAUME.

Paroisses.	Feux.	Paroisses.	Feux.
Villampuy.	82	Connie.	46
Villeboult.	45	Vitray.	60
Villefrancœur.	19	Viviers, B.	529
Villers S. Orien.	83	Yeure, B.	466
Villeneuve sur			

ELECTION DE VANDOSME.

Paroisses.	Feux.	Paroisses.	Feux.
Ambloy.	60	Fortan.	71
Areine.	28	Gombergean.	59
Artins.	140	Houssay.	87
Auton.	140	Huisseau.	82
Azé.	146	La Ferriere.	61
Baignaux.	26	Lançay.	104
Boisseau.	31	Lancosme.	37
Bonnevau.	117	Laudes.	19
Buslou.	73	Lavardin, B.	99
Cellé.	100	La Ville aux Clercs, V.	210
Champigny.	38		
Coulommiers.	65	Le Roüillis.	30
Coustures.	174	Le Sentier.	35
Crucheré.	82	Les Essards.	36
Danzé.	154	Les Hayes.	117
Espeigné.	51	Les Hermittes.	157
Espereuse.	14	Les Pins.	29
Espiais.	39	Les Roches.	122
Faye.	40	Lisle.	16
Fontaines.	170	Longpré.	34

DENOMBREMENT

Paroisses.	Feux.	Paroisses.	Feux.
Lunay, B.	379	S. Martin du Bois..	126
Marcé.	21		
Marcilly.	49	S. Oüin.	61
Mazangé, B.	228	S. Ouftrille.	99
Meflé.	30	S. Pierre du Bois.	57
Monthodon.	103		
Montzouveau.	41	S. Quentin.	74
Naveils, B.	251	S. Rimay.	63
Nourray.	58	S. Anne.	23
Perigny.	66	Ste James.	26
Pezou.	71	Ternay.	129
Ponçay.	76	Thoré.	186
Potes.	19	Thourailles.	44
Pray.	51	Trées.	51
Prunay, B.	178	Truos.	165
Ruilly, B.	299	VANDOSME, V. 1258 Feux. D P. Bail. G à S. Mar. 40. l.	
Roddon.	26		
Rocé.	45		
Savieres.	67		
Savigny.	180	Villavard.	66
Sougé.	28	Villedieu.	185
Soulommes.	103	Villefrancœur.	53
S. Amand.	100	Villemardy.	64
S. Arnoul.	97	Villerable.	103
S. Firmain.	128	Villeromain.	66
S. Jacques des Gueretres.	31	Villetrun.	66
		Villierfaut.	30
S. Laurens de Montoire, V.	359	Villiers.	173

GENERALITE'
DE
TOURS,
Composée de seize Elections.

Sçavoir,

TOURS,
Amboise,
Loches,
Chinon, } dans la Touraine.

Loudun,
Richelieu, } dans le Poitou.

Chateau-Gontier,
La Fleche,
Beaugé,
Saumur,
Montreuil-Bellay,
Angers, } dans l'Anjou.

Mayenne,
Le Mans,
Chateau du Loir,
Laval, } dans le Maine.

DÉNOMBREMENT

ELECTION DE TOURS.

Paroisses.	Feux.	Paroisses.	Feux.
Ambillou,	190	Druye.	136
Angé,	120	Esures, B.	430
Artannes, B.	350	Fondettes, B.	622
Azay sur Cher, V.	342	Joüé, B.	360
		Lalleu.	18
Azay le Rideau, V.	350	La Ville-aux-Dames.	115
Ballan, B.	250	Larçay.	135
Beaumont lez Tours.	75	Leboulay.	160
		Le Pont de Tours.	450
Beaumont la Ronce, B.	244	Le Serain.	34
Bertenay.	190	Liguieres, B.	185
Büil.	195	Loüestaut.	85
Bresche.	102	Mazeres, B.	240
Chambré.	145	Marray, B.	200
Chanceaux.	150	Mereüil.	145
Charentillé.	125	Mettré.	315
Château-Regnault, V. Com.	445	Miré.	30
		Monnoye.	300
Chenusson.	55	Mons.	280
Cinqmars, B.	333	Montbazon, V. D.	182
Cleré.	202		
Crotelle.	94	Nre De Doé.	80
Damemarie du Bois.	174	Nre De de la Riche.	142

DU ROYAUME.

Paroisses.	Feux.	Paroisses.	Feux.
Neufville.	48	S. Etienne de Chiesné.	205
Nevillé Pontpierre, B.	320	S. Georges.	36
Neufvy, V. G à S.	352	S. Gourgon.	88
Nouzilly, B.	226	S. Jean de Langets, B.	295
Parçay.	143	S. Laurens en Gastines.	138
Perenay.	100		
Poüillé.	100	S. Laurens de Langets, B.	220
Roche-Corbon,	300		
Rouzieres.	205	S. Nicolas des Motets, B.	62
Samblançay, V.	151		
Savonnieres, B.	260	S. Oyen ou Ste Radegonde.	80
Serelles.	130		
Sonnay.	164	S. Pater, B.	450
Sonzay, B.	300	S. Pierre des Corps.	110
Sorigné, B.	230		
Souvigné.	210	Ste Geneviéve de Luynes, B.	605
Sigoüigné.	82		
S. Antoine du Rocher.	154	TOURS, V.	5498
S. Aubin.	142	Feux. Arch. B d P. H d M. n r. Pres. Bail. J C. G à S. B d' T. M P. Mar. 70 l.	
S. Branchs, B.	485		
S. Ciré sur Loire, B.	300	Tillouze, B.	286
S. Ciré du Gault.	130	Vallieres S. Roch, B.	220
S. Christophe, B.	340	Vallers, B.	210
S. Etienne de Tours.	60	Vançay S. Avertin, B.	300

H v

Paroisses.	Feux.	Paroisses.	Feux.
Veigné, B.	236	Villebourg.	194
Veretz, B.	260	Villechauve.	93
Verron, B.	340	Villeperduë, B.	140
Villandry, B.	234	Vouveray, V.	630

ELECTION D'AMBOISE.

Paroisses.	Feux.	Paroisses.	Feux.
AMBOISE, V. 858 Feux. Bail. J C. G à S. M P. Mar. 60 l.		Limeray, B.	207
		Luzilly, B.	237
		Montloüis, B.	506
		Montreüil.	113
Athée, B.	333	Montrichard, V. J R. G à S. Mar. 60 l.	414
Autreche.	67		
Auzoüer.	133		
Bleré, B.	392	Moran.	88
Bouré.	115	Mosnes.	180
Cangé.	124	Nazelles.	169
Chançay.	172	Negron.	67
Chargé.	88	Noizay, B.	250
Chenonceau.	56	Nueilly.	112
Chisseau.	92	Reugny, B.	261
Civry.	158	Rilly.	74
Dierre.	122	Souvigny.	114
Espeigné.	80	Sublaines.	52
Fayerolles.	91	S. Denis.	165
Fleuray.	47	S. Etienne.	59
Françeüil.	164	S. Georges, B.	230
La Croix.	171	S. Julien.	84

DU ROYAUME. 179

Paroisses.	Feux.	Paroisses.	Feux.
S. Martin le Beau, B.	422	Vallieres.	188
S. Oüin.	218	Veufves.	61
S. Regle.	55	Villedosme, B.	208
Thenay.	136	Ville-Porcher.	93

ELECTION DE LOCHES.

Paroisses.	Feux.	Paroisses.	Feux.
Aubigny.	40	Coursay.	139
Azay, *V*.	85	Cussay, *B*.	214
Barrou.	123	Douleux.	145
Beaumont, *B*.	246	Ecüeillé.	180
Betz.	199	Esves.	57
Bossée.	178	Ferieres Larçon, *B*.	242
Bournan.	124		
Chambon.	106	Feriere sur Beaulieu.	54
Chambourg.	176		
Chanceaux.	76	Genillé, *B*.	346
Charnizay, *B*.	225	LOCHES, *V*.	840
Chaumussay.	127	*Feux. Bail. G à S.*	
Ceray.	158	*M P. Mar. 76 l.*	
Chedigny.	114	La Chapelle Blanche, *B*.	236
Chemillé.	98		
Ciran.	114	La Guyerche.	99
Civray.	71	La Selle Guenaut.	148
Cormery, *V*.	132		
Coullangé.	161	La Roche-Pozay.	62
Coussay les Bois,	20		

H vj

DENOMBREMENT

Paroisses.	Feux.	Paroisses.	Feux.
Le Fau.	124	S. Bault.	22
Le Liege.	43	S. Germain.	57
Ligneüil, *V. Bar.*	330	S. Hipolite, *B.*	219
		S. Flovier.	137
Le Louroux.	148	S. Jean.	87
Loché.	190	S. Laurens de Boſſay.	147
Loigny S. Remy Bulſeil.	86	S. Martin de Boſſay, *B.*	259
Loüans.	115		
Manthelan, *B.*	236	S. Michel du Bois.	59
Meré Leſigny.	64		
Mouzay.	84	S. Quentin.	119
Noüan, *B.*	224	S. Senoch.	152
Oizay Cerçay.	99	Ste Julitte.	40
Oizay Outre-Creuſe.	33	Tournon.	60
		Toxigny, *B.*	215
Orbigny.	194	Truye.	144
Peruſſon.	165	Varennes.	61
Petit Preſſigny.	145	Verneüil.	158
Pozay le Vieil.	112	Villedomain.	65
Prœvilly, *V. Bar. G à S. 72 l.*	397	Villeloing.	53
		Vitray.	39
Senevieres.	69	Vou.	106
S. André.	de 172	Yſeures.	188
S. Laurens.	beau 86		
S. Pierre.	lieu. 179		

DU ROYAUME. 181

ELECTION DE CHINON.

Paroisses.	Feux.	Paroisses.	Feux.
Billy.	100	Les Essarts.	64
Antoigny.	80	Ligré, *B.*	278
Avoyne.	92	Maillé *ou* Luisnes,	
Balesme.	141	*D P.*	154
Beaumont.	117	Marsay.	74
Brechemont, *B.*	302	Marsilly.	114
CHINON, *V. B P.*		Mongoger.	160
Bail. *J C. G à S.*		Nouastre.	52
M P. Mar. 80 *l.*		Noyan.	83
Cande.	91	Noyers.	74
Cheillé.	262	Neüil.	99
Chezelles.	45	Neüilly, *B.*	210
Cinaye.	78	Parillé.	124
Couzieres.	55	Ponzay.	44
Cravant.	176	Portz.	81
Draché.	186	Pouzay.	110
Estableau.	126	Pressigny, *B.*	230
Huismes.	161	Pont-Amboizé,	
Ingrande, *B.*	121	*B.*	315
La Haye.	168	Puissigny.	66
La Roche.	146	Rigny.	183
Lasselle.	141	Rilly.	120
Lerné, *B.*	248	Rivarannes.	176
Le Chastelier.	47	Saché.	230
Le Pont de		Savigny.	147
Ruan.	55	Sepmes, *B.*	257

Paroisses.	Feux.	Paroisses.	Feux.
Sueilly.	101	S. Mesmes, *Faub.*	58
S. Benoist.	99	S. Michel.	136
S. Espain, *B.*	313	S. Patrice.	203
S. Etienne de Chinon.	567	Ste Catherine.	117
		Ste More, *V.*	524
S. Germain.	113	Tavant.	38
S. Jacques, *B.*	278	Thizay.	57
S. Loüand, *B.*	314	Trogues.	76
S. Maurice.	219	Velleches.	34
S. Mesmes les Champs.	171	Villaines, *B.*	200

ELECTION DE LOUDUN.

Paroisses.	Feux.	Paroisses.	Feux.
Anglers.	117	Glenouxes.	24
Arsay.	86	Graizay.	28
Assay.	50	LOUDUN, *V.*	1475
Aulnay.	46	*Feux. Sen. J C. Bail.*	
Basses.	51	*Prev. Mar.* 90 *l.*	
Beuxes.	54	La Chaussée.	81
Bournan.	130	La Madelaine.	12
Brossay.	28	Marsay.	112
Challais.	100	Martaisé.	135
Chasseines.	83	Messay.	82
Coursay.	117	Messemé.	23
Coussay.	100	Monterresillé.	113
Espierre.	95	Morton.	60
Gaisnes.	85	Nê Dê des trois.	

DU ROYAUME. 183

Paroisses.	Feux.	Paroisses.	Feux.
Montiers.	99	S. Clair.	66
Neüil sur Dive.	80	S. Gatien.	32
Ouzilly.	51	S. Leger.	77
Proüançay.	54	S. Laon.	38
Ranton.	130	S. Hilaire.	178
Roëffé.	147	S. Marcolle.	110
Rossay.	37	S. Pierre.	83
Saix.	65	Ternay.	115
Solomé.	43	Veniez.	115
S. Aubin.	24	Vexieres.	88
S. Citroine.	30	Villiers.	19

ELECTION DE RICHELIEU.

Paroisses.	Feux.	Paroisses.	Feux.
Amberte.	48	Veude, V.	157
Anché,	96	Chavaignes.	35
Avon.	187	Cherves, B.	383
Blassais.	49	Claunay.	112
Bournezeaux.	34	Crissay.	72
Boussageau.	92	Courcoüé.	120
Braslou.	94	Cron & Jazay.	84
Braye.	105	Courzilles.	77
Brettegon.	66	Cuhon.	109
Brizay.	60	Dandesigny.	22
Chouppes.	119	Dercé.	78
Champigny le Secq.	62	Doussay.	169
Champigny sur		Faye.	70
		Frontenay.	63

Paroisses.	Feux.	Paroisses.	Feux.
Gremigny.	64	Poüant.	88
Jonay.	75	Prinçay.	99
Joüay.	45	RICHELIEU, V.	
La Grimaudiere.	52	917. Feux. D P.	
La Tour S. Gelin.	36	G à S. 90 b.	
Le Bouchet.	67	Razines.	59
Le Sablon.	75	Saire.	84
L'Hemeré.	155	Sarrigny.	117
Liezes.	62	Savigny.	126
Liesques.	50	Sauves, B.	219
Ligniere.	39	Sazilly.	91
Luzay.	76	Suilly.	41
Marnes.	91	Seaux.	131
Marnay.	84	S. Chartres.	72
Massoüignes.	71	S. Generoux.	69
Mazeüil.	85	S. Gilles.	181
Maulay.	86	S. Joüin.	13
Mirebeau, V.	373	S. Maurice.	175
Moncontour, V.	118	S. Vincent.	2
		Ste Radegonde.	66
Mougon.	22	Theneüil.	56
Nancré, Marq.	60	Thurageau.	164
Ne De d'Aux.	23	Varaines.	56
Nüeil.	86	Verneüil.	56
Panzoust.	169	Verrüe.	83
Parçay.	145	Vouzailles.	92
Polligny.	33	Vivieres.	19

DU ROYAUME.

ELECTION DE CHATEAU-GONTIER.

Paroisses.	Feux.	Paroisses.	Feux.
Ampoigné.	179	Daon, *V.*	210
Argenton.	63	Denazé.	117
Athée, *B.*	284	Fontaine-Couverte, *B.*	200
Azé, *B.*	273		
Ballots, *B.*	290	Formentieres,	237
Bazouges, *B.*	457	Gastines, *B.*	94
Bonchamps.	153	Gesnes & S. Aignan, *B.*	275
Brain.	154		
Bierné, *B.*	202	Grés en Boire.	260
CHATEAU-GONTIER, *V.* 1156 Feux. Pres. *J C. Bail. G à S. Mar. 5 g f. 60 l.*		Houssay.	183
		La Chapelle.	125
		La Jaille.	128
		Laigné.	184
Chastossé.	97	La Roé.	100
Chastellain.	115	La Selle Cranoise, *B.*	210
Chemazé.	320		
Chemiré.	105	Laubrieres.	92
Cherancé.	85	Le Ressort de Cossé.	185
Cosme.	113		
Coudray.	99	L'Hôtellerie de Flée.	138
Craon, *V. J R G à S.* 5 g f. 60 l.	365	Livray, *B.*	299
		Longue-Fuye.	118
Guillé, *E.*	218	Longné, *B.*	214

DÉNOMBREMENT

Paroisses.	Feux.	Paroisses.	Feux.
Marigné de Château-Gontier, B.	248	S. Gault.	85
Marigné de Peuton.	137	S. Germain de l'Homel.	40
Mée.	113	S. Laurens.	121
Merat.	261	S. Martin de Villenglose.	55
Mesnil, B.	288	S. Martin de Lesmet.	97
Miré, B.	210	S. Michel en Cranois.	149
Niaste.	97	S. Michel de Finges.	84
Peuton.	103	S. Poix.	94
Pommerieux, B.	214	S. Quentin.	196
Quelaines, B.	362	S. Remy.	98
Ruillé, B.	263	S. Saturnin.	120
Simplé.	118	S. Sauveur de Flée.	100
S. Aignan.	106	S. Sulpice.	124
S. Clement, B.	385	Varennes.	34
S. Denis d'Anjou, B.	423	Villieres, B.	258
S. Fort.	64		

ELECTION DE LA FLECHE.

Paroisses.	Feux.	Paroisses.	Feux.
Artezé.	71	Avoise.	194
Asnieres.	136	Auvers le Hamon.	360
Aubigné.	308		
Avessé.	132	Baillée.	134

DU ROYAUME.

Paroisses.	Feux	Paroisses.	Feux.
Bannes.	87	Huillé.	145
Baracée.	123	Joué.	140
Bazouges.	270	Juigné.	170
Beaumont de la Chartre, B.	199	LA FLECHE, V. 945 Feux. Pres. J C. G à S. Mar. 50. l.	
Beaumont Pied de Bœuf.	94	La Chapelle d'Aligny.	240
Boissay.	80		
Boussé.	120	La Fontaine S. Martin.	90
Breussou, B.	296		
Chahaignes, B.	357	La Suse, B. Com.	234
Chantenay.	199		
Chemillé.	180	Le Bailleul.	175
Chevillé.	158	Le Buret.	138
Clermont, B.	278	Lavernats.	142
Coullongé.	128	La Chastre sur Loire, B.	155
Courcelles.	158		
Courtilliers.	25	Le Grand Boire, B.	280
Cossé, D.	125		
Creans.	34	Ligron.	158
Cromieres.	137	Loué.	163
Daumeray, B.	268	Loueille.	76
Dissay, B.	230	Luché, B.	402
Dureil.	24	Malicorne, V. G à S.	170
Estriché, B.	242		
Fercé.	95	Mareil de Clermont.	168
Flée.	101		
Fontenay.	108	Mareil en Champagne.	82
Gastines.	42		
Goüis, B.	228	Mansigné, B.	456

DÉNOMBREMENT

Paroisses.	Feux.	Paroisses.	Feux.
Marson.	490	S. Brice.	105
Mayet, B.	658	S. Denis d'Or-	
Mesangé.	138	ques.	193
Meseré, B.	325	S. Germain.	155
Morannes, B.	508	S. Germain lez	
Montreüil.	48	Durtal.	102
Nᵉ Dᵉ de Dur-		S. Jean du	
tal.	174	Bois.	61
Nᵉ Dᵉ Dupé.	92	S. Jean de la	
Noyan, V.	376	Mothe, B.	302
Nogent.	104	S. Loup.	70
Oüazé.	140	S. Pierre de	
Parcé, V.	390	Durtal.	168
Pincé.	40	S. Pierre Dervé.	76
Piremil.	162	Ste Colombe,	
Poillé.	133	B.	316
Ponvallin, B	330	Ste Suzanne, B.	201
Preaux.	76	Taſſé.	108
Preſſigné, V.		Torigné.	119
Bar.	280	Toiré.	212
Pringé.	60	Vaas, B.	412
Requeil.	204	Vaſlon, B.	257
Sablé dedans, V.		Verneil, B.	270
Marq. J R. G à		Verron.	114
S. 5 g f.	216	Vion.	168
Sablé dehors.	221	Viré.	90
Sauges.	152	Villaines.	176
Souleſine.	97	Yvré le Pollin,	
Sauvigné.	102	B.	236

ELECTION DE BEAUGE'.

Paroisses.	Feux.	Paroisses.	Feux.
Apurillé.	58	Cré.	138
Auversé.	171	Coüesme.	135
BEAUGE', V.	588	Courcelles.	140
Feux. Sen. J R.		Cuon.	168
G à S. M P. Mar.		Denezé.	140
52 l.		Dissé.	168
Beaulné, B.	335	Eschemiré.	140
Beauveau.	65	Fontaines, B.	216
Blou.	190	Fougeres, B.	248
Bollé.	169	Genetay.	145
Braye.	127	Jarzay, B.	319
Breil.	138	Jumelle, B.	230
Brion, B.	250	La Bruere.	84
Brocq.	168	La Chapelle S. Lau.	101
Chalonnes.	82		
Channay.	183	La Chapelle des Choux.	117
Chaumont.	86		
Chartrenoy.	35	La Lande Chalais.	40
Châteaux.	102		
Chenus, B.	282	La Pellerine.	37
Chevaignes.	66	Lasse.	159
Cheviré. B.	334	Le Guedineau.	147
Chouze.	92	Le Lude, V. Com.	
Chiné.	155	G à S. 35 l.	790
Clefs.	173	Le Vieil Baugé, B.	437
Cornillé.	145		

DÉNOMBREMENT

Paroisses.	Feux.	Paroisses.	Feux.
Lezigné.	120	le Lude.	198
Lignieres.	58	Sermaize.	74
Lué.	50	S. George d'Home.	153
Lublé.	58		
Marcé, B.	218	S. George du Bois.	118
Marsilly.	135		
Montigny.	149	S. Germain, B.	205
Mazé, B.	726	S. Laurens de Lain.	85
Maigné.	151		
Meon.	95	S. Leonard.	65
Milon.	82	S. Mars.	28
Mouliherne, B.	285	S. Martin.	57
Noyant, B.	201	S. Philbert.	194
Parcé, B.	273	S. Quentin.	62
Pollin.	45	S. Simphorien.	48
Pontigné.	157	Thorée.	114
Rigné.	23	Vervantes, B.	405
Rillé.	80	Verneüil. B.	395
Savigné de Villé, B.	239	Vollandry.	144
Savigné prés		Villiers.	188

ELECTION DE SAUMUR.

Paroisses.	Feux.	Paroisses.	Feux.
Allonne, B.	320	Aubigné.	70
Ambillou,	219	Baigneux.	27
Artanne.	25	Benaise, B.	324
Blaison.	192	Bessay.	68

DU ROYAUME.

Paroisses.	Feux.	Paroisses.	Feux.
Brain, *B.*	249	La Chapelle Blanche, *B.*	576
Brigné.	132	La Croix Verte, *B.*	97
Brezé, *V. Marq.*	213	La Taille.	51
Chaintre, Fourneux & Aulnie.	28	Les Ulmes S. Florent.	98
Chacé.	100	Le Toureil.	18
Chemelier.	185	Lisle-Neuve.	52
Chenehutte & les Tuffeaux.	154	Loüerre.	120
Chestigné	25	Loüresse.	91
Cizé.	124	Martigné, *B.*	274
Chozé, *B.*	798	Maigné.	49
Continvoir.	146	Milly.	66
Coudray.	119	Montfort.	39
Courchamps.	96	Nevillé.	142
Courleon.	71	N^e De de Nantilly, *B.*	790
Coustures, *Bar.*	188	Noyant.	71
Cunault.	50	Parnay.	118
Dampierre.	114	Puy Grand & Petit.	60
Denezé.	147	Restigné, *B.*	282
Distré.	142	Riou & Marson.	67
Doulces.	145	Rou.	43
Fontevrault, *B. Abb.*	368	Rusté.	50
Forges.	30	SAUMUR, *V.*	
Gifeux.	111		
Goyer.	69		
Gresillé., *B.*	212		
La Breille.	98		

776 *Feux.* Sen. Bail. *J C. G à S.* 5 g f. Mar. 76 l.

DÉNOMBREMENT

Paroisses.	Feux.	Paroisses.	Feux.
Soullangé.	155	S. Pierre de Doüé, B.	442
Souzay.	141		
S. Cir.	113	S. Pierre de Retz.	141
S. Eusebe.	115		
S. George, B.	211	S. Pierre en Vaux.	31
S. Georges des sept Voyes.	181	S. Remy.	202
S. Hilaire,	141	S. Veterin.	113
S. Lambert, B.	325	Tuffeaux.	36
S. Maur.	27	Tigné, B.	213
S. Martin, B.	205	Treves.	56
S. Nicolas de Billanges, B	331	Turgan.	145
		Varennes, B.	448
S. Nicolas de Bourgueil, V. G à S.	344	Varennes sous Doüé.	74
		Varrains.	179
S. Germain de Bourgueil, B.	601	Verrie.	44
		Villebernier.	215
S. Philbert.	24	Vivy.	268

ELECTION DE MONTREUIL-BELLAY.

Paroisses.	Feux.	Paroisses.	Feux.
Antoiné.	78	G à S. 80 l.	146
Champteloup.	155	Cernusson.	67
		Cleré.	108
Chollet, V.		Concourson.	108
		Couron,	

Paroisses.	Feux.	Paroisses.	Feux.
Couron, B.	360	Maulevrier, V.	
Cossay.	175	Com.	157
Fabueraye.	149	Mazieres.	134
Izernay, R.	287	Merou.	123
La Chapelle.	135	Montigny.	146
La Fosse d'Aigné.	75	Montillieres.	183
La Fougereuse.	136	Nüil-Passavant.	363
La Lande de Verché.	36	Ne De de Passavant, B.	81
La Plaine.	177	Rossay.	110
La Romagne.	140	Somploire.	180
La Seguiniere, B.	217	S. André de la Marche.	165
La Tour-Landry.	193	S. Hilaire le Doyen.	22
Le Longeron.	166	S. Hilaire de Rillé.	83
Le May, B.	526		
Le Nay.	19	S. Hilaire du Bois.	212
Le Voyde.	129		
Le Puy de la Garde.	106	S. Hilaire hors Marche.	177
Le Puy Nôtre-Dame, B.	437	S. Hypolitte.	19
Les Cercüeils de Passavant.	57	S. Juste & Bron.	57
Les Cercüeils de Maulevrier.	97	S. Juste de Verché.	117
MONTREÜIL-BELLAY, V. 437 Feux. J R. Mar. 80 l.		S. Paul du Bois.	141
		S. Pierre-Champ.	83
		S. Pierre de Chollet, B.	575

DÉNOMBREMENT

Paroisses.	Feux.	Paroisses.	Feux.
S. Pierre de Verché.	173	Tancoigné.	113
		Tremont.	129
S. Pierre hors Marche.	103	Tourmantine, B.	259
		Torfou, B.	224
S. Pierre en Marche.	174	Vezins, B.	260
		Vichers.	113

ELECTION D'ANGERS.

Paroisses.	Feux.	Paroisses.	Feux.
ANGERS, V. 4700 Feux. Ev. Un. H d M. n r. Pref. Bail. Sen. J C. Prev. Bare R. G à S. M P. 5 g f. B d Tabac. Mar. 64 l.		Franchife, J R. h. M P. G à S. 60. l.	790
		Beauffé.	29
		Befcon.	171
		Boüillé.	136
		Bouzillé.	156
		Blaizon deça Loire.	120
Andard, B.	224		
Andigné.	56	Bouchemaine.	138
Andrezé.	160	Bourg.	86
Angrié.	198	Brain sur Lauthion, B.	210
Armaillé.	174		
Aviré.	114	Brain sur Longuenée.	100
Aurillé.	90		
Beaucouffe.	88	Briollay.	157
Beaufort en Franchife, B.	320	Briffac, V. D.	194
		Brifarthe.	175
Beaufort en Vallée		Cantenay.	103

Paroisses.	Feux.	Paroisses.	Feux.
Carbais.	76	Cornu Villeneuve & les Noyers.	106
Ceaux.	75		
Challain, B.	420	Corzé, B.	350
Challonne, V.	518	Denée.	184
Champtocé.	176	Diré, B.	224
Champtoceaux.	130	Drain.	195
Chambellay.	100	Errigné.	110
Champigné.	187	Escouflant.	74
Chanzeaux, B.	273	Escueillé.	91
Charcé.	160	Estiau.	27
Chastelaye.	203	Espiré.	90
Châteaupenne.	24	Faye, V.	283
Châteauneuf, V.	180	Feneu.	182
		Foudon.	124
Chavaignes.	185	Freigné, B.	280
Chaudefonds, B.	231	Gée.	69
		Gené.	78
Chauveaux.	22	Gesté.	190
Chaudron.	127	Gonnord, B.	265
Chazé-Henry.	161	Grugé.	84
Chazé sur Argots.	214	Jallays, B.	270
		Ingrande.	125
Cheffes.	181	Joüé.	112
Chenille & Changé.	38	Juvardeil.	148
		Juigné Bené.	58
Cherré.	161	Juigné sur Loire, B.	205
Combrée.	251		
Congrier.	185	La Bloüere & Villedieu.	105
Contigné.	195		
Corné, B.	337	La Boissiere en	

I ij

DÉNOMBREMENT

Paroisses.	Feux.	Paroisses.	Feux.
Mauge.	67	Vihers.	136
La Boissiere en Craonnois.	49	La Varenne.	194
		Le Fief Sauvain.	113
La Chapelle du Genest.	110	Le Fillet.	138
		Le Lion d'Angers, V.	296
La Chapelle S. Florent.	131	Le Bourg Lévêque	58
La Chapelle Heuslin.	56	Le Louroux Besconnois, B.	327
La Chapelle sur Oudon.	106	Le Grand Montreveau.	40
La Chaussere.	95	Le Mesnil, B.	219
La Cornüaille.	165	Le Petit Paris.	43
La Dagueniere.	89	Le Pin en Mauge.	75
La Ferriere.	80	Le Plessis au Gramoire.	73
La Jubaudiere.	69		
La Jumeliere.	152	Le Plessis Macé.	46
La Meignanne.	102	Le Puyzet & le Doré.	110
La Marsaullaye.	130		
La Poüeze.	132	Les Aleuds S. Aubin.	56
La Membrolle.	43		
La Poiteviniere.	139	Les Essards.	32
La Pommeraye, B. 5 g f.	334	Les Rouziers, B.	626
La Previere.	62	Liré.	266
La Regnaudiere.	104	Loiré, B.	300
La Roüaudiere.	96	Luigué.	65
La Salle & Chapelle Aubry.	91	L'Hôpital de Bouillé.	32
La Salle prés			

DU ROYAUME.

Paroisses.	Feux.	Paroisses.	Feux.
Longué en Franchise, *B.*	494	Nᵉ Dᵉ de Behuard.	27
Longué hors Franchise, *B.*	305	Nᵉ Dᵉ d'Alençon.	58
Louvaine & la Jailliette, *B.*	205	Nᵉ Dᵉ S. Gilles & S. Leonard de Chemillé, *B.*	215
Marans.	100		
Mellé.	104	Peioüaille.	84
Mœurs, *B.*	279	Pruillé.	82
Montfaucon.	64	Pruniers.	40
Montejan.	170	Querré.	63
Montguillon.	46	Rablé.	89
Mozé, *B.*	360	Renazé.	130
Montreüil sur Loire.	77	Sapurnieres, *B.*	271
		Sarrigné.	60
Montreüil sur Mayenne.	124	Segré & la Madelaine.	84
Montreüil Bellefroy.	20	Sennones.	95
		Selliers.	40
Neufvy.	120	Seiches & Mateflon, *B.*	215
Neufville & Grez.	193	Seurdres.	89
Noellet.	180	Soucelles.	172
Noyant & la Graviere.	88	Soulaines.	185
		Soulgé l'Hôpital.	92
Nioyseau.	67	Sorges.	55
Nᵉ Dᵉ du Marillais.	88	Soullaire.	141
Nᵉ Dᵉ de Beaupreau.	88	S. Almand de Quincé.	65

I iij

DÉNOMBREMENT

Paroisses.	Feux.	Paroisses.	Feux.
S. Arblon.	52	S. Jean de Lignieres.	42
S. Aubin de Luigné, B.	324	S. Jean des Marais.	32
S. Aubin du Pavoil.	165	S. Jean des Mauvrais, B.	200
S. Aubin du Poüancé, B.	345	S. Lambert.	67
S. Aubin des Ponts de Cées.	178	S. Lambert du Lattay, B.	360
S. Augustin prés Angers.	135	S. Laurent des Autels.	93
S. Augustin des Bois.	112	S. Laurent du Mottey.	102
S. Barthelemy.	135	S. Laurent de la Plaine.	158
S. Christophe.	72		
S. Clement de la Place.	129	S. Leger des Bois.	38
S. Crespin.	103	S. Leonard.	60
S. Denis de Cande.	113	S. Leu.	175
S. Eslier.	45	S. Lezin & la Chapelle Rousselin.	90
S. Florent le Vieil, B.	240	S. Macaire.	186
S. Georges, B.	235	S. Martin de Beaupreau.	260
S. Germain des Prez.	167	S. Martin du Bois.	175
S. Germain prés Montfaucon.	178	S. Martin du Foüilloux.	19
S. Gilles de Botz.	87	S. Maurille d'Esme, B.	307

DU ROYAUME.

Paroisses.	Feux.	Paroisses.	Feux.
S. Melaine.	110	Ste Christine.	99
S. Michel du Bois.	134	Ste Croix de Rofort, B.	438
S. Philbert.	45	Ste James prés Segré, B.	229
S. Pierre de Chemillé, B.	210	Ste James sur Loire.	242
S. Pierre de Montelimard.	167	Thiercé.	300
S. Quentin.	112	Thilliers.	195
S. Remy en Mauge.	133	Thorigné.	102
		Thoüarcé, B.	435
S. Remy & S. Mathurin.	204	Trelazé.	143
S. Samson.	159	Treves & Cunault, B.	250
S. Saturnin.	200	Vauchrétien.	114
S. Sauveur & Landemont.	190	Vergonne.	100
		Verne.	164
S. Sigismond.	72	Villevesque, B.	396
S. Silvain, B.	248	Villemoisant.	85
S. Sulpice.	54	Villeneuve.	63

ELECTION DE MAYENNE.

Paroisses.	Feux.	Paroisses.	Feux.
Alexin.	174	Belgeard.	121
Ambrieres, V. 5 g f.	278	Brecé.	263
		Carelles.	123
Aron.	231	Ceaullée.	287
Baix.	333	Chailland, B.	332

DÉNOMBREMENT

Paroisses.	Feux.	Paroisses.	Feux.
Champeon.	280	MAYENNE, *ou* N^e D^e de Mayenne, *V.* 648 *Feux.* D *P. J R. G à S. Mar.* 50 l.	
Charné, *B.*	619		
Chastillon sur Indre, *D. Pres. Bail. Prev. Mar.*	391	Martigné.	266
Cigné.	189	Montaudin.	238
Colombiers.	142	Montenay.	305
Commes, *B.*	218	Montourier.	163
Contés, *B.*	223	Moulay.	100
Couësmes, *B.*	213	Mareille.	200
Desertines.	189	Neau.	130
Deux & Vailles, *B.*	856	Oyasseau, *B.*	402
		Parigné.	109
		Placé.	203
Esuron, *B.*	572	Souzé.	98
Fougerolles, *B.*	280	S. Aubin Fosse-Louvain.	166
Goron.	214		
Grazay, *B.*	234	S. Baudelle.	138
Hircé.	115	S. Bertevin.	162
Jublains, *B.*	237	S. Denis de Gastines, *V.*	500
La Bazoge-Monpuison.	66	S. Elier.	196
La Bigotiere.	213	S. Freimbault de Prieres.	159
La Dorée.	142		
La Pellerine.	75	S. Freimbaut sur Piée.	128
Landivy.	263		
Larchamps, *B.*	326	S. Georges, *B.*	315
Le Pas.	274	S. Germain le Guilaume.	193
Les Bois.	43		
Levaré.	120	S. Germain d'Au-	

DU ROYAUME.

Paroisses.	Feux.	Paroisses.	Feux.
xurre.	97	Futaye.	207
S. Hilaire des Landes.	239	S. Pierre des Landes, *B.*	235
S. Jean sur Arve.	173	Ste James le Robert, *B.*	462
S. Martin de Mayenne, *B.*	396	Torée, *B.*	231
S. Mars sur Coulmont.	156	Vavée.	49
		Vautorse, *B.*	266
S. Mars sur la		Vieuvy.	64

ELECTION DU MANS.

Paroisses.	Feux.	Paroisses.	Feux.
Aigné.	85	Auverton, *B.*	244
Aillieres.	84	Baufay, *B.*	336
Allonnes.	109	Beaumont le Vicomte, *V. J R n r. Mar.* & Pontneuf.	463
Amné en Champagne.	139		
Ancines & Ancinettres.	153	Beauvoir.	29
Assé le Riboulle.	204	Beillé.	84
Assé le Boisne, *B.*	284	Benne.	57
Asse le Beranger.	114	Beton.	28
Arçonnay.	79	Berné.	110
Arthenay.	66	Berus.	75
Avezé.	199	Blandoüet.	93
Avoisnes.	73	Bléve.	49
Auvers.	79	Bonnestable, *V.*	669
Aulaines.	117	Boessé.	148

DÉNOMBREMENT

Paroisses.	Feux.	Paroisses.	Feux.
Boullay.	94	Congé.	142
Bourg-le-Roy, V.	84	Conlie, B.	259
Brains.	198	Conneray, V.	240
Brette.	129	Connée.	323
Brionne.	90	Contres.	84
Cerens.	301	Contillé.	178
Chame.	136	Cormes.	123
Champgenereux, B.	307	Coulans, B.	239
		Coullaines.	69
Champagné.	146	Coulombiers.	130
Chamfremoux.	185	Courberie.	48
Champfleur.	142	Courcivart.	71
Champessant.	75	Courcemont & Sablé, B.	370
Changé, B.	421		
Chantrigné.	274	Courceriers.	197
Charancé.	149	Courcité, B.	254
Chareigné.	151	Courceboeufs.	131
Chasillé.	120	Courgenard.	106
Chastre.	135	Courgrain.	195
Chauffour.	94	Couptrain, B.	98
Chavaigné.	23	Courvermeil.	58
Chevaigné en Lassay.	161	Crasnes en Valon.	160
		Crennes en Villaines.	88
Chemiré.	112		
Chemiré le Gaudin.	186	Grillé.	178
		Cures.	118
Chenay.	52	Degré.	98
Cherisay.	50	Dehault.	110
Cherré, B.	212	Dissay.	61
Cherreau.	309	Dompfronds, V.	

Paroisses.	Feux.	Paroisses.	Feux.
Bail. M P.	241	B d Tabac.	Mar. 50 l.
Doucelles.	61	La Basoge, B.	241
Doüillet.	148	La Basoge Gondoüin.	119
Duneau.	97	La Bosse.	60
Espineu le Seguin.	99	La Chapelle S. Aubin.	80
Espineu le Cheureüil.	199	La Chapelle S. Remy, B.	200
Estival en Charnie.	37	La Chapelle S. Fray.	80
Estrigné.	50	La Chapelle Moche.	232
Fatines.	70	La Chapelle au Riboul.	226
Fay	115	La Chapelle des Bois.	151
Fié.	195	La Couture hors & ens. B.	618
Fillé Guéchelard.	178	La Vallée du Taille.	113
Flacé.	48	Lavardin, Marq.	71
Genelay.	139	La Madelaine.	28
Gennes.	115	La Ferté-Bernard, V. G à S. 30 l.	506
Gesures, V. D.	268	Laigné en Belin.	204
Gourdaine, hors & ens.	225	Lassay, B. G à S.	335
Grands-Champs.	87	La Millesse.	123
Hambert, B.	324	La Guyerche.	114
Hardenge.	143		
Jauron, B.	293		
Jauzé.	72		
Joüé Labbé.	69		
Juillé.	90		
Le Mans, V.	2974		
Feux. D. Ev. Pref. J C. Sen. Bail. J R n r. G à S. M P.			

I vj

DÉNOMBREMENT

Paroisses.	Feux.	Paroisses.	Feux.
La Quinte.	90	Loufougeres.	172
La Pallu.	103	Lucé, B.	70
Le Crucifix. B.	214	Madré, B.	217
Le Grand S. Pierre, B.	215	Maigné.	177
		Mamers.	811
Le Grez.	76	Maresché.	282
Le Han.	164	Marolles lez Beraux, B.	273
Le Horp.	247		
Le Houssel.	52	Marolles & S. Aubin.	45
Le Luard ou le Pin.	143	Melleray.	51
Le Rubay.	142	Mercennes.	86
Les Auneaux.	155	Meurcé.	102
Les Chapelles.	145	Mezieres.	177
Les Arpens des Alleus.	46	Moncé en Belin.	169
		Montbizot.	135
Ligniere la Carelle.	51	Mont S. Jean, B.	440
Ligniere la Doucelle, B.	508	Moncé en Sonnois.	115
Livet en Sonnois.	22	Montfort.	136
Livet en Charnie.	66	Mont-Regnault.	33
Lesnée.	49	Montigné.	28
Lombron, B.	235	Mezieres & S. Cheron.	93
Longne.	68		
Loupelande.	140	Monhoudon.	123
Louvigné.	102	Moulins.	150
Loüye & la Frenaye, B.	300	Montreüil en Lassay.	99
Louzes.	81	Montreüil sur	

DU ROYAUME.

Paroisses.	Feux.	Paroisses.	Feux.
Sarthe.	25	Orgeres.	111
Montreüil le Chetif.	114	Oysel.	94
		Panon.	18
Moytron.	124	Parennes.	115
Neufchastel.	125	Parigné le Pollin.	110
Neuvy.	105	Pezé le Robert.	183
Neuville sur Sarthe.	182	Piacé.	143
		Pizieux.	43
Neuville la Lays.	215	Ponlieüe & Arnages.	181
Neuvillette.	135		
Nogeant le Bernard, B.	437	Pontoüin.	61
		Pont de Gennes.	132
Ne De du Pré hors & ens.	211	Poullay.	77
		Pray & Nauvay.	79
Ne De Destival.	123	Prez en Pail, B.	458
Ne De des Champs.	67	Preval.	79
Nôtre-Dame de Torcé, B.	258	Prevelles.	120
		Prüeillé le Chetif.	98
Ne De de Chassé.	59	René & Espieres.	215
Ne De S. Cosme de Vert, B.	300	Rennes.	61
		Ravigné.	130
Ne De du Val.	12	Roizé.	207
Nôtre-Dame de Fresnay, B.	291	Roüez, B.	348
		Roüillon.	103
Nuillé le Jallais.	75	Roüillé.	179
Nuillé & Vendain.	210	Roüessé en Champagne, B.	359
Nuillé sur Oüette.	92	Roüilliers.	252
Novens.	161	Roüessé & Fontaines.	132
Nyort, V.	309		

DÉNOMBREMENT

Paroisses.	Feux.	Paroisses.	Feux.
Ruaudin.	113	S. Aubin des Coudrais.	223
Rouperoux. & Terrehaut.	173	S. Benoist hors & ens. *B.*	369
Sargé.	216		
Saussé.	43	S. Benoist sur Sarthe.	41
Savigné Lévêque, *B.*	402	S. Bier en Belin.	107
Souvigné.	72	S. Calais en Sonnois.	85
Souligné Valon.	151		
Souligné Balon.	148	S. Calais du Desert, *B.*	282
Segrié, *B.*	252		
Souïllé.	61	S. Christophe en Champagne.	93
Soulitré.	143		
Sillé le Philippes.	160	S. Christophe du Jambet.	93
Sillé le Guillaume, *V. G à S.*	37	S. Celerin.	147
Seaux.	125	S. Cir.	128
Sonnes.	40	S. Corneille.	121
Sougé le Ganeton.	187	S. Denis des Coudrais.	41
Spay.	116	S. Denis du Chevin.	62
S. Aignan Balon.	168		
S. Aignan en Lussay.	177	S. Denis de Villenette.	23
S. Antoine de Rochefort.	158	S. George du Plain.	73
S. Aubin de Loquenay.	144	S. George des Bois.	56
S. Aubin du Desert.	160	S. George du Rozay.	220

DU ROYAUME.

Paroisses.	Feux.
S. George de Villaines, B.	338
S. George le Gantier	221
S. George sur Arve.	185
S. Germain le Mans.	148
S. Germain le Coulamer.	214
S. Germain de la Coudre.	148
S. Germain en Belin.	93
S. Jean de la Cheverie, B.	342
S. Jean d'Assez.	136
S. Julien.	17
S. Julien du Terroux.	157
S. Gilles des Guerets.	84
S. Hilaire hors & ens.	101
S. Hilaire d'Ardenay.	70
S. Hilaire le Lieru.	69
S. Leger en Charnie, B.	313
S. Leonard des Bois.	313
S. Longis.	55
S. Loup du Guast.	136
S. Marceau.	143
S. Maixant.	234
S. Martin & S. George de Dangeul.	140
S. Martin des Monts.	61
S. Mars de la Briere.	206
S. Mars & S. George de Ballon, B.	523
S. Mars du Desert.	118
S. Nicolas.	228
S. Oüen sur les Fossez.	134
S. Oüen sous Ballon.	42
S. Oüen en Champagne.	225
S. Oüen de Mimbré.	153
S. Oüen des Oyes.	77
S. Pater.	177
S. Pavace.	52

Paroisses.	Feux.	Paroisses.	Feux.
S. Pavin de la Cité.	74	S. Vincent hors & ens. B.	359
S. Pavin des Champs.	125	S. Vincent des Prez.	171
S. Paul le Vicomte.	56	S. Ulphace.	137
		Ste Croix.	109
S. Paul le Gautier.	160	Ste James sur Sarthe.	134
S. Pierre l'Enterré.	82	Ste Marie du Bois.	169
S. Pierre des Bois.	79	Ste Sabine & Poché.	135
S. Pierre de la Court, B.	311	Taissillé.	60
		Teillé.	150
S. Pierre des Nids, B.	648	Tennie, B.	289
S. Pierre des Ormes.	125	Tessé.	132
		Torigné, B.	318
S. Pierre d'Izé, B.	284	Theligné.	98
		Toigné.	87
S. Remy de Sillé.	181	Toyré & Contensor.	44
S. Remy des Bois.	17		
S. Remy du Plain.	158	Trangé.	67
S. Remy des Monts.	127	Trans.	179
		Tronchet.	49
S. Rigomer des Bois.	84	Tubœuf.	155
		Tuffé, B.	300
S. Saturnin.	70	Vernie.	151
S. Simphorien.	169	Verniette.	46
S. Samson, B.	239	Villaine la Carelle.	92
S. Victeur.	100		

DU ROYAUME.

Paroisses.	Feux.	Paroisses.	Feux.
Villaines la Gonnais.	76	Viviers.	184
Vezots.	29	Voivres.	94
Villepail.	167	Voutré.	140
Vimarcé.	187	Vouvray.	31
Vivoin, B.	239	Yvré Lévêque, B.	446

ELECTION DE CHATEAU DU LOIR.

Paroisses.	Feux.	Paroisses.	Feux.
A Vaillé.	145	Choüé, B.	256
Baulieu.	31	Conflans.	203
Baillou.	135	Congners.	118
Beaumont Pied de Bœuf.	771	Cormenon.	61
Bessé.	374	Couldrecieu.	217
Berfer.	130	Courdemanches, B.	280
Boullouëtte, B.	283	Dollon, B.	234
Boüer.	56	Escorpain.	115
Beauchesne & Dep.	281	Escommoy, B.	458
Chateau du Loir, V. 800 Feux. Bar. Bail. G à S. M P. Mar. 70 l.		Espiré.	173
		Fontaine-Raoul.	98
		Jupilles.	264
		La Chapelle Huon.	198
Chasles.	190	La Chapelle Vicomtesse.	67
Chauvigny.	151		

DÉNOMBREMENT

Paroisses.	Feux.	Paroisses.	Feux.
La Chapelle Gaugain.	148	Roumilly.	69
Lamenay.	202	Sarcé.	138
Lavaré.	134	Savigné au Mayne.	169
Lavenay.	2	Semur.	135
Le Breü prés Peché.	176	Soulday.	163
Le Pont aux Hermites.	52	Sourfons.	49
Le Temple.	72	Sougé.	251
Les Loges.	79	S. Calais, V. Bail. G à S.	544
L'Homme.	274	S. Cir de Sargé, B.	328
Lucé, V.	412	S. Denis du Tertre.	45
Luceau, B.	423	S. George de la Coüé.	183
Maisoncelles.	70	S. Guingalois & S. Martin, B.	574
Marrigné, B.	439	S. Jean des Eschelles.	77
Marolles.	110	S. Mars.	57
Montabon.	158	S. Mars de Loquenay.	143
Montdoubleau, V. G à S. 40 l.	253	S. Mars Doutillé, B.	332
Montalier.	164	S. Martin de Sargé.	91
Montreüil le Henry.	172	S. Michel de Savaignes.	229
Ne De du Grés.	192	S. Osmane.	202
Parigné Lévêque, B.	455		
Le Prüeillé le Guillier, B.	307		
Quinquempoix.	61		
Rahay.	124		

DU ROYAUME.

Paroisses.	Feux.	Paroisses.	Feux.
S. Oüen en Belin.	147	Theloché.	243
S. Quentin.	39	Tresson, *B.*	235
S. Pierre du Chevillé.	146	Vallaynes.	166
		Vençay.	207
S. Pierre du Lorroüer.	187	Vibraye, *B. Marq.*	402
S. Vincent du Lorroüer, *B.*	405	Villaines s. Lucé.	265
		Volnay.	219
Ste Cecile.	133	Vouvray.	191
Ste Cerotte.	112	Vy.	155

ELECTION DE LAVAL.

Paroisses.	Feux.	Paroisses.	Feux.
A Huillé, *B.*	309	Courbeville.	231
Andoüillé, *B.*	363	Entrasme, *B.*	226
Argentré, *B.*	300	Forcé.	52
Arquenay.	302	Gesnes.	70
Astille.	24	Grenou.	196
Avenieres, *B.*	396	Juvigné, *B.*	370
Bazougeres.	247	LAVAL, *V.* 1209 *Feux.*	
Beaulieu.	165	Com. Jurid. des Ex.	
Bourgon.	206	J C. G à S. 5 g f.	
Bouchamp.	240	Mar. 64 l.	
Bré.	207	Labaconniere.	290
Chargé, *B.*	304	La Bazouge des Alleuds.	164
Chaslon.	133		
Chemeré le Roy.	199	La Bazouge de Chemeré.	227
Collé, *B.* 5 g f.	525		

DÉNOMBREMENT

Paroisses.	Feux.	Paroisses.	Feux.
La Brulatte.	120	Parnay, *B*.	213
La Chapelle d'Authenaise.	146	Ruillé.	177
		Sacé.	131
La Croisille.	120	Soulgé.	122
La Crotte.	159	S. Berthevin, *B*.	290
La Gravelle.	61	S. Ceneré.	174
La Trinité & S. Tugal, *B*.	1350	S. Christophe de Luart.	202
Launay.	82	S. Cir.	174
Le B.gnon.	109	S. Denis de Mayenne.	108
Le Bourneuf.	260		
Le Genest.	240	S. George.	85
L'Huisserie.	129	S. Germain de Goüilloux.	149
Loiron, *B*.	285		
Louvernay.	242	S. Jean sur Mayenne.	250
Louvigné.	110		
Maisoncelles.	102	S. Isle.	35
Mellay.	257	S. Melaine & S. Venerand, *B*.	729
Monfoulour.	88		
Montigné.	181	S. Oüen.	77
Montjean.	169	S. Pierre de la Cour.	131
Montsœurs.	151		
Nuillé.	220	Vaiges., *B*.	248
Olivet.	194		

DU ROYAUME.

GENERALITÉ DE BOURGES,

Composée de sept Elections.

SÇAVOIR,

BOURGES,
ISSOUDUN,
CHATEAUROUX, ⎬ en Berry.
BLANC,
LA CHASTRE,
S. AMAND, en Bourbonnois.
LA CHARITÉ SUR LOIRE, en Nivernois.

ELECTION DE BOURGES.

Paroisses.	Feux.	Paroisses.	Feux.
Allouy.	127	Berry.	92
Alogny.	117	Blancafort, B.	2,2
Annoix.	25	Blannay.	79
Annordre.	102	Blet.	107
Arçay.	65	Boucard.	120
Argent.	202	Boulleret.	265
Asnieres.	34	Bracy.	89
Assigny.	85	Bouy.	32
Aubigny, V. D P. D d S.	571	Bué.	163
		Bussy, Château.	120
Aubinges.	110	Chalivry.	42
Avexy.	100	Charly.	84
Augy sur Bois.	114	Chassy.	73
Avorde.	39	Chaumont.	15
Azy.	160	Clemont.	160
BOURGES, V. 3738 Feux. Arch. Un. B d F. H d M. Pref. Bail. Prev. J R n r. J C. G à S. M P. Mar. 60 ?.		Concressaut, V. Bail. J R.	166
		Contre.	15
		Corcoy.	52
		Cornusse.	74
		Crezancy.	88
Barlieu.	167	Crecy.	79
Baugy.	137	Croisly.	56
Belleville.	65	Crosses.	45
Bengy sur Eran.	151	Curay.	18
		Dampierre.	82

DU ROYAUME.

Paroisses.	Feux.	Paroisses.	Feux.
Dun le Roy, *V*. Bail. G à S.	450	La Chapellotte.	104
Estredy.	137	La Faye.	17
Farges.	79	La Gonne.	88
Feux.	93	Lantan.	31
Flavigny.	51	La Pan.	33
Fontenay.	50	Le Petit Sancoins.	5
Foucey.	94	Le Ray.	145
Fussy.	65	Les Aix.	206
Givaudins.	25	Les Com. Relig. d'Hommes de Bourges.	9
Gron.	106		
Groisse.	60	Les Com. Relig. de Filles de Bourges.	8
Guiardon.	130		
Herry	207	Les Ecclesiastiques de la Ville de Bourges.	105
Humbligny.	115		
Jalognes.	80		
Jardz.	164	Le Sudray.	67
Joüy.	28	Les Villages de Berry.	86
Jussy le Chaudrier.	101	Les Villages de Vierzon.	347
Jussy en Champagne.	70	Les Villages de Sancoins, J. R. G à S.	131
Juoy.	218		
La Cellette.	85		
La Chapelle d'Angillon, *V*.	208	Lissay.	28
		Lochy.	24
La Chapelle S. Ursin.	53	Luray.	59
		Lugny en Bourbonnois.	23
La Chapelle Hugon.	16	Marmagne.	148

DÉNOMBREMENT

Paroisses.	Feux.	Paroisses.	Feux.
Marigny.	27	Pouzy.	54
Mehun, V. J R.	204	Presly.	65
Menetreol, V.	185	Preüilly Milly.	119
Menetreol sur Sancerre, V.	122	Quantilly.	96
		Quincy.	134
Menetor Salon.	68	Regny.	124
Menetou Ratel.	153	Remond.	28
Meriez Bois.	119	Rians.	124
Montigny.	178	Sanceay.	46
Montomier.	27	Sancerre, V. Com.	
Morogues.	223	G à S. 50 l.	653
Moulins.	66	Saligny.	64
Nancré.	94	Savigny.	226
Naves.	142	Savigny en Septaine.	53
Neronde.	92		
Neüilly en Sanc.	158	Selles, B. G à S. 60 l.	609
Neuvy à deux Clochers.	134		
		Sentrenges.	125
Neüilly en Champagne.	91	Sever.	91
		Sens.	178
Neuvy.	144	Soix.	47
Noüant.	44	Soullanguis.	112
Omery.	72	Subligny.	127
Orson.	96	Suryenneaux, B.	232
Osmoy.	48	Suryez Bois.	173
Ouzoüer.	167	Sury prés Ray.	114
Paracy.	109	S. Aignan.	11
Pigny.	73	S. Bouise.	47
Plainpied.	71	S. Ceols.	15
Pouffy.	32	S. Crapaix.	62
		S. Denis	

DU ROYAUME.

Paroisses.	Feux.	Paroisses.	Feux.
S. Denis de Palin.	62	Thinay.	34
S. Eloy.	123	Thou.	37
S. Fleurant.	100	Truy.	71
S. Germain.	87	Vailly.	102
S. Germain du Puis.	76	Valigny.	85
S. Georges.	61	Vasselay.	150
S. Julien.	18	Veaugues.	137
S. Just.	61	Verdigny.	48
S. Laurent.	109	Verneüil.	47
S. Martin, *B*.	359	Vignon.	195
S. Michel.	44	Vignolles.	70
S. Ouchard.	79	Villabon.	76
S. Palaide.	109	Vierzon, *V. Bail. J R n r. M P. G à S.* 50 *l.*	702
S. Palais.	36	Villeneuve.	72
S. Sateur, *B*.	232	Villegenon.	147
S. Sauveur.	41	Vorly.	57
S. Silvain.	41	Vornay.	63
S. Simphorien.	35	Vouzeron.	116
Ste Limaise.	21	Vrost.	34
Ste Montaine.	105	Vinon.	91
Ste Soulanges.	107	Villequiers.	94
Ste Thorette.	77		

Tome *I.*   K.

ELECTION D'ISSOUDUN.

Paroisses.	Feux.	Paroisses.	Feux.
Ambraut.	57	miers.	54
Ayneüil.	41	Condé en Liniers.	23
Bellefaye.	48	Coulon.	111
Belteste.	82	Civray.	136
Bommiers.	112	Damesainte.	34
Bouges.	81	Dampierre en Craçay.	54
Boussac-le-Château.	79	Dampierre en Issoudun.	22
Boussac-l'Eglise.	142	Dion.	48
Brinay.	72	Diors.	45
Brion.	54	Domerot.	110
Brives.	72	Genoüilly, B.	239
Bussiere S. Georges.	70	Giroux.	66
Cerbois.	75	Goüeres.	18
Chambon.	29	Guilly.	89
Charrost, V. D. Ch.	174	ISSOUDUN, V. Feux. Bail. Prev. J R n r. G à S. M P. Mar. 60 l.	2050
Château-Meillant, V. Ch.	335	Joz.	134
Châteauneuf, B.	203	La Berthenoux.	164
Chery.	42	La Champenoise, B.	68
Chezal-Benoist.	71	La Lis S. Georges.	73
Chouday.	62	La Selle.	73
Clognac.	152		
Cluis dessus, B.	232		
Cluis dessous.	33		
Condé en Bom-			

Paroisses.	Feux.	Paroisses.	Feux.
Lazenay.	125	Plou.	105
Le Chastelet.	150	Poisieux.	62
Les Com. Rel. d'h. de la Ville d'Issoudun.	3	Primelle.	43
		Preüilly.	74
		Pruniers.	112
Les Com. Rel. de filles du même lieu.	2	Rebourcin.	31
		Revilly, B.	295
		Rezay.	123
Leuroux, V.	421	Sarzay.	95
Limeux.	56	Segrie.	78
Linieres.	178	Selles sur Naon.	27
Liniez.	84	Servelle.	11
Lizeray.	65	S. Ambroise.	82
Luçay.	63	S. Aoust.	157
Lunery.	98	S. Aubin.	39
Mareüil.	127	S. Baudelle.	72
Maron.	69	S. Fanste.	47
Massay.	171	S. Florentin.	58
Menetreol.	34	S. Georges.	59
Meriou.	110	S. Georges sur la Prée.	145
Migny.	28		
Monloüis.	46	S. Hilaire de Cour.	58
Montechaume.	93		
Mumest.	59	S. Hilaire en Linieres, B.	282
Neuvy S. Sepulcre. B.	267		
		S. Jean de Chaume.	40
Nouzerine.	81		
Paillioux.	105	S. Martin de Cour.	28
Paudy.	118		
Planches.	20	S. Outrille.	35

K ij

DÉNOMBREMENT

Paroisses.	Feux.	Paroisses.	Feux.
S. Phalier.	47	Ste Lizaigne.	108
S. Pierre les Bois.	100	Tercillac.	39
		Thizay.	58
S. Pierre de Jardz.	48	Touchay.	115
		Transault.	113
S. Valentin.	28	Venesme.	107
S. Vincent.	121	Villecelin.	25
Ste Colombe.	47	Vouillon.	46

ELECTION DE CHATEAU-ROUX.

Paroisses.	Feux.	Paroisses.	Feux.
Argy, B.	250	1500 Feux. D P. M P. 5 g f. Mar. 60 l.	
Arthon.	80		
Arfeüille.	82		
Azay, B.	250	Chambon.	60
Balzemes.	28	Chastillon sur Loire, V. J R n r.	350
Bauché.	56		
Baudre.	113		
Beragettes.	49	Chezelles.	60
Bouesses.	88	Cleré du Bois.	111
Bourgneuf.	17	Clion.	175
Bretagne.	25	Cloué.	63
Buzançois, V. G à S. 60 l.	340	Coins.	27
		Crox.	40
Buxieres.	50	Deols, B.	260
Chateauroux, V.		Estreché.	70

DU ROYAUME.

Paroisses.	Feux.	Paroisses.	Feux.
Francillon.	29	Palvaut, *B.*	208
Faverolles.	115	Paunay.	120
Fleré la Riviere.	135	Pellevoisin.	130
Grez.	85	Preaux.	86
Habilly.	174	Rouvres.	158
Hervaux.	16	Saffiergues.	87
Heugnes.	120	Saunay.	70
Jeu les Bois.	87	Subtray Mezieres.	177
Jeu Maloche.	50	S. Ciran.	80
La Chapelle Ortemale.	90	S. Genoux.	187
Langé.	135	S. Lactancin.	77
La Perouille.	67	S. Martin.	86
Lestranges.	77	S. Martin d'Ardante.	102
Lougé.	62	S. Martin de Lamps.	64
Lourouër.	47	S. Maur.	170
Luant.	67	S. Medard.	16
Luçay, *B.*	270	S. Michel.	80
Luciou.	39	S. Pierre de Lamps.	35
Martizay.	91	S. Vincent d'Ardante.	110
Maffay.	75	Ste James.	85
Meaubeq.	60	Tandu.	75
Mehun.	90	Valençay, *V.*	500
Menetreol.	30	Vandeuvre.	148
Meur.	75	Velles.	48
Moulins.	165	Veüil.	103
Neüillé.	66	Vicq.	240
Niherne.	130		
Norz.	33		
Obterre.	83		

Paroisses.	Feux.	Paroisses.	Feux.
Vilentrois.	160	Villegoin.	124
Vileres.	27	Villegoingis.	31
Villebernin.	82	Villiers.	79
Villedieu.	100	Vineüil.	80

ELECTION DE BLANC.

Paroisses.	Feux.	Paroisses.	Feux.
Aingtz.	105	Concremier, B.	246
Antigny, B.	245	Coulonges.	93
Angle, B.	257	Cremilles.	180
Arnac.	101	Crosmas.	133
Azerables, B.	220	Doüadie.	171
Blanc, V.	216	Dunet.	42
Feux. D d S. 5 g f.		Estourneau.	123
Mar. 70 l.		Foucombault.	77
Beaulieu.	31	Fosses.	161
Belarbre, Dep.	162	Fromentat, B.	222
Bethines, B.	216	Fursac, B.	205
Bonneüil.	50	Guerdemps.	35
Bonnus.	22	Herut.	35
Brosses.	85	Jauvard.	62
Chaillac.	80	Ingrande.	64
Chalais.	134	Joüac.	98
Chamborant.	27	La Bussiere.	168
Château-Guillaume.	54	La Bussiere.	32
		La Chastre.	170
		La Lemette.	50
Château-Poinsac.	82	La Moriniere.	116

Paroisses.	Feux.	Paroisses.	Feux.
La Souteraine, *B*.	222	Parnac, *B*.	243
Lauzarais.	17	Paizay.	151
Le Bourg & Dep.	43	Plaincourault.	18
Le Mont S. Savin.	108	Pouligny, *B*.	407
Les Cheseaux.	77	Preüilly, *V*.	68
Les Perelles.	80	Prissac.	206
Leureüil.	144	Rosnay.	138
Lignac.	177	Roussines.	130
Lingé.	150	Sassierges.	164
Louessieres.	52	Sauselle.	137
Lurais.	81	S. Agny.	103
Lussac, *B*.	64	S. Benoist, *B*.	291
Lussac.	130	S. Genitour, *B*.	600
Maillac.	94	S. Georges.	112
Maudrezat.	99	S. Germain.	142
Mauviere.	103	S. Hilaire.	177
Merigny,	211	S. Leger de Lafa.	75
Migné.	205	S. Maurice.	258
Milloux.	68	S. Martin le Mau.	36
Morterolle.	131	S. Phellé de Maillé.	142
Mouhet, *B*.	206	S. Pierre de Maillé.	168
Moutiers & Verneüil.	54	S. Prié, *B*.	226
Naillac.	92	S. Savin, *B*.	214
Naillieres.	133	S. Sulpice, *B*.	377
Nepines.	34	Tersanne & Jussac.	84
Neon, *B*.	204		
Nots.	133		

DÉNOMBREMENT

Paroisses.	Feux.	Paroisses.	Feux.
Thillis.	78	Versillac, B	260
Tollet.	93	Vicq, B.	287
Tournon, B.	245	Voüet.	48
Vareille.	167		

ELECTION DE LA CHASTRE.

Paroisses.	Feux.	Paroisses.	Feux.
Argenton, V. Mar.	770	Gargilesse.	44
Badeçon.	98	Gournay.	125
Baraise.	36	Grand-Pommier.	36
Bazeage.	56	Jarriges de Cussion.	170
Briantes.	90	La Chastre, V. 640 Feux. G à S. 5 g f. 60 l.	
Ceaumont.	116		
Celon.	58		
Champilles.	19	La Buxerette.	36
Chassignolles.	121	La Chapelle S. Gilles.	48
Chaseüil.	123		
Chavin.	99	La Motte Feüillet.	24
Chazetel.	63		
Chitray.	55	Lastre & Losnet.	39
Cidalles.	70	La Prugne.	61
Crozons.	114	Le Magny.	55
Crevant.	152	Le Menou.	132
Dampierre.	35	Le Pain.	64
Fougerolles.	82	Le Peschereau.	123
Fontaugier.	24	Linerolles.	41
Fuzines.	70	Louroüer.	52

DU ROYAUME.

Paroisses.	Feux.	Paroisses.	Feux.
Luzeret.	40	S. Denis de Jouhé.	182
Malicornay.	56	S. Gautier.	155
Maillet.	45	S. Georges de Ciron.	95
Mers.	130	S. Julien de Tévé.	62
Monchevrier.	109	S. Laurent de Lusion.	21
Monhers.	91	S. Martin de Tévé.	39
Monguiray.	110	S. Martin de Pouligny.	36
Monloüis.	48	S. Maur de Chaveroche.	61
Monti-Pouret.	165	S. Nazaire & Contaugier.	49
Neret.	64	S. Pierre de la Marche.	65
Nᵉ Dᵉ de Pouligny.	82	S. Saturnin.	107
Noüant.	34	Ste Severe.	126
Nuret le Feron.	96	Thenay.	108
Orsaine.	100	Verneüil.	60
Oulches.	38	Vie, S. Charlier.	78
Paizay.	38	Vie Exemplet.	122
Parassay.	119	Vigon.	139
Pommiers.	72	Vigoulant.	30
Preveranges.	10	Vijon.	103
Reauvis.	70	Urciers.	75
Rivarennes.	126		
Rougeres.	28		
Ruffect.	26		
Sazeret.	82		
S. Charlier.	69		
S. Christophe.	67		
S. Cuirant.	71		

K v

ELECTION DE S. AMAND.

Paroisses.	Feux.	Paroisses.	Feux.
Aisnay le Château, V.	213	Culand.	181
Aisnay le Vieil, B.	71	Drevant.	35
Alichamps.	50	Espineüil.	152
Arcomps.	21	Farges.	41
Ardenay.	56	Favardines.	40
Audé.	61	Germigny.	131
Bannegond.	121	Ignoux.	76
Bardais.	35	Isle.	52
Bedde.	57	Jurigny.	24
Bessais.	85	La Bruere.	66
Bordz.	45	La Cellette.	77
Bouzais.	31	La Celle Bruere.	95
Braize.	32	La Chapelle Hugon.	52
Cerilly, J R.	145	La Chapelle-Aude.	47
Chalivry les Noix.	36	La Groutte.	23
Chalivry les Mesles.	36	Lanage.	32
Champaix.	15	La Perche.	80
Changy.	36	La Thuillerie.	46
Charenton, B.	200	Lavau-Franche.	74
Chavannes.	27	La Villaine.	75
Cougny.	65	Layrat.	69
Coulombiers.	50	Le Pondix.	22
Couts.	24	Lesthelon.	37
Crezançay.	19	Levenon.	20

Paroisses.	Feux.	Paroisses.	Feux.
Le Vieil Château.	127	S. Aignan.	30
Le Uzé.	31	S. Benin.	63
Lois.	86	S. Bonnet.	50
Maisonnais.	57	S. Christophe.	43
Malrais.	62	S. Desiré.	94
Marsais.	99	S. Georges.	37
Meillant, *V.*	249	S. Jean Verin.	46
Meslon.	32	S. Loup.	20
Mongenoux.	11	S. Marian.	43
Morlac.	98	S. Pierre les Bots.	47
Mouslais.	29	S. Pierre des Estieux.	163
Neüilly.	42	S. Pol.	16
Nouzieres.	33	S. Silvain de Balerot.	54
Orsenais.	54	S. Silvain sous Thou.	66
Orval.	34	S. Vic.	55
Parnay.	13	Thoimiers.	126
Persac.	38	Thou Ste Croix.	121
Pradeaux.	18	Vallon.	54
Preüillé.	27	Valnay.	59
Regny.	55	Vaux.	50
Rousiers.	21	Veroux.	60
Rousson.	21	Vesdun.	158
Sauzais.	36	Viviers.	15
Soix l'Eglise.	15	Vornay.	54
S. AMAND, *V.* 637			
Feux. Bail. Prev.			
J R n r. G à S. M			
P. Mar. 60. L			

ELECTION DE LA CHARITÉ SUR LOIRE.

Paroisses.	Feux.
Alligny, B.	235
Argenvier.	59
Arsambouis.	45
Artel.	54
Authiou.	48
Bagnaux.	83
Beaumont la Ferriere.	96
Beffes.	31
Bulcy.	34
Bussi le Brinon.	20
Cessy.	75
Champlain.	35
Chamvoux.	39
Chanté.	38
Charantonnay.	109
Chasnay.	82
Châteauneuf au Val, V. Ch.	240
Chevannes.	72
Colmery.	169
Couërges.	68
Couloutre.	101
Coüy.	99
Dampierre.	86
Donzy, V. Bail. Pairie.	255
Estrichy.	50
Garigny.	76
Giry.	97
Guerchy.	116
Herry, B.	207
Houdan.	67
Jussy.	80
La Charité sur Loire, V.	699
Feux. G à S. Mar. 50 l.	
L'Abb. S. Quentin des Marais.	38
La Celle sur Niévre.	125
La Chapelle Moulinard.	44
Le Chaudrier.	100
Le Gravier.	80
Le Munot.	16
Lugny.	57

DU ROYAUME.

Paroisses.	Feux.	Paroisses.	Feux.
Mannay.	57	S. Andelin.	113
Marsilly.	43	S. Bonnot.	45
Menetton-Couture.	118	S. Hilaire de Gondily.	58
Menetreau.	82	S. Laurent.	69
Mesues.	104	S. Leger le Petit.	59
Mornay.	66	S. Malot.	50
Murlin.	82	S. Martin du Pré.	48
Narcy.	136		
Perroy-la-Motte.	60	S. Martin de la Marche.	43
Poüilly, *V.* G à S.	361	S. Martin de Tronsoy.	99
Pressy.	70		
Ravaux.	124	S. Urain.	149
Rebourse.	77	Ste Colombe.	78
Sancergues, *B.*	208	Tauvrenay.	68
Sevry.	29	Tracy.	109
Sichamp.	29	Vannay.	88
Sully-Vergers.	202	Varennes.	94

DÉNOMBREMENT

GENERALITÉ

DE

POICTIERS,

Composée de huit Elections.

Sçavoir,

POICTIERS,
MAULEON,
THOUARS,
CHATELLERAULT, } en Poictou.
S. MAIXANT,
NIORT,
FONTENAY-LE-COMTE,
LES SABLES D'OLONNE,

DU ROYAUME.

ELECTION DE POICTIERS.

Paroisses.	Feux.	Paroisses.	Feux.
Abzac.	210	Bianzay.	238
Adrieres, B.	267	Blonvaury & Fresse, B.	537
Airoux.	41		
Aison, B.	200	Bonnes, B.	295
Amaillou.	177	Brion.	63
Anxaumont.	30	Boubon.	37
Andillé.	100	Bougon.	65
Anché.	125	Brilhac, B.	304
Archambaur.	63	Bouresse.	190
Archigny, B.	315	Breüil-Aufa.	188
Asonne.	160	Brigeüil-le-Chantre.	214
Asnoix.	113		
Asnieres.	163	Brigeüil-Laisné, B.	615
Avanton.	93	Brus.	240
Aubigny.	70	Busserolles.	136
Avon.	72	Caulnay.	85
Availles, B.	500	Ceaux.	119
Azoy sur l'Hoüer.	286	Celles Levescaut.	289
Baignoux.	49	Charrais.	180
Batresse.	19	Chabournay.	179
Beaumont, B.	310	Chaisnay.	178
Beruges.	168	Châtillon.	25
Benassay, B.	280	Champagné S. Hilaire, B.	291
Benest, B.	318		
Biard.	46	Chaste-la-Cher.	70
Biennac, B.	350	Charroux, V.	470

DÉNOMBREMENT

Paroisses.	Feux.	Paroisses.	Feux.
Chatin.	210	Concize.	185
Château-Garnier, *B*.	200	Comblez.	20
		Coüé, *V*.	245
Chapiners.	145	Cognac, *B*.	345
Chaulnay, *B*.	332	Coustiere.	74
Champagné le Secq.	110	Cramare.	124
		Crousille.	50
Champeaux.	74	Coulombieres.	115
Chaillac.	190	Curzey.	130
Champagnac, *B*.	287	Cussac, *B*.	264
Chastillon en Parthenay.	90	Dienné.	55
		Dissay, *B*.	230
Chalaudray.	33	Doux.	82
Chasseneüil.	162	Enjambes.	132
Chenay.	178	Fleuré.	59
Cheneché.	55	Flex.	60
Chey.	180	Fomperon.	150
Cherompnac, *B*.	226	Frozes, *B*.	230
Chronstelles.	25	Gençay.	162
Chiré en Montreüil.	135	Genoüillé, *B*.	249
		Gizay.	85
Chiré.	44	Goix.	120
Cissé.	178	Gourgé, *B*.	272
Civray, *V*. Bail. Sen. 5 gf. Mar.	328	Hezec.	67
		Jardres.	90
Civray les Essarts.	54	Jaulnay, *B*.	245
Civaux.	130	Javerdac.	100
Clessé.	146	Jazeneüil, *E*.	211
Cloüé.	100	Jouhet.	89
Condac.	31	Joussé.	49

DU ROYAUME.

Paroisses.	Feux.	Paroisses.	Feux.
Journet.	170	La Thus.	264
Ittevil.	150	La Trimoüille, V. D. s g f.	205
Iversay.	63		
La Boissiere.	124	La Tillé.	118
Le Bouchage.	98	La Ville-Dieu.	40
La Bussiere.	181	La Voux.	97
La Celle.	44	Lautier.	46
La Chapelle Monliere.	83	Le Chilou.	77
		Lessac, B.	234
La Chapelle de Montreüil.	142	Les Roches-Primary.	37
La Chapelle de Mortemer.	75	Les Forges.	64
		Lezay, B.	333
La Chapelle de Baston.	120	Levigean, B.	234
La Chapelle de Poulioux.	64	Les Eglises de Chavigny, B. J R.	245
La Chapelle de Bertrand.	100	Les Salles.	108
		L'Hommois.	69
La Cloüere, B.	220	Le Vieil Serrier.	112
La Fontaine-le-Comte.	97	Ligugé.	94
		Liniers.	69
La Ferriere.	53	Linazay.	84
Laigne.	157	Limalonges, B.	233
La Mairé.	79	Liglet.	182
La Pagezie.	104	Lisl. Jourdain, V.	109
La Peyratte.	103	Lizan, B.	240
La Rochenenon.	84	Lommaisé.	109
La Roche de Bordes.	28	Loüin, B.	275
		Lusignan, B.	185

DÉNOMBREMENT

Paroisses.	Feux.
Lusignan, *V. Bail. Sen.*	400
Luchat.	180
Lussac, *V. J R.*	210
Maillé.	100
Maigné.	134
Mairé Leveseaut.	193
Marsay, *B.*	200
Marigny.	131
Maison Itiers.	42
Maisonnais, *B.*	367
Marvault, *B.*	218
Mauprevoir.	221
Mazerolles.	91
Mazieres.	199
Messé.	84
Mernay.	180
Mezeaux.	83
Menigouste.	149
Meiglanet.	75
Migné, *B.*	249
Mignalou.	106
Millac, *B.*	140
Montmorillon, *V. Bail. Sen. J R. Mar.* 80 *l.*	460
Montamisé.	136
Montreüil-Bouvin.	127
Moutardon.	80
Montjean.	100
Montrol Savart, *B.*	360
Montrolles, *B.*	215
Montbrun.	160
Mortemer.	58
Moussac.	165
Mouster.	199
Mortemar, *B.*	76
Negrat.	29
Nesdes.	85
Neuvy.	92
Neuville, *B.*	333
Nerignac.	39
Nieüil Lespoir.	70
Nôtre-Dame de Lusignan.	48
Nohic.	380
Noüaille.	171
Oirvault, *B. J R.*	437
Oradour Fanois, *B.*	355
Oradour sur Glane, *B.*	288
Oradour sur Vaire, *B.*	400
Oroux.	52

POICTIERS, *V.* 4050 *Feux. Ev. Un. Conserv. de l'Un. B d F. Pres. Bail.*

DU ROYAUME. 235

Paroisses.	Feux.	Paroisses.	Feux.
Sen. H d M. & J R n r. J C. M P. Mar. 100 l.		Sançay, *V*.	309
		Savigné.	50
		Saulgé.	170
Parthenay, *V*.		Savigny, *B*.	380
Bail. J R.	780	Seivre.	30
Pensoubs.	15	Semarne.	100
Persac, *B*.	305	Sepuret.	171
Pers.	34	Sillars.	122
Peyroux, *B*.	223	Sommieres.	145
Peyzé, *B*.	268	Surin.	80
Pindray.	73	S. Avant, *B*.	423
Plaisance.	100	S. Bazery.	90
Pleuville.	173	S. Benoist.	91
Plibou.	124	S. Cir.	180
Poüillé.	48	S. Clementin.	42
Pouzeoux.	98	S. Christophe.	71
Pressac.	200	S. Constant.	172
Pressigny, *V*.	108	S. Gaudent.	78
Queaux, *B*.	284	S. Georges, *B*.	253
Quincey.	150	S. Germier.	123
Rochechoüard, *V*. D. 5 g f.	360	S. Gervais.	65
		S. Germain.	73
Rom, *B*.	340	S. Julien.	59
Romagne, *B*.	270	S. Just, *B*.	300
Rompeire.	65	S. Laurent, *B*.	426
Roüillé, *B*.	418	S. Laurent de Jourdres	45
Ruffigny.	26		
Salles.	83	S. Leomer.	103
Salles en Mortemer.	140	S. Loup, *B*. J R.	464

Paroisses.	Feux.	Paroisses.	Feux.
S. Martin de la Riviere.	161	Torcé.	52
		Traversonne.	60
S. Martin Lars, B.	208	Vaires, V.	745
		Vandeuvre, B.	540
S. Martin.	103	Vançay.	155
S. Martin de Suffac.	120	Vaflel.	193
		Vaux & Cozmy.	201
S. Marcoul.	155	Vautebis.	127
S. Marsault.	49	Vaudeloigne.	29
S. Mathieu, B.	356	Vauffay, B.	278
S. Philbert.	134	Vaufferoux.	140
S. Pierre d'Exideüil.	130	Verines.	22
		Verrieres.	162
S. Pierre de Prinzay, B.	253	Vernon.	95
		Vernou, B.	315
S. Quentin.	180	Vervies.	250
S. Romain, B.	200	Villiers.	84
S. Romais.	110	Villeret.	76
S. Saturnin.	105	Vieilleville.	22
S. Sauvan, V.	520	Vidais.	80
S. Saviol.	104	Viennay.	60
S. Secondin.	148	Viviers.	86
S. Vincent.	150	Vivonne, V.	297
S. Vincent.	196	Vivosne.	228
S. Victurnien, B.	295	Voulon.	39
Ste Radegonde.	49	Vouneüil prés Poctiers.	119
Ste Souline.	145		
Teffonieres.	154	Vouneüil sur Vienne.	350
Thenezay, B.	324		
Thenet.	34	Voüillé.	150

DU ROYAUME.

Paroisses.	Feux.	Paroisses.	Feux.
Vonzay.	77	Usson.	375
Voulesme.	145	Yray.	94

ELECTION DE MAULEON.

Paroisses.	Feux.	Paroisses.	Feux.
Ardelais, B.	266	La Copechagnere.	104
Aubigny.	193	La Gaubretiere.	153
Bavin, B.	318	La Guionniere.	181
Bazoges.	111	La Grolle.	109
Beaurepaire, B.	136	La Merlatiere.	115
Boufferé.	150	Langeron, B. Marq.	69
Boulogne.	100	La Petite Bossiere.	65
Chambretault.	90	La Rabateliere.	60
Châteaumur, B.	32	La Tessoualle.	189
Chavagne, B.	363	La Verrerie.	200
Chauché, B.	217	Le Bas S. Leger.	32
Dompierre.	147	Le Chastelier.	79
Esvrunes.	112	Le Puy S. Bonnet.	167
Grand-Lande.	57	Le Temple.	57
Herbiers le Petit, B.	147	Les Herbiers, B.	354
La Barottiere.	75	Les Landes Genusson.	144
La Boissiere.	163	Les Espaisses.	250
La Bergement.	54	Les Brouzils.	360
La Chapelle Palluau.	203	Les Essarts, V. Bar.	407
La Chapelle Largean, B.	233		

DÉNOMBREMENT

Paroisses.	Feux.
MAULEON, *V*. Feux. G à S. *M P*. Mar. 90 *l*.	112
Mallieure.	82
Montaigu.	194
Mormaison.	114
Mortagne, *V. D. D d S.* 5 g f.	219
Moulins.	76
Palluau.	118
Reorté.	49
Remoüillé.	147
Roche-Serviere.	122
Roche-Trejou.	121
Saligny.	134
Sigournais.	144
S. André de Gouldois, *B.*	258
S. Aubin d'Aubigné, *B.*	241
S. Aubin en Tifauges.	78
S. Christophe du Bois.	161
S. Christophe de la Chartreuse.	48

Paroisses.	Feux.
S. Denis de la Chevasse.	198
S. Estienne de Corcoüé.	114
S. Fulgent.	210
S. Hilaire en Mortagne.	158
S. Hilaire de Loulais, *B.*	324
S. Joüin sous Maulcon.	172
S. Laurent.	180
S. Malo.	60
S. Martin Lars.	66
S. Michel de Mommaleus.	228
S. Proüan.	136
S. Sulpice.	112
Ste Cecile, *B.*	249
Tiffauges, *V.* G à S. 5 g f.	187
Treize-Septiers.	209
Treize-Vents.	190
Vaudrennes.	122
Vieille-Vigne.	60

DU ROYAUME.

ELECTION DE THOUARS.

Paroisses.	Feux.
Argenton-le-Château, B.	176
Argenton-Léglise, V. & Baigneux.	287
Assay.	212
Availles.	95
Beaulieu.	66
Bertignolle.	65
Billazay.	46
Boesmé.	185
Boisse & Sansay.	195
Boissiere la Petite.	62
Boüillé-Lorest.	278
Boüillé S. Paul.	126
Borcq.	66
Boussay l'Hopitault.	152
Bressuire, B.	634
Breüil-Chaussée.	100
Brion.	85
Bries.	132
Cersay.	153
Cerizay.	205
Chambrouter.	43
Chanteloup.	181
Chiché, B.	273
Ciriers.	94
Clazay.	77
Combzan.	129
Coulonges, B.	101
Courlé, B.	336
Estusson.	85
Faye-l'Abbesse.	136
Geaye.	65
Geneston.	167
Glenay.	141
Jumeaux.	87
La Chapelle Gaudin.	86
La Chapelle S. Laurent.	275
La Chapelle aux Lix.	96
La Chapelle S. Etienne.	105
La Couldre.	48
La Forest sur Saine.	111
La Flocelliere.	249
La Meilleraye, D P.	139
La Pommeraye, B. 5 g f.	155

DÉNOMBREMENT

Paroisses.	Feux.	Paroisses.	Feux.
Largeasse.	141	Pierrefitte.	89
La Ronde.	153	Pouzanges.	124
Le Breüil d'Argenton.	79	Pouzanges le Vieux.	217
Le Beüil Puigné.	175	Rigne.	57
Le Bon-Pere, B.	379	Souslievre.	118
Le Pin.	150	S. Amand, B.	247
Les Moutiers.	191	S. André de S. Mesmin.	180
Le Vaudelnay, B.	365	S. Aubin du Plain.	92
Les Aubiers.	295		
Loge Fougereuse.	124		
Louzy, B.	220	S. Cir la Lande.	135
Luché.	71	S. Clementin.	92
Luzay.	169	S. Jaques, B.	96
Massay.	134	S. Jean, B.	113
Mascon.	138	S. Joüin de Marne, B.	418
Mautravers.	75		
Maulaye.	90	S. Joüin de Millé.	80
Mauzé, B.	384		
Millé.	198	S. Macaire.	208
Mombrun, B.	238	S. Marsault.	121
Montigny.	85	S. Martin de Sansay, B.	379
Moncontant, B.	323		
Moutier.	166	S. Mars.	134
Nievil.	233	S. Mesmin, B.	286
Noireterre.	126	S. Paul.	144
Noirlieu.	64	S. Porchaire.	120
Noizé.	48	S. Sauveur de ....vre.	71
Oyron.	270		
Paidejeu.	92	S. Varant, B.	301
		Ste James.	

DU ROYAUME.

Paroisses.	Feux.	Paroisses.	Feux.
Ste James.	51	Taizé.	132
Ste Radegonde.	73	Terves.	182
Ste Verge.	241	Tourtenay.	167
THOUARS, *V.* 1059 Feux. D P. D d S. *J C. Mar.* 90 *l.*		Ulcot.	28
		Vouttegon.	97

ELECTION DE CHATELLE-RAULT.

Paroisses.	Feux.	Paroisses.	Feux.
Antougné.	87	Dangé.	187
Asnieres.	53	Fressineau.	40
Availles.	167	Ingrande, *V.* 5 g f.	232
Aurigny.	92	La Chapelle-Roux.	37
Autran.	151	La Puze.	73
Bellefonds.	35	Leigne sur Usseau.	68
Bonneüil Matours.	208	Leigne les Bois.	188
CHATELLERAULT, *V.* 1564 *Feux. D. Sen. J C. D d S. M P. Mar.* 80 *l.*		Leugny sur Creuze.	167
Cenon.	72	Les Ormes S. Martin.	178
Cenaut.	45	Marigny Brissay.	129
Cernay.	115	Marigny Mermaude.	140
Chenevelle.	115		
Coulombiers.	114		

Tome I. L

DÉNOMBREMENT

Paroisses.	Feux.	Paroisses.	Feux.
Mondion.	109	S. Cir.	56
Moussay.	22	S. Genest, B.	414
Montoiron.	54	S. Gervais.	130
Naintré, B.	287	S. Hilaire.	71
Oiré.	151	S. Liger.	58
Orches.	216	S. Martin.	70
Ousilly.	179	S. Remy.	193
Poisay le Joly.	224	S. Romain.	154
Pontumé.	157	S. Sauveur.	71
Prinçay.	40	S. Ustre.	35
Remeneüil.	57	Targé.	86
Senillé.	176	Thuré, B.	392
Scorbé.	298	Vaux.	156
Sossay.	145	Veleches.	87
S. Christophe.	145	Usseau.	108

ELECTION DE S. MAIXANT.

Paroisses.	Feux.	Paroisses.	Feux.
Aignonnay.	83	Cherveux.	262
Augé, B.	272	Clavé.	125
Azay, B.	275	Clussay.	228
Baussays.	142	Exireüil.	218
Brelou & S. Carlais.	253	Exoudun, B.	338
		Fontenilles.	70
Brioux, B. sgf.	158	François.	79
Chantecors.	174	Gournay.	110
Chaurais.	115	Goux.	73
Chavagné.	140	Juillé.	46

DU ROYAUME.

Paroisses.	Feux.	Paroisses.	Feux.
La Barre Clerin.	26	S. MAIXANT, *V.* 1181 *Feux ,J R. Bail, Sen. Mar.* 100 *l.*	
La Chapelle Baston.	100	S. Christophe sur Roc.	127
Lenclave de la Martiniere.	100	S. Eame.	152
Luché.	32	S. Gelais.	153
Lusseray.	74	S. Georges de Noiné.	242
Maisonnais & Chail.	107	S. Genard.	82
Mazieres.	118	S. Leger.	138
Melleran.	155	S. Martin lez S. Maixant.	324
Melle, *V. Sen. Bail.*	279	S. Martin prés Mesles.	67
Montigné.	51	S. Medard.	36
Nanteüil.	208	S. Projet.	51
Pamproux, *B.*	404	S. Romans.	106
Persigné, *B.*	262	Ste Blandine.	83
Peyzay le Tort.	95	Ste Neomage.	157
Pouffons.	65	Ste Ouenne.	90
Prailles.	180	Teillou.	103
Romans.	148	Thorigny.	154
Sevire, *B.*	332	Vernon.	64
Sompt.	71	Verrines.	157
Soudan.	112	Vitray.	100
Souvigné & Regné.	271		

ELECTION DE NIORT.

Paroisses.	Feux.	Paroisses.	Feux.
Adillé.	62	Champagne-Mouton, *V*.	176
Aiffres.	71	Chassiée.	174
Alloüe, *B*.	260	Chandeniers, *V*. Marq.	259
Ardilleux.	49	Cherigné.	45
Ardin, *B*.	310	Chefboutonne, *B*. 5 g f.	281
Asnieres.	112	Chines.	90
Aslonne, *B*.	307	Chizey, *V. J F*	140
Aubigné.	93	Coullon.	180
Augé.	29	Cours.	126
Availles.	42	Coutré.	80
Aulnay, *M P*.	193	Courures.	124
Beaulieu.	32	Crezieres.	33
Beauvais Sur Niort.	59	Dampierre.	117
Beceleuf.	214	Deüil.	33
Belleville.	23	Enseigné.	108
Benestz, *B*.	331	Eschenré, *B*.	249
Bessines.	46	Fenerix.	51
Bernegoüe.	71	Fenioux.	254
Blansay.	43	Fors.	100
Boüillé.	35	Fouché.	107
Boüin & Traze.	54	Foze sur Ardin.	101
Bretz.	23	Fressines.	125
Breüil.	30	Germond.	124
Bruslain.	14		
Celles.	180		
Champeaux.	43		

DU ROYAUME.

Paroisses.	Feux.	Paroisses.	Feux.
Gourville, B.	273	Les Gruzeliers.	26
Gript.	25	Loizec.	153
Herisson & Pougnes, B.	89	Loubigné.	65
		Lupsault.	57
Juscorps.	45	Luslay.	30
La Bataille.	30	Mairé.	32
La Chapelle Beguin.	98	Marigné.	132
		Mazieres.	107
La Chapelle Chabosseau.	50	Mougon.	132
		Mouton.	94
La Chariere.	82	NIORT, V. 1900 Feux. Bail. Sen. J C. M P. 5 gf. Mar. 100 l.	
La Croix la Comtesse.	64		
La Foye Moujault.	112	Nieville.	238
		Pampelié.	101
La Motte, B.	494	Parzac.	167
La Pereuze.	63	Pazay le Chat.	117
La Villedieu d'Aunay.	103	Prahec.	126
		Prissé.	24
Le Buignon.	188	Queüe d'Ageasse.	37
Le grand Masdieu.	100	Rimbault.	49
		Romazieres.	55
Le Petit Masdieu.	30	Rouvres.	57
		Salaigne.	54
Le Cormenier.	79	Salles.	25
Lesgours.	41	Sauray.	56
Lesson.	59	Scondigné en Chizé.	185
Le Talud.	103		
Les Esdeux.	20	Scondigné en Gastines, B.	301
Les Fosses.	91		

Paroisses.	Feux.	Paroisses.	Feux.
Seligné.	57	traignes.	80
Soutiers.	44	S. Pardoux, *B*.	327
Surin.	103	S. Roman des Champs.	45
S. Aubin le Clou.	227	S. Severin.	97
S. Brix.	11	S. Simphorien.	18
S. Cir d'Arçay.	80	Ste Christine.	57
S. Constant.	63	Ste Pezenne, *B*.	259
S. Denis.	53	Tusson.	187
S. Estienne de la Cigogne.	32	Vergné.	43
		Ville-Follet.	63
S. Florent.	78	Villier-Couture.	70
S. Georges de Longue-Pierre.	78	Villeneuve-la-Comtesse.	95
S. Hilaire le Pelad.	174	Ville-Nouvelle.	34
		Villemain.	62
S. Hilaire de Ligne.	22	Villiers en Plaines.	189
S. Lain.	74	Villiers en Bois.	51
S. Laurent de Ceris, *B*.	211	Villers sur Chizé.	46
		Vinax.	27
S. Liquaire.	155	Voüillé, *B*.	205
S. Mars la Lande.	73	Voutré.	107
S. Martin d'Au-		Xaintray.	83

ELECTION DE FONTENAY-LE-COMTE.

Paroisses.	Feux.	Paroisses.	Feux.
Antigné, *B.*	270	Cherzay.	95
Auzais.	127	Cheufois.	180
Bazoges, *B.*	290	Corbaon.	47
Beaulieu.	56	Corp.	152
Bellenoutre.	42	Coulonges, *V.*	359
Bessays.	60	Courdault.	27
Berneau.	166	Dampays.	77
Bournezeau ou Bourg Nouveau, *V. J R.*	259	Denans.	65
		Dissays.	45
		Doix.	135
Cezais.	75	FONTENAY-LE-COMTE, *V.* 1485 Feux Bail. Sen. *J C. M P. 5 g f. Mar.* 110 *l.*	
Chaillé les Marais, *B.*	345		
Chaix.	65		
Champagné, *B.*	229	Faymoreau.	51
Chantonnays, *V.*	333	Fontaines.	88
Changillon.	49	Fougere.	150
Chassenon.	57	Foussay.	214
Chassay-l'Eglise.	26	Fraisgneau.	92
Chasnays.	76	Gruë.	89
Château-Fromage.	59	La Boissiere.	186
		La Boüil-Droux.	88
Château-Guibert.	78	La Bretonniere.	70
Chavagnes.	89	La Caillere.	71

248 DÉNOMBREMENT

Paroisses.	Feux.	Paroisses.	Feux.
La Chasteigneraye, *V*.	322	Longesnes.	119
		Lorbry.	88
La Chapelle-l'Hesner.	162	Luçon, *V. Ev.* *f R n r. 5 g f.*	696
La Chapelle-Tireüil.	138	Maillé.	167
		Maillezais, *V*.	201
La Couture.	61	Marillet.	28
La Greve.	11	Marsays.	79
La Jaudonniere.	129	Mareüil.	146
La Tardiere.	252	Mervam, *B*.	219
La Reorte.	171	Menombles.	174
La Vineuse.	57	Mouchamp, *B*.	400
La Limouziniere.	34	Montreüil, *B*.	118
La Terre des Chapelets, *B*.	235	Montournois, *B*.	320
		Moüilleron, *V*.	243
La Jonchere.	78	Moussiregne, *B*.	135
Le Bourg sur la Roche, *B*.	161	Mouzeil.	158
		Nabliers, *B*.	415
Le Puy-Belliard.	98	Nôtre-Dame de Coussay.	198
Le Sangon.	265		
Le Buceau.	163	Nôtre-Dame de Lié.	79
Le Breüil-Baret.	164		
Le Tallu.	32	Neüil sur l'Autise.	125
L'Hermenaud.	155		
Les Redours.	23	Oulmes.	72
Le Simon.	92	Paire sur Vendée.	80
Les Moutiers sur le Lay.	140	Pissot.	100
		Petosses.	75
Les Magnils.	156	Puy Raveau.	85
Les Pivaux.	57	Pouillé.	130

DU ROYAUME.

Paroisses.	Feux.	Paroisses.	Feux.
Puy-Maufrays.	71	S. Hilaire du Bois.	179
Puy-Hardy.	29	S. Hilaire sur l'Autise, *B.*	334
Puy de Serre.	58		
Reaumur.	132	S. Hilaire le Vouhis.	159
Rosnays.	127		
Sceillé.	132	S. Jacques en Tillay.	51
Sciecq.	54		
Serigné.	200	S. Jean de Velvire.	75
S. Paul en Gastines.	186		
S. André de Mareüil.	110	S. Jean de la Chaise.	162
S. Aubin.	80	S. Jean de Beugné.	109
S. Cir des Gats.	165	S. Juire.	102
S. Denis du Peré.	65	S. Laurent de la Salle.	129
S. Etienne des Loges.	89	S. Lors.	83
S. Etienne de Brilloüet.	128	S. Maixaint de Veugne.	109
S. Florent.	218	S. Marc des Prez.	91
S. Georges de Montaigu, *B.*	589	S. Mars en Puy-Belliard.	72
S. Germain l'Arguillier.	62	S. Martin de Gué, *B.*	249
S. Germain de Prinçay, *B.*	302	S. Martin Lars.	170
S. Hermand.	146	S. Martin des Noyers.	225
S. Hilaire de Voust.	174	S. Martin des	

L v

DÉNOMBREMENT

Paroisses.	Feux.	Paroisses.	Feux.
Fontaines.	50	lange	76
S. Maurice des Nouſtres.	181	S. Vincent du Fourdulay.	47
S. Maurice le Girard.	143	Ste Catherine de Lairiere.	69
S. Maxire.	127	Ste Florence de l'Hebergement.	188
S. Michel le Clou.	215		
S. Michel en l'Herm.	197	Ste James des Brueres.	65
S. Nicolas de la Chaiſe.	164	Ste James de Luçon.	207
S. Oüire Deſgats.	30	Ste Hermine.	127
S. Philbert de Pontcharault.	211	Ste Pezanne.	65
		Ste Radegonde.	162
S. Pierre du Chemin, B.	297	Ste Radegonde la Vineuſe.	147
S. Pierre le Vieux.	235	Thiré.	144
		Thoüarsfays.	152
S. Pompain.	161	Thorigné.	158
S. Remy.	69	Triarſe.	147
S. Sigiſmond.	120	Veüillé.	193
S. Sulpice.	100	Vix, B.	251
S. Valerien.	101	Vouvain.	176
S. Vincent de Ter		Xanton.	102

ELECTION DES SABLES D'OLONNE.

Paroisses.	Feux.	Paroisses.	Feux.
Aizenay, *B.*	572	Neüil.	101
Angles.	130	Giroüard en Talmond.	31
Aspremont, *V. Marq.*	180	Grosbreüil.	171
Aurillé.	120	Guirant.	40
Beaufond.	144	Les Sables d'Olonne, *V.*	1718
Beaulieu, *B.*	275	Feux. Bail. J R. Com. M P. Mar. 120 *l.*	
Beauvoir sur Mer, *V. Marq. s g f.*	388		
Belleville.	55	La Chaise-Girault.	32
Bretignolles.	140	La Claye.	30
Chaillé, *B.*	322	La Chapelle-Aschard.	117
Chaslan, *B.*	366		
Châteauneuf.	102	La Chapelle-Hermier.	103
Coex.	168		
Commequieres, *V.*	219	Lairoux.	80
Coudrye.	56	La Motte-Aschard.	117
Curzon.	84		
Dompierre	57	Laiguillon.	94
Falleron.	108	Le Château-d'Olonne.	170
Froidefond.	90		
Giroüard en		Le Champ S.	

L vj

DÉNOMBREMENT

Paroisses.	Feux.	Paroisses.	Feux.
Pere.	218	Nôtre-Dame de Ryé.	189
Landemeille.	60	Ne De & S. Pierre du Luc, B.	308
Le Bernard.	185	Nôtre-Dame de Monts, N.	312
La Garnache.	250	Ollonne ou Ne De d'Olonne, V.	440
La Roche-sur-Yon.	171	Peaud.	129
Le Givre.	66	Poiroux.	92
La Genestouze.	90	Salartaine, B.	298
Le Peirier, B.	332	Soullans, B.	383
Le Bourg sous la Roche.	134	S. André d'Ornay.	143
Le Poiré, B.	483	S. Avaugour des Landes.	69
L'Enclave du Poiré.	154	S. Benoist.	163
Les Montiers.	88	S. Cir.	112
Le Tablier.	176	S. Christophe du Ligneron.	100
Le Fenoüillier.	98	S. Denis de la Chevasse.	67
Les Habittes.	28	S. Foye.	52
Les Clouseaux.	186	S. Georges en Lande-Ronde.	247
Les Fossez-Chalons.	53	S. Georges de Pointindoux.	114
L'Isle d'Olonne.	186	S. Gervais.	312
L'Isle-Chauvet.	32	S. Gilles.	252
Longueville, B.	383	S. Hilaire de la	
Martinet.	76		
Masché.	88		
Moüilleron le Captif.	130		
N. smy.	224		
Nieüil le dolent.	117		

DU ROYAUME.

Paroisses.	Feux.	Paroisses.	Feux.
Forest.	90	S. Paul de Commequiers.	101
S. Hilaire de Ryé, *B.*	412	S. Julien des Landes.	106
S. Hilaire de Talmond, *B.*	464	S. Reverend.	51
S. Pierre de Talmond, *V. Prin.*	226	S. Sorlin.	42
S. Jean de Monts, *B.*	419	S. Vincent sur Gron.	225
S. Maixant.	50	S. Vincent sur Jard.	103
S. Martin de Braim.	115	S. Urbain.	78
S. Nicolas de Braim.	22	S. Flaine.	262
S. Nicolas de la Chaume, *B.*	418	Ste Radegonde de Jard.	391
		Vairé.	157
		Venansault.	275

DÉNOMBREMENT

GENERALITÉ DE LA ROCHELLE,

Composée de cinq Elections.

Sçavoir,

LA ROCHELLE, dans le pays d'Aulnix.
S. JEAN D'ANGELY,
SAINTES, } en Saintonge.
MARENNES,
COGNAC, en Angoumois.

DU ROYAUME.

ELECTION DE LA ROCHELLE.

Paroisses.	Feux.	Paroisses.	Feux.
Aigrefeüille, *B.*	278	Esnandes.	197
Aitré, *B.*	214	Ferrieres.	72
Amilly.	63	Forges.	132
Andilly.	176	Fouras & S. Laurent de la Pré.	313
Angliers.	67		
Angoulin.	122	LA ROCHELLE, *V. Ev. B d F. Pres. Bail. C d M n r. Am. ℱ C. T F. B du Tabac, Mar.* 120 *l.*	
Anvers.	58		
Ardillier.	114		
Asnay.	33		
Aucher.	33		
Ballon.	105		
Benon.	185	La Jarie.	192
Bonet.	93	La Jarne.	147
Bourneuf.	143	Laigne.	45
Charentenay.	47	Lagord.	123
Charon.	103	Laleu, *B.*	205
Chatellaillon.	37	Landray.	87
Ciré.	188	Le Breüil de Magne.	205
Clavettes.	103		
Cognes, *B.*	252	Le Breüil la Reorte.	95
Courdault.	15		
Courson, *V.*	160	Le Breüil S. Jean.	37
Cran & Chaban.	115	Le Gué d'Allué.	29
Croix Chappeau.	69	Leton.	98
Curé.	17	L'hommeau.	74
Dompierre, *B.*	419	Longesne.	90

DENOMBREMENT

Paroisses.	Feux.	Paroisses.	Feux.
Loires.	41	S. Martin de Nuaillé	112
Marans, *V. J R.* 5 g f.	943	S. Maurice.	47
Marsay, *B.*	256	S. Medard, *B.*	236
Machilly, *B.*	244	S. Oüen.	65
Mauzé, *B.*	205	S. Pierre de Surgere.	140
Millescu.	21		
Monray.	63	S. Roganen.	104
Mortagne.	43	S. Saturnin du Bois.	146
Nieüil.	207		
Perigny.	155	S. Sauveur de Nuaillé.	170
Prieres.	38		
Puyravault.	82	S. Vincent des Chaulmes.	20
Rochefort, *V. J R. n r. Am.* 5 g f.	1642	S. Vivien.	54
		S. Xaudre.	218
Salis.	198	Ste Soulle, *B.*	327
Surgeres, *B.*	251	Taugon & la Ronde, *B.*	280
S. Chrystophe.	168		
S. Cir du Doret.	91	Thairé, *B.*	238
S. Georges du Bois.	118	Verines, *B.*	209
S. Germain de Marensennes.	70	Villedoux.	79
		Villeneuve Esnion.	81
S. Hipolite Vergerou.	60	Vuson.	25
		Voüe.	114
S. Jean de Liversay, *B.*	392	Voultron.	31
		Yves.	46
S. Marc.	133		

DU ROYAUME.

ELECTION DE S. JEAN D'ANGELY.

Paroisses.	Feux.	Paroisses.	Feux.
AGonnay.	35	Bredon.	34
Amuré.	52	Buffat.	103
Angie.	57	Candé.	53
Anis & Freigneaux.	355	Cellefroin, *B*.	272
Anjat.	144	Chambon.	71
Antezan.	52	Chandolant.	100
Asniere, *B*.	223	Chantemerle.	56
Asnezay.	60	Chanteloup.	25
Aulmaigne.	188	Charbonnieres.	111
Auftron.	135	Chervette.	49
Archaugeay.	181	Coivert.	93
Ballan.	85	Coulonges.	33
Beaulieu.	75	Corrant.	65
Beauvais, *B*.	224	Courcelles.	95
Berelou.	158	Courcerat.	81
Bernay.	124	Courcofme.	130
Bignay.	126	Crefpé.	21
Blanzac.	68	Crefté.	118
Benezau.	75	Dannepont.	69
Bourdes.	113	Deftouches.	165
Breville.	47	Dirac.	148
Briambourg, *B*.	279	Douchet.	195
Brie.	100	Drœüil.	97
		Dumayne de Boiffe.	50

DÉNOMBREMENT

Paroisses.	Feux.	Paroisses.	Feux.
Esbuon.	32	Loiré.	77
Escoyeux, B.	242	Loubillé.	70
Esglises.	117	Loulay.	74
Espannes.	78	Louzignac.	53
Focignoux.	66	Lozay.	86
Fontcouvert.	132	Luxain.	101
Fontaine.	144	Machamps.	78
Fontanet.	135	Magueville.	74
		Maigne.	206
Fontenay l'Abbatu, V. J R.	380	Marestay.	174
Garnaud.	43	Marzac.	129
Genoüille, B.	259	Massac.	88
Gibourne.	60	Mazeray.	146
Gourvillette.	82	Mazin.	25
Grandjean.	76	Migre & la Tamiere.	135
Grantzay.	62		
Guizolles.	43	Migron, B.	252
Herpe.	41	Mons.	83
Labenaste.	103	Moraigue.	65
Labrousse.	123	Muron, B.	206
La Chap. Bastons.	26	Nantillé.	118
La Jarie Audoüin.	79	Neré.	186
Landes.	120	Neuviq.	136
La Renethison.	49	Noailles.	72
La Roche Aynard.	61	Ne De de Seigné.	25
Laferdiere.	34	Ne De d'Eyrançon	152
Lavergne.	109	Noüilles.	166
L'Espinay.	29	Paillé.	180
Ligeüeil.	50	Peré.	53
Lilcure.	57	Prignat.	67

DU ROYAUME.

Paroisses.	Feux.	Paroisses.	Feux.
Pristé.	61	S. Martin de la Coudre.	61
Puy du Lac.	95	S. Mesme.	61
Puy Rolland.	103	S. Pardoux.	59
S. JEAN D'ANGELY, V. 993 Feux. Sen. J R. Mar. 120 l.		S. Pierre de Jeüille.	107
Saussay.	85	S. Pierre de l'Isle.	81
Sierq.	81	S. Pierre des Juifs.	98
Sonnat.	174	S. Sammien, B.	600
S. Aubin.	20	S. Savin.	81
S. Clement.	67	S. Simphorien.	118
S. Constain.	95	S. Vaize.	51
S. Constant de Mastra.	8	S. Vivien de Bordz.	185
S. Crespin.	77	Taillebourg, V.	93
S. Denys du Pin.	170	Taillant.	75
S. Estienne de la Cigogne.	97	Ternaut.	62
		Thors.	70
S. Felix.	81	Tonnay Boutonne, V.	169
S. Fraisque	188		
S. Georges.	88	Tonnay Charente, V. 5 g f.	580
S. Herie.	137	Torigné.	20
S. Hilaire.	180	Torxé.	85
S. Houan.	58	Touvre.	17
S. Jullien.	85	Vallant.	97
S. Laurent.	40	Vanneaux.	80
S. Luc.	139	Vannerant.	108
S. Marceaux.	49	Vantouze.	65
S. Martin de Jeüille.	50	Varaize.	172

DENOMBREMENT

Paroisses.	Feux.	Paroisses.	Feux.
Vars.	187	Villepouze.	8
Vaudré.	144	Voissay.	50
Vernant.	46	Usseaux, *B.*	235
Villemorin.	50		

ELECTION DE SAINTES.

Paroisses.	Feux.	Paroisses.	Feux.
Allas Champagne.	112	Bontenac.	57
Antignac.	39	Bougnaux.	95
Arces.	100	Bouquamenaud.	60
Artenac.	155	Bouresse.	36
Avis.	110	Brassac, *B.*	227
Aumont & Ravignac.	37	Brie en Barbezieux.	76
Baigne.	59	Brie sous Chalais.	122
Balanzac.	71	Brie sous Mortagne.	72
Barbezieux, *V. Marq.*	272	Brives.	27
Bardenac.	85	Brives prés Archiac.	117
Barret, *B.*	257	Bussac & Lugeras.	71
Bazeis.	70	Cadenac.	234
Bellievre.	28	Campagnolle.	239
Berneüil, *B.*	240	Celles.	29
Berneüil en Pons.	236	Chalais.	108
Beurle.	27	Chalignac.	184
Biron.	110	Challos.	64
Bois.	180	Chamers, *B.*	576
		Champagne.	72

DU ROYAUME.

Paroisses.	Feux.	Paroisses.	Feux.
Champaignac.	160	Dercye.	67
Chardes.	42	Eschebrunes, B.	230
Chartuzac.	49	Eschillays.	129
Chastenet & Lépin.	115	Escurat.	96
Chassignac.	86	Espargne, B.	360
Chaunac.	27	Espiedmont.	69
Chepiners.	43	Esviers, B.	213
Cherac, B.	430	Favaud.	25
Chermignac.	140	Fleac.	121
Chillac.	100	Floirac, B.	200
Cierzac & Badenac.	83	Fontaine, B.	230
Cierzüe & Archiac.	78	Geay.	125
		Germigneac.	192
Clan.	111	Gimozac, B.	485
Clerac.	195	Givezac.	36
Corignac.	22	Grezac, B.	250
Corme-Esclure, V.	212	Guillongeard.	62
Corme-Royal, V.	262	Guimps, B.	202
Coudeon.	283	Guitinieres.	112
Coulombiers.	79	Husseaux.	50
Coulonges.	130	Jarnac, B.	265
Courcoury.	194	Jazennées.	98
Courpignac.	90	Jonsac, B. Com.	511
Coussac.	140	Jussas.	38
Couts.	163	La Barde.	85
Cozes, V. Bar.	391	La Chaize.	189
Crazannes.	101	La Chapelle, B.	204
Cresac.	29	La Chapelle Magenaud.	54
Crevans.	183		
Curac.	86	La Chaume.	42

DÉNOMBREMENT

Paroisses.	Feux.
La Clipse.	58
La Clotte.	105
La Garde.	85
La Genetouze.	44
La Houguette Chamoüillac.	70
La Jard.	65
Lamerac.	123
Lechay.	100
Le Foüilloux.	80
Le Mung.	76
Lerville.	43
Les Essarts.	165
Les Gonds & Therac.	97
Les Lignes & Lerce. B	
Les Raugeards & les Perches.	36
L'Hôpital de la Grand-Veuve.	3
L'Islatte.	18
Lonzac.	89
Lorignac & le Tirac.	235
Louzac & Jauresac.	85
Luchat.	52
Marignac.	99
Martron.	14
Mechets, B.	240
Medies & les Maries.	254
Mediliac.	50
Messac.	54
Meursac & les Espaux, B.	306
Monbonyec & Mongezier.	415
Moncheaude.	20
Monlieu.	46
Montendre.	124
Monterraud.	21
Montignac.	42
Montiler, B.	230
Montpellier.	140
Mortaigne, V. s g f.	324
Mortier & le Breüillet.	24
Mosnac.	140
Moulons.	34
Mousanson.	93
Nevicq.	114
Nevillac.	115
Neulles.	73
Nieüil le Viroüil.	280
Nieüil prés Xaintes.	192
Nᵉ Dᵉ de Naveras.	55
Oriolles.	53
Orlac.	57

DU ROYAUME. 263

Paroisses.	Feux.	Paroisses.	Feux.
Parcoul, V.	133	Royan, V. Marq.	
Pas Dubreüil.	90	P d M. 5 g f.	400
Passirac.	135	SAINTES, V.	1814
Perignac, B.	357	Feux. Ev. Pref. Bail.	
Persines.	74	Mar. 120. l.	
Pizany.	147	Sableauceaux.	116
Plassac, B.	205	Salignac.	64
Plassay.	165	Salles.	94
Pommiers.	97	Saujon, B. Seig.	260
Pons, V. Par. S. Martin, S. Vivien compris, Machaine, Mazerolle & Valliere.	1082	Sauvignac & Meslac.	21
		Semillac.	28
		Semousat.	132
		Semussat en Didonne.	120
Pont l'Abbé.	148	Sommerac.	14
Poulignac en Montendre.	105	Soubran.	120
		Soulligonnes.	126
Poulignac sous Chalais.	78	Sousmoulins.	118
		S. Agulain deçà la Dronne.	212
Pregnillac.	166		
Reaux.	143	S. Agulain delà la Dronne.	100
Restaud & S. Chrystophe.	250	S. André de Clion.	150
Rignac, B.	257	S. André de Lidon, B.	262
Rioux, B.	230		
Rioux Martin.	145	S. Affaire & S. Brice.	131
Roumegoux.	147		
Rouffiac.	94	S. Augustin.	128
Roussignac, J R.	180	S. Avis.	72

Paroisses.	Feux.	Paroisses.	Feux.
S. Aulais.	31	Vibrac.	125
S. Bonnet en Barbezieux.	135	S. Germain du Seuds.	157
S. Bonnet en Miranbeau, B.	290	S. Gregoire d'Ardennes.	155
S. Ciers Champagne.	174	S. Georges le Richemont.	33
S. Ciers du Taillon.	263	S. Hilaire.	98
S. Ciprien.	26	S. Hilaire du Bois.	75
S. Denis de l'Hommée.	48	S. Hippolite de Biard.	153
S. Disant du Bois.	85	S. Laurent des Combes.	80
S. Disant du Guat.	268	S. Laurent du Roch.	85
S. Eutrope d'Agudelles.	67	S. Leger.	148
S. Fort, B.	40	S. Marsau de Creulet.	96
S. Genis, compris les Aires.	227	S. Marsaud de Villerecongnade.	98
S. Georges de Cubillac.	125	S. Marsaud prés Miranbeau.	59
S. Georges de Didonne, B.	240	S. Maigrin.	274
S. Georges des Agouts.	51	S. Martial de Vitaterve.	62
S. Georges des Coutraux.	268	S. Martin d'Allas.	112
		S. Martin d'Asry.	70
S. Germain de Lusignan.	185	S. Martin de Chenac, B.	254
S. Germain de		S. Martin de Laiguille.	

DU ROYAUME.

Paroisses.	Feux.	Paroisses.	Feux.
guille.	48	S. Pierre d'Archiac.	100
S. Martin de Meux.	130	S. Pierre de Mornac, B.	310
S. Martin de Niort, B.	300	S. Pierre d'Orignolles.	145
S. Martin des Couts.	80	S. Pierre du Palais.	61
S. Maurice de Tavernolle.	50	S. Pierre du petit Julliac.	78
S. Maurice & Laurent Saines.	40	S. Porchaire.	172
S. Mazarien de Cercoul.	200	S. Quentin de Ransannes.	158
S. Medard.	39	S. Ramée.	48
S. Medard.	96	S. Romain de Beaumont.	44
S. Michel de Lanuelle.	33	S. Romain de Benet, B.	280
S. Michel de Lassac.	25	S. Sauvant.	196
S. Michel d'Ozillac, B.	270	S. Sever.	100
S. Palais de Né.	133	S. Severin de Cerbize.	17
S. Palais de Negrignac.	95	S. Severin de Palanis.	42
S. Palais de Phiolains.	140	S. Severin d'Usez.	154
S. Palais en Royan, B.	243	S. Severin & Auvignac, B.	287
S. Paul.	24	S. Simon de Clermont.	76
S. Phelix.	100	S. Simon de Pelouaille.	108

Tome I.   M

Paroisses.	Feux.	Paroisses.	Feux.
S. Simon des Bordes.	180	Ste Radegonde.	39
S. Sorlin de Cosnac.	117	Ste Radegonde prés Pont l'Abbé.	68
S. Sorlin des Elchaud.	270	Ste Valliere.	62
		Tains.	103
S. Soulme.	72	Tanzac.	113
S. Sulpice prés Mornac.	180	Tenac & les Arennes.	129
		Tesson.	120
S. Thomas de Cosnac.	264	Tezac.	111
		Trisay.	60
S. Thomas du Bois.	33	Tugeras.	100
S. Vincent de Breüilles.	277	Vallet.	68
		Varsay.	142
S. Vivien de la Vallée.	101	Vassiac sous Monguyon, B.	240
S. Viviens de Champons.	85	Veaux.	101
		Vibrac.	83
Ste Colombe.	22	Vignolles.	25
Ste Eugenne.	135	Villars.	130
Ste James.	157	Ville Xavier.	210
Ste Levrine.	191	Virols & Madion.	97
Ste Marie.	132	Xainteville.	40

ELECTION DE MARENNES.

Paroisses.	Feux.
Arvert, *V. Seig.*	634
Baujay.	115
Brouage, *V. J R. Am. S g f.*	257
Broüe.	23
Chaillevette, *B.*	270
Hiers.	145
La Tramblade, *B.*	784
Le Gua, *B.*	203
Les Espeaux.	39
Les Mattes.	108
MARENNES, *V.*	1446 *Feux. Mar.*
Moize.	224
Nᵉ De de S. Isle.	152
Soubise, *D P. S g f.*	167
S. Aignan, *B.*	280
S. Fort.	41
S. Frou.	101
S. Jean d'Angle.	186
S. Just, *B.*	510
S. Martin des Lauriers.	21
S. Nazaire, *B.*	489
S. Simphorien.	118
S. Sornin, *B.*	316
Valemon, *B.*	615

L'Isle d'Olleron.

Paroisses.	Feux.
Dollus.	451
Olleron Château. Fort.	542
S. Denis, *B.*	382
S. Georges, *B.*	611
S. Pierre, *B.*	840
S. Trojeant.	116

ELECTION DE COGNAC.

Paroisses.	Feux.
Amberac.	107
Ambleville.	102
Angle.	53
Annez.	104
Anvillé.	74
Ars.	156
Augeac, Charente, S. Amand & Grave, *B*.	316
Augeac Champagne.	86
Auges.	75
Aussac.	79
Barbezieres.	50
Bassac.	150
Bignac.	96
Birat.	47
Bonneüil.	155
Bourcelaine & son Enclave.	29
Bourg & Charente de Moulineuf, *B. 5 gf.*	200
Bouteville, *B. J R n r.*	162
Boutiers.	54
Bresdon & son Enclave.	70
Brevillaud & son Enclave.	27
Brevillé.	120
Burie & l'Enclave de Romnette, *B.*	601
COGNAC, *V.*	1121
Feux. Sen. *J R. M P. Mar.* 120 *l*.	
Cellettes.	63
Champmillon.	57
Charmant Juillaguet.	98
Chassors.	165
Chassors & Nereillac.	85
Château-Bernard.	38
Châteauneuf, *V. J R n r.*	470
Chebrac.	10
Cherves.	202
Coulonges.	43
Courbillac.	118
Criseüil.	194
Crouin & Jourfac.	108

DU ROYAUME.

Paroisses.	Feux.	Paroisses.	Feux.
Dompierre.	100	Lignieres.	152
Duplessier & son Enclave.	24	Louzac & son Enclave.	87
Dutemple & son Enclave.	32	Luze & le Terne.	138
Eschalat.	186	Mainxe.	157
Eslavillé.	45	Maitairies & son Enclave.	118
Exireüil & son Enclave.	31	Malaville.	195
Floirac.	70	Maqueville & son Enclave.	40
Fouqueurs.	118	Mareüil.	84
Foussignac.	122	Massaussier & son Enclave.	40
Genac.	173	Mauste.	185
Gensac & Roissac.	174	Merpins.	91
Genté.	130	Mesnac.	68
Gimeux.	102	Monsignac.	230
Gondeville & son Enclave.	81	Montignac.	112
Houllettes.	63	Montigné.	58
Jarnac, V.	384	Mosnac.	100
Jaudes.	125	Moulidars.	175
Juiller le Cocq, B.	318	Nenclars.	88
Jurignac.	72	Nersillac.	72
La Chapelle.	44	Nre De de Monts & Aigre.	372
La Madelene.	40	Nonaville.	80
Lanville Marsillac, B.	294	Oradour & Chillé.	112
La Pallu & son Enclave.	80	Plaisac.	40
		Plassac.	5

Paroisses.	Feux.	Paroisses.	Feux.
Puisperon & Bois-redon.	177	S. Amand de Noire.	96
Puyreal & Chatelars.	76	S. André.	100
Ranville.	77	S. Bris.	123
Reparsac.	72	S. Cibardeaux, B.	216
Richemont & son Enclave.	68	S. Estephe.	130
		S. Estienne.	17
		S. Fort.	98
Rouffiac.	34	S. Genis.	192
Roüillac.	157	S. Laurent.	218
Roulles & son Enclave.	44	S. Martin.	88
		S. Medard.	45
Salignac, Lousignac & Prunelus avec leur Enclave.	178	S. Mesme.	184
		S. Palais l'Abattu.	107
Salles, B.	258	S. Preüil.	168
Segonzac, V. Marq.	620	S. Severe.	118
		S. Severin.	40
		S. Simeux.	80
Sigougnes.	161	S. Simon.	83
Sigougne, Terrebourg & Villara avec leur Enclave.	66	S. Sulpice & l'Enclave de Migron.	338
		S. Trojan.	53
Sonneville en Montignac.	76	Tapis & son Enclave.	28
Sonneville & Ambleville.	90	Terresac & son Enclave.	20
		Touriers.	63
S. Amand de Boixe.	183	Touzac, B.	220

DU ROYAUME.

Paroisses.	Feux.	Paroisses.	Feux.
Triac.	85	Villejesus.	183
Vaux.	127	Villejoubert.	47
Veriere.	158	Villognon.	64
Verdille.	148	Viville.	40
Vervans.	35	Vouartes.	67
Vibrac.	96	Vou lgezat.	79
Villars.	83	Xaimbes.	79

DÉNOMBREMENT

GENERALITÉ
DE
MOULINS,
Composée de sept Elections.

Sçavoir,

MOULINS,
GANNAT,   } en Bourbonnois.
MONTLUÇON,
NEVERS,
CHATEAU-CHINON, } en Nivernois.
GUERRET, dans la Marche.
COMBRAILLE, ou HEVAUX,
   sur les confins de l'Auvergne.

ELECTION DE MOULINS.

Paroisses.	Feux.	Paroisses.	Feux.
A Gouges.	95	Boost.	16
Aubigny.	33	Bressolles.	88
Averne.	98	Braussac.	131
Autrie & Issarts.	88	Bresnay.	100
Augy.	83	Bussiere.	196
Azy le Vif.	16	Butavent.	24
Baigneux.	65	Ceron.	103
Bairois.	23	Chancombert.	14
Baulon.	139	Chappeaux.	63
Beaupuis.	23	Chastel-Peron.	85
Bée.	108	Chareüil.	80
Bessay.	65	Chastel-Dou.	172
Bessay le Moyenval.	21	Chastel de Neuvre.	73
Besson.	171	Chastillon.	62
Billezois.	35	Château sur Allier.	74
Billy, V. Ch. J R n r.	82	Chantenay.	19
Billy, B. Ch.	74	Chavanne.	8
Blattiere.	22	Chaveroche.	20
Bourbon, V. D. Sen. J R n r. Ch.	300	Chemilly.	77
Bourbon.	157	Chevaigne.	123
Bourbon-Coustard.	32	Cheval Rigon.	31
Bourg-le-Comte.	59	Chesy.	42
Bouée.	96	Cindré.	109
		Cierval.	59

M w

DÉNOMBREMENT

Paroisses.	Feux.	Paroisses.	Feux.
Cleschy.	60	Hauterive la Ferté.	63
Comps.	45	Henillaux.	66
Conche-Baucheret.	40	Huvers.	35
		Jalligny.	60
Cousigny.	181	Jalligny.	20
Coulandon.	51	Igrande, *B.*	220
Couleuvre.	148	Isepans.	65
Coulanges.	113	La Baillie-Averaud.	39
Couzon.	53		
Cressanges.	162	La Baillie-Amenevit.	62
Diou.	84		
Dompierre.	25	La Baillie de Bourg.	16
Dorne.	58		
Douyet & Coustrie.	23	La Baillie de Coüere.	19
Du Breüil.	90	La Chapelle aux Chasses.	22
Endelaroche.	46		
Francesche.	131	La Doüe.	74
Fauconnet-Resve.	40	La Guillerive.	40
Floré.	38	La Motte Valliere.	42
Flory.	18		
Fretay.	12	La Montagne.	46
Gannat le Vivier.	18	La Palisse, *V.*	182
Garna & Lesme.	24	La Palisse.	144
Genetines.	37	La Felnie.	49
Gilly.	21	Le Breüil.	9
Gipey.	95	Le Breüille.	38
Gondelly.	9	Le Donjon.	120
Goüzé.	48	Le Roussat.	24
Guiardon.	49	Le Pain.	65

DU ROYAUME.

Paroisses.	Feux.	Paroisses.	Feux.
Le Puis-Luneau.	16	Maignel.	90
Le Nax.	82	Malleray.	27
Le Louzat.	14	Mallers.	45
Le Verne.	52	Marcy.	44
Letel.	140	Marseigne.	27
Le Mas de Bessac.	41	Marigny.	50
		Mattefray.	14
Les Bouchaux.	25	Meillards.	68
Les Foncelins.	88	Messangy.	35
Les Barres.	34	Mesirtireve.	25
Les Ternois.	41	Mollinet.	46
Les Escherolles.	22	Monestay.	77
Lionnelles.	88	Moncombroux.	32
Long-Pré.	26	Monestay sur Allier.	176
Lodde.	88		
Longy.	60	Montbeugny.	32
Louchy.	121	Montoldre.	80
Lucenay-les-Aix.	92	Monteguet.	51
Lucenat.	9	Monsilly.	62
Lucenat sur Allier	40	Monperoux.	28
Lurcy, B.	247	Mommorillon en Billy.	73
Lurcy.	7		
Lusigny.	63	Mommorillon en Vichy.	33
Lunoise.	24		
MOULINS, V. 2920 Feux. B d F. Pres. Bail. Sen. J R nr. Ch. Ch. du Dom. J C. M P. G à S. Mar. 70 l.		Montegu le Blain.	48
		Montegu hors les quatre Croix.	88
		Monsan.	22
		Moriot.	48

Paroisses.	Feux.	Paroisses.	Feux.
Mornay.	98	S. Aubin.	56
Neuglise.	39	S. Bonnet.	38
Neuvis.	95	S. Didier en Donjon.	95
Neüilly en Don.	63		
Neurre.	43	S. Didier.	65
Noyant.	74	S. Estienne.	60
Oroüer.	55	S. Felix.	39
Palliere.	31	S. Geran le Puy.	105
Paray lez Frezy.	70		
Paray.	35	S. Germain d'Entrevaux.	85
Perrigny.	65		
Pierrefitte.	134	S. Geraux de Vaux.	65
Rougieres.	69		
Salles.	61	S. Hilaire.	100
Salligny.	179	S. Leger des Bruyeres.	77
Saulcet.	133		
Sansat.	54	S. Leopardin.	37
Serrures, B.	182	S. Liens.	85
Serbannes.	28	S. Loup.	114
Servilly.	43	S. Martin des Lais.	21
Seüillet.	49		
Sorbiere.	18	S. Menoux.	147
Soupaize.	14	S. Parise.	43
Souvigny le Lion.	38	S. Plaisir.	14
Souvigny.	290	S. Poursain.	45
Soüitte.	9	S. Poursain de Malchere.	32
S. Allier de Valence.	19		
		S. Remy en Rollat.	97
S. Allire aux Montagnes.	61	S. Reverien.	20

DU ROYAUME.

Paroisses.	Feux.	Paroisses.	Feux.
S. Simphorien.	61	gnat.	132
S. Voir.	60	Varennes, *V. Ch.*	
Teneville, *B.*	208	*J R n r.*	117
Thiet.	119	Varenne sur	
Thionne.	87	Teche.	103
Toulon.	78	Vauroux.	33
Toury sur Abron.	5	Vaucoulmain.	15
Toury en Sejour.	26	Verneüil, *V.*	
Treban.	62	*J R.*	86
Tresel.	135	Vesure.	7
Trevol.	99	Veudre, *V.*	87
Treteaux.	68	Veudre.	44
Treseignes.	30	Vicq.	87
Tresy-Vitry.	21	Villaine.	21
Trongel.	101	Villeneuve.	45
Vandal en Cou-		Vosmas.	135

ELECTION DE GANNAT.

Paroisses.	Feux.	Paroisses.	Feux.
Abret en Auvergne.	45	Artonne, *V.*	189
Abret en Bourbonnois.	84	Aubiat.	115
Affreville.	117	Ayat.	100
Arronne en Bourbonnois.	60	Aygueperse, *V.* *J R. D d S.*	584
Arronne en Auvergne.	45	Barberier.	35
		Bas.	34
		Bannaffat.	6
		Bayet.	85

DÉNOMBREMENT

Paroisses.	Feux.	Paroisses.	Feux.
Begues.	68	Charensac, B.	200
Bellenaves, B.	304	Charmes.	64
Belserve.	16	Chassignolles & Villeneuve.	142
Biollet.	140		
Billiere.	24	Château sur Cher.	78
Biozat.	181		
Blot-l'Eglise.	160	Châtel de Montagne.	150
Brout.	8		
Brugeal.	50	Châtel en Nizerolles.	61
Brussolles.	25		
Busset, Com.	158	Chazelles.	22
Bussiere.	82	Chezelles prés Belnaves.	48
Bussiere prés Rochedagoux.	64		
		Chezelles.	15
Cesset.	26	Chiras-Guerin.	29
Champs & Vaux.	57	Chouvignet.	79
Chambonnet.	24	Coustans.	94
Chantel-la-Ville.	21	Cougignat.	142
Chantel-le-Chaleux.	183	Creuzier le Vieux.	133
Chaptuzal.	144	Creuzier le Neuf.	55
Charbonnieres les Vieilles.	314	Cusset, V. Bail. Mar.	740
Charbonnieres lez Varennes.	235	Deneville.	38
Charroux, V. J R.	210	Denosne.	98
Chareil.	96	Droiturier.	73
Charnal.	34	Ecosse.	62
Chastellus.	44	Effiat.	105
Charmeilles.	41	Entragues.	150

DU ROYAUME.

Paroisses.	Feux.	Paroisses.	Feux.
Epinasse prés Vichy.	71	La Roche Bransat.	75
Epinasse prés Rochedagoux.	110	La Vauvre de Ris.	3
Esbreüille, *V.*	308	Le Chastelard.	93
Escurolles, *V.*	172	Le Couchat.	22
Eschassieres.	75	Le Quartier.	128
Estrouslat.	104	Le Quartier.	36
GANNAT, *V.*	880	Le Quartier de Molles.	55
Feux. Bail. Ch. J R nr. G à S. 5 g f. Mar. 80 l.		Le Mayet d'Ecolle.	96
Goutieres.	100	Le Mayet de Montagne, *B.*	360
Grandual.	12	Lezat.	28
Janzat.	139	Limons.	119
Jayet.	55	Loriges.	37
Josserand.	76	Louroux de Bouble.	60
La Cellette.	55		
La Chapelle d'Andelot.	16	Le Moussel.	48
La Chapelle prés Cusset.	100	Mareillat.	70
		Martilly.	68
La Chaux sur Ris.	66	Mariot.	9
		Mazerrier.	63
La Font S. Mageran.	84	Menzat, *B.*	248
		Menat.	70
La Feline.	25	Monseguet & Semeautre.	55
La Lisolle.	67		
La Prugne & Malliere.	146	Monestier.	56
		Mont.	106

DÉNOMBREMENT

Paroisses.	Feux.	Paroisses.	Feux.
Montord.	62	Montpensier.	84
Molles.	17	S. Christophe.	70
Montpensier, V. D. J R.	145	S. Clement de Montagne.	49
Naddes.	54	S. Clement de Reignat.	96
Nerignet.	8		
Neuf-Eglise.	164	S. Cyergues.	110
Neüilly le Real.	143	S. Cyprien.	72
Palluet.	50	S. Denis.	69
Parroy.	109	S. Germain de Salles.	29
Payrolles.	21		
Poizat.	22	S. Germain en Crespin.	89
Pontraver.	12		
Pouzot.	88	S. Germain de la Garde.	228
Punsat, B.	305		
Ris, V.	198	S. Germain en Molles.	44
Rochedagoux.	46		
Salles.	30	S. Genest du Rec.	62
Salpaterne.	32	S. Georges.	31
Saulzet.	94	S. Gervais, V.	200
Sevat.	34	S. Gervais.	150
Siorat.	77	S. Hilaire.	27
Sassat.	43	S. Hilaire aux Montagnes & Puy-Guillaume.	242
Suite.	69		
S. Agoulin.	78		
S. Bonnet de Bellenave.	22	S. Hilaire prés Auvergne.	50
S. Bonnet de Rochefort.	135	S. Hilaire prés Punsat.	150
S. Bonnet de		S. Jal.	134

DU ROYAUME. 281

Paroisses.	Feux.	Paroisses.	Feux.
S. Jean de Vensat.	87	S. Yorre.	40
S. Julien de Vensat.	46	Ste Christine.	62
		Target.	73
		Taxat.	45
S. Julien la Genesse.	54	Teillet.	141
		Tizon.	20
S. Loup & S. Magnet.	120	Turet.	117
		Valignat.	21
S. Martin.	33	Venteüil & Bouteresse.	18
S. Maurice.	184		
S. Nicolas des Biez.	92	Vergeas.	45
		Vernet.	42
S. Pardoux.	66	Vernet en Auvergne.	99
S. Pierre de la Val.	51		
		Vernuse & Merlas.	57
S. Priest des Champs.	260	Vesse.	84
S. Priest.	42	Veaulie.	18
S. Pourfain, V. D d S.	627	Vichy, V. J R. G à S. 5 g f. 70 l.	200
S. Pont.	80		
S. Quentin.	130	Vicq, B.	116
S. Remy de Blot.	155	Voussat.	53
		Vozelles.	24
S. Silvestre.	88	Usel & Lœux.	77
S. Traet.	16	Youx la Bouble.	54

ELECTION DE MONTLUCON.

Paroiss.	Feux.	Paroisses.	Feux.
ARchignat.	68	lombaroux.	79
Argentieres.	26	Deux Chasses &	
Argentie.	40	le Bouchet.	142
Arphëüille.	54	Desertisses.	160
Balpays.	36	Domerat.	55
Beaune.	85	Doyet & Bord.	103
Blanzat.	35	Duodat.	62
Blosmart.	67	Fstivareilles.	70
Bizeneüille.	80	Fleurages.	17
Bobignat.	28	Frontenat.	30
Bussierre.	17	Givarlais.	59
Bussierre en		Gouzon, V.	120
Meurat.	30	Guirettes.	53
Chamblet.	69	Herisson, V.	
Chappes.	83	J R.	166
Châtelvieux.	8	Hids.	40
Chastellois.	80	Huriel.	208
Chazemais.	86	Jaux.	41
Chavenon.	60	La Celle & les	
Commentry.	104	Bouchaux.	89
Cosne, V.	92	La Celle sous	
Courlay.	81	Gouzon.	78
Coursaget.	20	La Chapellette.	57
Couraud.	46	La Dure &	
Crevant.	59	Passat.	34
Deneville & Cou-		Lamais.	21

DU ROYAUME.

Paroisses.	Feux.	Paroisses.	Feux.
La Vaux S. Anne.	74	Nassigny.	58
Lanage.	50	Neris, B.	84
Le bourgnon.	85	Neris.	80
Le Breton.	127	Neuglise.	50
Le Lac.	26	Neuville S. Terence.	74
Le Monset.	27		
Les Habitans du Chier & S. Avis sur Larde.	40	Nocq.	86
		Pars.	22
		Pollier.	52
Les Prugnes.	22	Premilliat.	23
Le Villain.	68	Prunet.	42
Lignerolles.	108	Quinsaines & Barouchaix.	75
Louroux Bourb.	87		
Louroux Hodem.	68	Rocles.	83
Lussat.	75	Ronnet.	55
MONTLUÇON, V. 853 Feux. Ch. J R n r. G à S. 5 g f. Mar. 72 l.		Rougnier.	47
		Saujat.	70
		Sazeret.	62
		Sauvagny le Contal.	36
Maillet.	109		
Malicorne.	74	S. Angelle.	62
Marcillat, B.	256	S. Bonnet de Fours.	104
Mazirat.	109		
Meaulne.	94	S. Cheverois.	59
Mesples.	41	S. Christophe.	30
Montmarault, V. Ch. J R. M P.	140	S. Farjol.	126
		S. Genest.	71
Montaiq.	96	S. Marcel.	48
Montebras.	17	S. Marcel en Montluçon.	107
Murat.	80		

284 DENOMBREMENT

Paroisses.	Feux.	Paroisses.	Feux.
S. Martignant.	97	Treffonds.	19
S. Maur.	38	Treignat.	80
S. Pardoux de la Marche.	142	Tronget.	11
		Valligny.	32
S. Palais.	95	Vallon.	55
S. Priest en Montluçon.	37	Venioux.	30
		Verneix.	78
S. Priest & Chaumont.	133	Venas.	74
		Vernusse.	18
S. Sauvier.	69	Villebret.	38
S. Sornien.	80	Villefranche.	89
S. Victor.	100	Vitray.	38
Teillet.	59	Vievre.	85
Terjat.	76	Viplais.	103
Tonzay.	41	Voussat.	21
Tortezay.	73	Urssat.	49

ELECTION DE NEVERS.

Paroisses.	Feux.	Paroisses.	Feux.
A Glan.	25	Feüilloux.	58
Alluys.	136	Aubigny le Chetif.	27
Anlezy.	80		
Anizy.	52	Aurée.	31
Apiry.	83	Azy le Vif.	66
Aschun.	53	Balleray.	76
Aspremont.	40	Baulon.	16
Assards.	20	Bazolles.	83
Avril sur Loire &		Beaumont sur	

Paroisses.	Feux.	Paroisses.	Feux.
Sardolle.	64	Coulanges.	70
Beard.	21	Cours les Barres.	77
Beffette.	31	Cours sous Magny.	50
Bellisme & Potassignol.	34	Cossay.	105
Biche.	87	Commagny.	140
Billy.	46	Cougny.	19
Bonnat.	63	Craux.	7
Brisnay & Mont.	16	Crecy.	34
Bussi aux Amognes.	32	Crecy-la-Tour, V.	95
Cigogne.	52	Creux-la-Ville & le Châtel.	222
Challuy.	38	Cuffy & Beaune.	150
Chalazy.	49	Cuzy.	24
Chambussiere.	40	Decize, V. G à S. 60 l.	208
Champvers.	135	Devay.	47
Champellement.	42	Dompierre.	97
Chantenay.	152	Dompierre & S. Germain sous Laubois.	91
Chaugne.	184	Dorne, B.	79
Charrain.	74	Druy.	56
Chastillon.	57	Dun.	57
Chavannes.	21	Dyenne.	63
Chavanes-Gazeau.	54	Fletty.	64
Chaugny.	41	Fleury-la-Tour.	24
Chaumont.	33	Fleury sur Loire.	36
Chavenon.	35	Fraisnay les Cha-	
Chassenay.	15		
Chiddes.	98		
Coddes.	15		

Paroisses.	Feux.	Paroisses.	Feux.
noines.	106	La Roche-Millay.	51
Fraisnay lez Châtillon.	29	Lasché.	45
		Lancollancelle.	109
Fraisnay le Ravier.	18	Larcy-le-Châtel.	37
		Levevillin.	32
Fornis & S. Maurice.	106	Le Charmon.	6
		Les Jours.	20
Forins de Luzy.	56	Liernaix.	108
Gana.	77	Lichy.	54
Garna.	70	Limanton.	58
Garchesy.	120	Linions.	47
Germigny.	79	Livry.	96
Gimoüille.	51	Lucenay.	48
Guerigny.	18	Lurcy, B.	149
Giverdy.	12	Lurcy. d'Abron.	30
Guipy.	33	Luthenay.	60
Hiry.	18	Luzy, V. G à S. 60 l.	115
Homery.	25		
Jailly.	72	Magny en Rozier.	105
Jaugenay.	16		
Imphis.	30	Maingot.	50
Imply.	54	Maisons en Longue-Salle.	72
Izenay.	59		
La Celle.	9	Maison-Baude.	14
La Cour d'Arcenay.	38	Marzy.	163
		Marseil.	60
Lamena.	27	Mars.	74
Langeron.	59	Marnay.	13
Langy.	19	Maux & Abon.	103
Lanty.	35	Maulie.	41

DU ROYAUME.

Paroisses.	Feux.	Paroisses.	Feux.
Millay.	50	Neuville.	14
Monceaux.	22	Neuville.	39
Montigny aux Amognes.	80	Neüilly.	95
Montigny sur Canne.	43	Nourry.	9
		Osnay.	96
Montigny en Morvant.	105	Ougny.	39
		Oulay.	80
Montapas.	60	Oulon.	45
Mont en Bazois.	10	Ouroux.	130
Mont en Orsson.	112	Parigny les Vaux.	100
Montambert.	21	Parigny sur Sardolle.	18
Mont-Chausse.	80		
Mourimbault.	20	Patinge.	59
Moulais.	23	Pazy.	50
Moulins en Gilbert, V. G à S. 60 l.	263	Pougues.	106
		Poüilly.	11
		Poulligny.	18
Mouniers.	30	Poizeux.	135
Mously.	52	Poil.	134
NEVERS, V. Feux. D P. Ev. Bail. J C. G à S. s g f. M P. Mar. 55 l.	1563	Pré-Porché.	128
		Precy.	12
		Prix.	80
		Premery, V.	206
Narlou.	5	Pruna.	10
Naulay-Pruneaux.	142	Remilly.	90
		Reugny.	17
Neufvy.	53	Rigny.	66
		Riousse.	119
Neuvis-le-Barois.	74	Roüy-Sardottes.	23

Paroisses.	Feux.	Paroisses.	Feux.
Satinges.	34	S. Hilaire.	36
Sardy.	36	S. Honoré.	83
Savigny les Chanoines.	78	S. Jacques.	27
		S. Jean-Goux.	56
Savigny sur Canne.	53	S. Jean de Lichy.	52
		S. Leger de Fougeret.	108
Savigny.	46		
Savizy.	46	S. Leger des Vignes.	34
Saxibourdon.	104		
Sermage.	84	S. Loup.	27
Sermaise.	34	S. Maurice.	99
Semelay.	109	S. Maurice lez S. Saulgé.	35
Sezilly.	22		
Soutangy.	28	S. Martin.	19
Sougy.	64	S. Martin de Ville.	63
Sozay.	26		
S. Benin d'Azy.	145	S. Martin de la Mer.	30
S. Benin des Bois.	76		
		S. Oing.	68
S. Benin des Champs.	21	S. Parise-le-Châtel.	160
S. Brisson & Dep.	150	S. Parise en Vitry.	12
S. Cyfreteur.	32		
S. Eloy.	62	S. Peraville.	64
S. Franchy en Arch.	85	S. Peraville aux Am.	33
		S. Pereuse.	57
S. Franchy lez Osnay.	80	S. Pierre-le-Moustier, V. Pref. Bail. G à S. Mar. 60 l.	
S. Germain.	49		
S. Gratien.	23	S. Privé.	

DU ROYAUME.

Paroisses.	Feux.	Paroisses.	Feux.
S. Privé.	76	Tintury.	70
S. Quaise.	43	Tourry.	31
S. Reverien.	75	Tourry en Séjour	9
S. Saulge, *V.*		Tresnay.	70
G à S.	289	Trianges.	67
S. Seigné.	46	Troisveuvre.	32
S. Sulpice le		Tronsanges.	38
Chatel.	142	Varennes.	175
Tasnay.	19	Vandenesse.	31
Tamenay.	53	Vée.	43
Taix.	38	Verneüil, *B. J R.*	73
Tazilly.	30	Ville à Pourson.	260
Tervan.	87	Ursy.	90
Thoüault.	13	Veloup.	23

ELECTION DE CHATEAU-CHINON.

Paroisses.	Feux.	Paroisses.	Feux.
A Chun.	31	Chaslin.	40
Arcilly.	11	Chaumard.	118
Arleuf, *B.*	290	Chougny.	20
Blisme.	9	Courancy.	128
Brassuy.	107	Cuzy.	41
Brisnay.	39	Dommartin.	44
CHATEAU - CHINON,		Dun les Places.	113
V. 504 *Feux, G à S.*		Frestoy.	23
Mar. 55 *l.*		Gascogne.	70

Tome I.

DÉNOMBREMENT

Paroisses.	Feux.	Paroisses.	Feux.
Guippy.	72	Moux.	23
Gun.	27	Nourry.	13
Lantilly.	24	Ofnay.	27
Limanton.	21	Ouroux, V.	245
Lormes, V.	119	Pazy.	53
Magny Ancien.	36	Planchez.	124
Marré.	18	Poussignol.	48
Mazignen.	29	Rueres.	30
Meheré.	86	Sardy.	17
Monsauche.	38	S. Cyfretene.	10
Montigny sur Lanne.	20	S. Hilaire.	54
		Vaucloix.	12
Montigny.	15		

ELECTION DE GUERRET.

Paroisses.	Feux.	Paroisses.	Feux.
ADjain.	220	Aubepierre.	54
Ahun, V. J R.	185	Aubusson, V. J R. D d S.	687
Ahun, Dep. d S.	168	Augieres.	46
Aigurande, V.	206	Banize.	103
Aigurande.	100	Barmont.	17
Aigurande.	55	Bazelard.	130
Aigumarcillat.	28	Beissat.	88
Allerat.	72	Belabre.	28
Angelard.	6	Blandeix.	48
Ars.	166	Blessac.	61
Azat.	76	Bonlieu.	52

DU ROYAUME.

Paroisses.	Feux.	Paroisses.	Feux.
Boularcichetas.	20	Chastelus.	51
Boislamy.	78	Chanlosme.	42
Bonnevillette.	35	Chateauvert.	55
Bouquebert.	45	Chateau Clos Joüillat.	56
Boisrougier.	23		
Boussicoux.	33	Chateaucloshen.	85
Boujaleuf & Martineix.	60	Chantanglard.	113
		Cheisson.	58
Boujaleuf.	86	Chempniers, B.	233
Boisfranc.	44	Cheneraille, V.	121
Bosnat.	133	Chierchaud.	29
Bourdesoulle.	37	Clerasnaux.	18
Breix.	29	Clupeaux.	12
Bujet.	14	Clugnat.	85
Bussiere, V.	232	Collondannes.	106
Buxerolles.	45	Cossy.	53
Ceyvat.	54	Courcelles.	15
Chabaneix.	64	Coustrenas.	20
Champagnat.	113	Crozam, J R.	158
Chambon.	44	Croze.	116
Chambon Mardeix.	24	Cressat.	180
		Dun.	129
Chambaraud.	79	Eguzon.	154
Chansardhay.	35	Entrecolle.	24
Chanteloube.	26	Estiguieres.	98
Chastenay.	65	Faux.	80
Chavanat.	71	Fenieres.	140
Chastain.	18	Fauneix.	29
Chasselines.	33	Flayat.	153
Chastelus, B.	69	Feüilletin, V. J R.	505

Paroisses.	Feux.	Paroisses.	Feux.
Fleurat.	105	La Chaze.	8
Fougieres.	38	La Dapeire.	183
Franſeſches.	39	La Chaſſagne.	19
Freſſelines.	97	Laſbontans.	47
GUERRET, *V.* Feux, Preſ. Sen. *J R. n r. Ch. M P. D d S. Mar. l.*	494	La Rüe.	19
		La Corre.	17
		La Chap. Taillefer.	147
Gentioux.	29	La Vaublanche.	36
Genoüillat.	55	La Vau en Sarden.	48
Geoux.	149	La Chezaud.	23
Glenis.	213	La Claviere.	76
Gouzongnat.	69	La Vault.	28
Grandſagne.	47	Laffa.	124
Jalleche.	51	La Chap. Baiſlou.	51
Janaillat.	188	Lage du Mont.	19
Jarnage, *V. J R n r.*	104	La Celle, *B.*	90
		La Celle.	120
Joüillat.	83	Lage Ceſſat.	96
Iſſoudun, *B.*	207	La Vaujalade.	10
La Borne.	44	La Ville-Dieu.	60
La Buſſiere.	27	La Noüaille.	145
La Croix au Boſt.	30	La Maziere.	83
La Celle Barmont.	51	La Cheveſſade.	40
La Chapelle S. Martial.	39	La Daigue.	11
		La Gallemache.	32
La Rochette.	47	La Brionne.	48
La Tour.	25	La Foreſt.	19
La Fraiſſe.	29	La Chapelle & la Maziere.	22
La Vaureille.	36		

Paroisses.	Feux.	Paroisses.	Feux.
Laffaud & Langlard.	6	Les Hommes du S. la Chapelle.	
Lattiere.	41	Les Cerfs de Dun.	83
La Brousse.	6	Les Tartaris.	71
La Vareille.	31	Le Truë.	24
La Plaix Jolliet.	55	Le Mont du Choux.	26
La Forest.	32		
Les Hommes S. Maixent.	34	Les Hommes de M. de la Feüillade.	53
Le Pont de Bonlieu.	15		
Levers Espargnat.	11	Le Luc, Villemoncys joint.	29
Les Forges.	32		
Lespinas.	45	Les Salles.	30
Leiperoux.	20	Le Coudret.	5
Les Moneroux.	88	Le Mont Fayon.	6
Les Hommes de Maisonnisse.	86	Les Eglises.	169
		Le Noüaud.	28
Les Places.	53	Le Repaire.	23
Les Sorlieres.	21	Les Hommes de Dougnon.	35
Les Hommes de l'Age.	107	Le Mont.	5
Les Nobles.	7	Le Mentel.	8
Le Chiron.	72	Les Hommes de Genoüillat.	60
Les Francs de Naillat.	126	Le Rasteau.	30
Les Cerfs la Salesse.	80	Les Hommes du S. du Fourneux & Romeille.	47
Les Cerfs du Quartier.	71	Lignat.	61
Le Sauvage.	13	Linard.	88

DÉNOMBREMENT

Paroisses.	Feux.	Paroisses.	Feux.
Linoux.	59	Murat.	63
Loudoneix.	9	Murat Orsaine.	32
Loudoneix S. Michel & Dep.	98	Neipoux.	12
		Neoux.	76
Loudoneix S. Pierre.	79	Nigremont.	82
		Nouzerolles.	64
Magnat.	163	Nouzieres.	121
Maisoneffes.	74	Oüillat.	22
Maisonseyne.	84	Ougne.	77
Maixant.	73	Palliers.	16
Malvalmorneix.	134	Parsat.	172
Malval.	25	Peirat.	167
Malheret.	37	Pemperigeas.	36
Manssard.	50	Peyrabout.	66
Marglat.	32	Pionnat.	285
Marcibaut.	56	Pierrefitte.	55
Mascrochet.	5	Pigaroux.	91
Mazeirat.	52	Pouzoux.	14
Measnes.	96	Poussanges.	90
Monteil, B.	55	Prevanches.	19
Moutiers Rouzille.	193	Prissat.	108
Montpigaud.	18	Puisinalseignat.	45
Montchevrier.	57	Rebagnac.	16
Moustier d'Ahun.	46	Richemont.	45
Moutier d'Ahun.	66	Rimareix.	33
Moutier Malcaze.	100	Rimondeix.	50
Montegut.	57	Roches.	170
Moissannes.	45	Sagnat.	167
Mourgoux.	39	Salesse.	26
Mouteroux.	153	Sannegrand.	34

DU ROYAUME.

Paroisses.	Feux.	Paroisses.	Feux.
Sattagnat.	32	S. Marc.	66
Sardent.	115	S. Marc Affrancher.	129
Sauvat, *B.*	140		
Savenas.	62	S. Marc la Breüil.	100
S. Amand.	63	S. Martial le Mont.	118
S. Affriand, *B.*	375	S. Medard, *B.*	200
S. Avit le Pauvre.	69	S. Michel de Vesse.	90
S. Avit de Tarde.	76	S. Martin.	99
S. Auperiant.	135	S. Ouradour.	89
S. Assaire.	46	S. Pardoux le Pauvre.	40
S. Chabraix.	50		
S. Christophe.	22	S. Pardoux les Cars.	117
S. Christophe.	28		
S. Didier de Chenerailles.	84	S. Pardoux le Neuf.	42
S. Didier les Domaines.	105	S. Pierre de Charnat.	116
S. Dommet.	63	S. Pierre le Bost.	72
S. Esloy.	78	S. Plantaire le Clocher.	35
S. Freon.	84		
S. Fiel.	159	S. Plantaire deçà les Bois.	74
S. Georges.	189		
S. Hilaire.	75	S. Qientin.	156
S. Hiriers les Bois.	153	S. Severin.	28
S. Hiriers.	76	S. Sebastien.	148
S. Julien.	70	S. Silvain de Bellegarde.	52
S. Laurent.	105		
S. Leger.	119	S. Silvain.	82
S. Loup.	101	S. Sulpice.	97
S. Maixant.	73	S. Sulpice les	

Paroisses.	Feux.	Paroisses.	Feux.
Champs.	119	Vedrenas.	18
S. Sulpice le Gueretois, B.	345	Vilards.	129
		Vidaillat.	62
S. Sulpice le Dunois.	180	Vigneville.	45
		Villechiron.	34
Tauron.	45	Vouhet.	86
Treyportas.	7	Vot.	34
Valiere, B.	210	Vozelles.	26
Valiere.	32		

ELECTION DE COMBRAILLE.

Paroisses.	Feux.	Paroisses.	Feux.
Arfeüille.	25	Charon lez Lignieres.	77
Auge.	24		
Auzance, V. D d S.	257	Charon Roche d'Agoux.	20
Basville.	109	Chaffin.	65
Bellegarde, V.	177	Chars.	86
Brousse.	15	Chatillard.	29
Bussiere Novelle.	138	Clairasvaux.	61
Bussiere Vieille.	48	Crocq, V.	128
COMBRAILLE,	20	Dontreix.	86
Chambouchard.	54	Fayolles.	53
Chambon, V.	185	Flayat.	21
Chambon.	67	Fontaniere.	37
Chartelet.	57	Hesvaux, V. D d S. Mar.	224
Charon Château-Baudeau.	95	Hesvaux.	148

Paroisses.	Feux.	Paroisses.	Feux.
Jenier.	32	Nouhen.	56
La Chapelle.	54	Pontcharaud, B.	43
La Chauffade.	106	Pruynolas.	10
La Celle.	62	Reterre.	156
La Courtine.	13	Rougnat, B.	255
La Maziere.	49	Sannat.	100
La Serre.	49	Semur, B.	80
Le Compas.	102	Soumans.	77
Les Mars.	109	S. Agnan.	101
Le Chauvet.	45	S. Bard.	74
Le Cromps.	42	S. Frion.	28
Le Mas de l'Age.	29	S. Julien.	58
Le Perfat.	170	S. Georges Nigremont.	97
Le Perfat.	62	S. Marc.	76
Les Portes.	48	S. Maurice.	58
Les Pauds.	77	S. Ouradoux.	69
Lioux les Monges.	43	S. Pardoux.	19
Lion le Franc.	32	S. Pardoux prés Croq.	75
Luffet.	75	S. Prieft.	60
Magnat.	34	S. Sornin.	36
Mainfat Francalca.	174	Ste Radegonde.	24
Mainfat Combraille.	61	Tarde.	59
Maultea.	126	Templas.	10
Mazaras.	15	Vernages.	31
Merinchal, B.	240	Vierfat.	69
Monteil Guillaume.	20	Virelet.	26
Neaux.	57		

DÉNOMBREMENT

GENERALITÉ

DE

LION,

Composée de cinq Elections.

SÇAVOIR,

LION, dans le Lionnois.
S. ETIENNE,
MONTBRISON, } en Forez.
ROANNE,
VILLEFRANCHE, en Beaujollois.

ELECTION DE LION.

Paroisses.	Feux.	Paroisses.	Feux.
Abbigny.	58	Chevinay.	71
Alix.	24	Colonges.	195
Amberieu.	48	Coursieu, B.	253
Ancy.	100	Couzon.	176
Aveife.	117	Cuirieux.	51
Aufe, V.	151	Curis.	71
Bagnols.	106	Dardilly.	79
Balmont.	17	Darézé.	44
Beffency.	203	Donmartin.	38
Biboft.	91	Duerne.	28
Brimais, B.	118	Ecully.	91
Brindas.	118	Fleurieu fur la	
Brulioles.	138	Brefle.	90
Bruffieu.	74	Francheville.	77
Bully.	144	Frontenas.	48
Chaponoft.	158	Frontigny.	48
Charbonnieres.	22	Greffieu prés Lion.	71
Charly.	175	Greffeu le Marché.	68
Charnay.	98	Grigny.	159
Chaffagny, B.	75	Jarnioux.	162
Chaffeloy, V.	195	Joingt, V.	101
Chateau-Vieux.	16	Irigny, B.	221
Chatillon d'Azergues.	155	Iferon, B.	46
		LION, V.	7780
Chazey, B.	56	*Feux. Arch. B d F.*	
Cheizy.	138	*Pref. Sen. C & H d*	

Paroisses.	Feux.	Paroisses.	Feux.
M. M d I n r.		gues.	49
Conserv. des J C.		Marsy sur Ause.	48
Doüanne ou 5 g f.		Meissinieux.	133
B d T. M P. Mar.		Millery, B.	384
100 l.		Moiré.	42
La Bresle, V.	105	Montagny &	
La Chapelle hors		Fourzy.	75
Forez.	14	Montromans.	57
La Chassagne.	14	Montrotier, B.	206
La Chenevaliere.	20	Morancé.	85
La Forest des		Nuelles.	36
Halles.	14	Orliennas.	150
La Guillotiere, B.	3,6	Oulins.	166
La Menüe.	16	Pallionay.	105
La Roiasse &		Pitaval.	5
Coise.	61	Polainvieux.	75
Le Bois d'Oingt.	178	Pommeys.	48
Le Breüil.	90	Poüilly le Monial.	69
Leigny.	59	Quincieu.	187
Le Mazel.	60	Rochefort.	22
Lentilly.	111	Rontalon.	80
Les Chaires.	79	Salvagny.	53
Les Olives.	25	Sarcey.	66
Liergues.	68	Savigny.	179
L'Isle-Barbe.	56	Souvieu.	154
Lissieux.	67	Souzey l'Argen-	
Longe-Seigne.	81	tiere.	48
Losanne.	37	Surcieu.	77
Lussenay.	80	S. André du Coin.	90
Marsilly d'Azer-		S. André la Coste.	45

Paroisses.	Feux.	Paroisses.	Feux.
S. Apolinard.	40	S. Laurent d'Oingt.	129
S. Bel.	72	S. Laurent & Vinieu d'Agnis.	147
S. Ciprien.	16	S. Loup.	117
S. Cir, *B.*	406	S. Martin de Cornas.	52
S. Clement sous Valsonne.	108	S. Paul.	50
S. Clement des Places.	52	S. Pierre la Palüe.	58
S. Conforce de Marsie.	66	S. Romain de Couzon.	106
S. Didier, *V.*	292	S. Romain de Popez.	134
S. Etienne de Coise.	24	S. Romain en Gurs.	52
S. Forgüeil.	172	S. Saforin le Chaftel, *V.*	252
S. Genis.	52	S. Sorlin.	38
S. Genis Largentiere.	71	S. Veraud.	100
S. Genis Laval, *V.*	252	Ste Foy.	182
S. Germain au Mont d'Or.	173	Tarare, *B.*	229
S. Germain sous la Bresle.	124	Tassins.	7
S. Jean Atoulas.	57	Ternaud.	96
S. Jean de Chaufsans.	73	Thezé.	145
S. Jean des Vignes.	16	Turin.	96
S. Julien sous Biboft.	125	Valsonne.	126
S. Laurent de Chamouffet.	116	Vaugueray.	184
		Vaux.	17
		Vernaison.	140
		Veize.	138
		Vourles.	189

ELECTION DE S. ETIENNE.

Paroisses.	Feux.	Paroisses.	Feux.
Alagnier, Buffes & Courbon.	27	Vanches, B.	262
		Esclalas.	178
Ambuens, Pelussin & le Viala.	168	Farnay.	84
		Firnimi, B.	262
Ampuys, B.	300	Fougerolles, B.	252
Argental.	40	Furet la Valette, B.	232
Besseys.	81	Givors, Bans & la Frediere, B.	300
Bœuf.	151		
Bourg Argental, V. Bail. 5 g f.	172	Graix.	31
		Hauteville, la Coste & la Dorie.	13
Burdignes & Monchapt.	178		
		Janon.	113
Celica.	107	Jouzieu.	68
Chaignon.	60	Izieu, B.	330
Chasaux.	75	La Chapelle.	53
Chateauneuf, B. Ch. J R n r.	63	La Cula.	100
		La Droit S. Sauveur.	77
Chavanay, V.	172	La Fay.	61
Chavanieu.	49	La Faye en la Forte.	111
Chives.	195	La Faye en Marles.	56
Claves en Riotor.	56	La Frachette.	6
Coindrieu, V. Bar. 5 g f.	640	La Metare.	67
		La Montagne S. Genex de Malesaux.	40
Dargoire, B.	81		
Dolieu & les Far-			

DU ROYAUME.

Paroisses.	Feux.
La Rouchouse.	18
La Sauvebenite.	63
La Tour en Jarez, B. Ch. J R n r.	105
Le Chambon, B.	223
Le Martorey.	56
Le Montet de Montchaps.	22
Le Petit Quartier S. Jean.	26
Le Reches & la Perinerie.	90
Le Toil S. Andeol & la Vala.	332
Les Fraisses.	74
Les Hayes.	78
Limony.	67
Loire, B.	240
Louge & Treve.	278
Lupé.	64
Maclas.	162
Maleval.	157
Montaut, B.	482
Mornand, B.	500
N. D. de Serbieres.	155
Oriol.	51
Ourrefuro.	215
Palussin en Lionnois.	51
Pavesins, B.	236
Plancy en Rochetaillé.	100
Pralagues & le Champ.	64
Praroy.	72
Pubert & la Franche.	28
Revirie, V.	82
Rinedeger.	273
Riotor en Joyeuse.	55
Riotor en la Fay.	29
Roche la Molliere.	153
Rocheplane & Pailleres̄t, Ch. J R n r.	305
Rochetaillé.	122
Roiseis.	126
S. Etienne, V. 1392 Feux. Bail. à Montbrison. Sen. sgf. Mar. 100 l.	
S. Andoel le Chastel.	175
S. Apolinard.	157
S. Chaumond, V. Marq. sgf.	806
S. Cir lez Ste Colombe.	44
S. Cristo, la Chal	

Paroisses.	Feux.	Paroisses.	Feux.
& Valflory.	127	Coindrieu.	90
S. Didier sous Riverie, *B*.	240	S. Paul en Jarets,	251
S. Feriol, *J R n r*.	130	S. Pierre en Colombarets.	31
S. Genest de Malefaux.	103	S. Priest, *V*.	67
S. Genest en Fougerolles.	91	S. Romain en Galles.	90
S. Genest l'Air.	82	S. Romain en Jarets.	187
S. Genest Terrenoire.	180	S. Romain les Ateux.	102
S. Jean de Bonnefonds, *J R n r*.	118	S. Sauveur & le Versain.	201
S. Julien en Jarets, *B*.	303	Ste Caterine sous Riverie.	115
S. Julien, Molin Molette.	108	Ste Colombe.	141
		Talviers, *B*.	196
S. Jus en Cornillon.	50	Tartaras.	178
S. Jus en Fougerolles.	105	Tavas & Marles.	21
S. Jus lez Velay.	66	Thelis & le Combe.	63
		Tupins & Semons.	67
S. Martin en Cocalieu.	165	Valbenoite.	172
		Verannes.	142
S. Martin en Haut.	350	Verlieu.	84
S. Martin la Plaine.	278	Versanne.	58
S. Maurice sur Dargoire.	204	Villars.	70
S. Meras, Convenu & le Bouchet.	23	Villette en Colombarets.	58
S. Michel sous		Virieu.	267
		Unieu.	147

ELECTION DE MONTBRISON.

Paroisses.	Feux.	Paroisses.	Feux.
A Pinat.	150	loy.	145
Arconsat.	65	Chambœuf.	36
Argures.	38	Champdieu, B.	140
Arthung.	98	Champs.	16
Avelieu.	89	Chanteloube.	106
Bard.	110	Charbonnieres.	54
Barget.	31	Chaselles sur l'Advieu.	101
Basset.	105		
Bellegarde.	175	Chatel le Bois.	28
Bethenod.	95	Chatelneuf.	38
Boisset.	81	Chatelus.	46
Boisset lez Tiranges.	89	Chaumont.	50
		Chazel, V.	351
Bouchalas.	68	Chenereilles.	57
Bouheon.	112	Chenereilles.	66
Bouzon.	26	Chevrieres.	186
Celles.	41	Clepe, J R n r.	93
Cernieres.	104	Coise.	48
Cezay.	90	Colombet.	23
Chalain du Sore.	44	Craintilieu.	44
Chalain le Contal.	75	Cromerolles.	86
Chalançon.	66	Cusieu.	113
Chalmarel.	166	Cusson.	23
Chambeou, Ch. J R n r.	96	Deçaloire en Cormillon.	68
Chamble & Essa-		Emilieu & Angelas.	25

Paroisses.	Feux.	Paroisses.	Feux.
Escotay & Losme.	38	La haute Montagne de Rochebaron.	47
Essertines.	8.	La Lobieres.	87
Estaing & Boissales.	76	La Montagne de Guinieres.	43
Estivareilles.	125		
Feriol.	21	La Montagne de l'Advieu.	76
Fontanes.	40		
Gachas.	19	La Montagne de Rochebaron.	62
Galy.	65		
Gourgois & Glands.	44	La Motte & Bigny.	85
Grandmont.	79	La petite Grimond.	30
Gresieu.	37	La Prevosté en Cernieres.	36
Gumieres.	45		
Hauterivoire.	131	La Rajasse.	79
Jas.	30	La Riviere en l'Advieu.	49
La Bastie & Julieu.	144	La Roure & la Mure.	120
La Bouteresse.	41		
La Cel & Losme.	17	La Tourette.	29
La Chamba.	24	La Valmite.	24
La Chapelle de Vaudragon.	59	Laubespin, B.	38
		Laudusery & Ciseron.	17
La Chapelle en la Fay.	49	La Voupt.	49
La Coste en Cousan.	129	Leignieu,	86
		Le Meüe & Girard.	52
La Coste en S. Laurent.	22	Leniq & Merle.	19
L'Advieu.	23	Le Palais des Sœurs.	85
La Foüillouse, B.	225	Le Puy & le Chaste-	

Paroisses.	Feux.	Paroisses.	Feux.
lard.	58	Mazols.	73
Le Quart de Commanderie.	80	Melieu.	99
		Meserieu.	93
Le Sail sous Cousan.	148	Meys.	166
Les Costes d'Aurecq.	79	Miribel & Pirigneu.	105
		Moing.	96
Les Debats.	55	Monchories.	29
Lesignieu.	76	Monrod.	97
Les Olmes.	29	Monsupt & S. Georges.	61
Les Rivieres d'Aurecq.	136	Montarboux.	72
Les Salles.	95	Montarchier, V.	61
Levignieu.	41	Montverdun.	86
L'Hôpital le Grand.	35	Mornand.	34
Luricq.	112	Nervieu & Grainvieu, B.	234
MONTBRISON, V. 86 Feux. Bail Prev. J R n r. Ch. G à S. M P. Mar. 110. l.		Oboin.	65
		Ogerolles.	41
		Palognieu.	55
Marcoupt.	119	Piseys.	21
Mardopt.	45	Pommerols.	90
Margerie & Chantegret.	50	Poncins.	115
		Pralong.	27
Marieu & la Mure.	125	Precieu.	102
Maringues.	30	Rendans.	70
Marols.	145	Riffoy.	54
Marsilly le Chatel, J R n r.	115	Rinard.	50
		Roche.	87
Mavieu Hauterive.	66	Rochebaron, Bar.	229

Paroisses.	Feux.	Paroisses.	Feux.
Rosiers.	67	S. Georges en Cousan.	52
Saluneaux.	42		
Savignieu.	65	S. Heand, *Ch. J R n r.*	116
Sauvain.	66		
Surieu le Comtal, *V.*	447	S. Heand en Fontanez.	38
Sury le Bois, *Ch. J R n r.*	55	S. Hilaire.	99
		S. Jean de Solemieu.	61
S. André le Puy.	40		
S. Barthelemy l'Estra.	100	S. Jean la Vestre.	114
		S. Julien d'Ause.	86
S. Bonnet des Correaux, *B.*	250	S. Julien la Vestre.	95
		S. Jus sur Loire.	190
S. Bonnet le Chastel, *J R n r.*	300	S. Laurent la Couche.	86
S. Bonnet lez Oulles.	108	S. Marcelin, *V.*	302
		S. Martin l'Estra.	101
S. Christo en Chastelus.	66	S. Maurice en Gourgois.	104
S. Christo en Fontanez.	38	S. Miard.	107
		S. Nizier.	142
S. Christo en Jarets.	86	S. Paul.	38
S. Ciprien.	69	S. Paul en Chalançon, *B.*	319
S. Cir les Vignes.	79		
S. Denis sur Coise.	97	S. Paul en Cornillon.	110
S. Galmier, *Ch. J R n r.*	399	S. Priest en Rousset.	120
		S. Priest la Vestre.	75
S. Georges en Chastelneuf.	114	S. Rambert, *V.*	420

DU ROYAUME.

Paroisses.	Feux.	Paroisses.	Feux.
S. Remy.	47	Valprivas.	75
S. Romain.	60	Vauche.	100
S. Romain le Puy, V.	150	Vauchette.	58
S. Sulpice.	106	Vaudragon.	108
S. Thomas.	32	Vericelles.	26
S. Victor & Essumain.	190	Verieres.	64
		Ugnas.	59
Ste Agate.	32	Vinois.	33
Ste Foy de Meys.	29	Virignieu, Ch. J R n r.	82
Ternaud.	20	Viviers.	78
Tiranges.	99	Usore.	23
Toranches.	87	Usson.	170
Trelnis.	41		

ELECTION DE ROANNE.

Paroisses.	Feux.	Paroisses.	Feux
Allons.	36	Boisset.	39
Allieu en Bussy.	74	Boizy.	37
		Briannon.	123
Ambierle, V.	357	Bully.	65
Amions.	44	Bussieres.	159
Aveze le Coing.	36	Bussy Allieu.	142
Balbigny.	172	Chandon.	69
Balmont.	258	Changy, B.	316
Beaulieu.	63	Changy.	100
Belleroche.	151	Chantois.	52
Boen, V.	372	Charlieu, V. Ch.	

DÉNOMBREMENT

Paroisses.	Feux.	Paroisses.	Feux.
J R n r.	430	La Montagne de Cheries.	48
Chateaumorand, Bar.	90	Le Forestier.	88
Chateaumorand les Exempts.	39	Le Gats.	34
Chenay.	18	L'Hôpital de Rochefort, V.	86
Cheries.	100	Le Manduel.	142
Cholis.	76	Lentigny.	48
Combres.	13	Le petit Quartier d'Urfé.	82
Cordelles.	184		
Cottances.	118	Le petit Quartier S. Didier.	94
Cremeaux, B.	251		
Croset, V.	294	Le petit S. Simphorien.	46
Cuzie.	54		
Dancé.	24	Les Forges.	32
Dianniere.	150	Limandon.	89
Donzy, V. Ch. J R n r.	59	Luré.	53
		Mably.	139
Epercieu.	73	Maissilly.	32
Essertines.	47	Mars.	106
Fœurs, V.	276	Monchapt.	22
Fontanes.	57	Montrusse.	85
Gouyon	96	Monteguet.	76
Gresolis.	97	Mussonmarimbes.	80
Jarnosse.	69	Naulieu.	56
Ignerande.	166	Neronde, V. J R n r.	252
Juré.	52		
Juré en S. Jus.	33	Noailly en Donzy.	160
La Commune S. Marcel.	52	Noirestable, B.	242
		Nulise.	159

DU ROYAUME.

Paroisses.	Feux.
Onches.	66
Outreleris.	57
Pavissieres.	179
Pierrefitte.	51
Pinay.	72
Pingus.	91
Plagny.	42
Pomiers.	79
Poüilly en Roannez.	60
Poüilly lez Fœurs.	295
ROANNE, V. Feux. D P. Bail. 5 g f. Mar. 90 l.	930
Regny, B.	220
Renaison, V.	154
Renaison, B.	143
Rochefort, V.	195
Rosieres.	66
Sail lez Chateaumorand.	30
Savissinet.	45
Sousternon.	155
S. André, B.	202
S. Bonnet de Cray.	124
S. Bonnet des Quarts.	118
S. Chaon le Vieil.	110
S. Denis de Chabannes.	35

Paroisses.	Feux.
S. Didier.	141
S. Georges.	64
S. Germain la Montagne.	155
S. Germain la Val, V.	321
S. Hilaire.	72
S. Jodard.	72
S. Julien de Cray.	70
S. Julien Dodes.	92
S. Jus en bas.	76
S. Jus en Chevalet.	190
S. Jus la Pendüe.	116
S. Lagier.	27
S. Laon le Chatel.	240
S. Marcel d'Urphé.	142
S. Marcel en Neronde.	152
S. Martin des Traux.	31
S. Martin le Sauveté.	158
S. Maurice.	141
S. Nizier.	147
S. Paul d'Espercieu.	28
S. Paul de Vezelins.	105

DÉNOMBREMENT

Paroisses.	Feux.	Paroisses.	Feux.
S. Paulque.	52	Tressette.	62
S. Pierre la Noail.	99	Vernay.	90
S. Priest en Orgerolle.	75	Verrieres.	34
		Villars.	56
S. Priest la Prune.	100	Villecheneve.	76
S. Priest la Roche.	79	Villemontais.	128
S. Reraud.	29	Villerets.	151
S. Romain la Motte.	160	Viollay Montipou.	82
		Viollay Villette.	60
S. Sixte.	90	Vivens en Lionois.	36
S. Sulpice.	72	Vivens en Forez.	45
S. Surin le Comtal.	67	Urbise.	53
Ste Agate.	29	Urphé Champoly.	178
Ste Colombe, *V.* J R n r.	133		

ELECTION DE VILLEFRANCHE.

Paroisses.	Feux.	Paroisses.	Feux.
Affoux & Roserette.	115	Arnas.	85
Amplepuis, *B.*	360	Avenas.	50
		Balmont.	6
Amplepuits Quartier d'Enhaut, *B.*	120	Beaujeu, *V.*	360
		Beligny.	24
Arbuissennas.	10	Belleville, *V.*	390
Arcinges & Cerches.	125	Blacée.	110
		Bourg de Thisy, *V.*	176

Cenües

DU ROYAUME.

Paroisses.	Feux.	Paroisses.	Feux.
Genües.	150	Fourneau Vernan.	50
Cercié.	55	Germolles.	33
Chambost Chamelet.	85	Glaizé.	55
		Granris.	120
Chambost Longe-Saigne, B.	245	Jarnosse & Boyer.	114
		Joux sur Tarare.	200
Chamelet.	60	Juliennas.	200
Chamelet.	155	Juliers.	130
Charentay.	185	Lacenas.	105
Chenas.	110	La Chapelle de Mardorre.	35
Chervinges.	29		
Chirassimont & Machesal.	255	La Chise & Bucie.	30
		La Gresle.	120
Chiroubles.	106	La Mure.	120
Cineringues.	60	Lancié.	120
Clavesolles.	170	Lantigné.	80
Cogny.	150	Le Mas de la Farge.	28
Combres.	135	Le Mas d'entre les Eaües.	120
Contouvre.	150		
Corselles.	80	Le Mas d'Outre-coron.	93
Cours.	165		
Croizet.	50	Le Mas d'Outregan.	71
Cublise.	200		
Denecé.	133	Les Ardillats.	180
Dompierre.	35	Les Etoux.	140
Dracé.	150	Les Sauvages.	80
Durette.	25	Lestra.	130
Egully.	37	Limas.	61
Fleurié.	145	Marchampt.	138
Fourneau Saron.	40	Mardorre.	210

Tome I. O

Paroisses.	Feux.	Paroisses.	Feux.
Marmand.	65	S. Apolinard.	55
Matour.	30	S. Bonnet de Bruyeres, B.	230
Montagny.	151		
Montmelas.	20	S. Bonnet de Troncy.	145
Mouzols.	150		
Naoux.	109	S. Christophe la Montagne.	103
Nendax.	75		
Ne De de Boisset.	63	S. Cir de Chaoux.	38
Nulise.	23	S. Cir de Valorge.	90
Odonnas.	80	S. Cir de Faviers.	14
Oully.	35	S. Didier sur Beaujeu.	80
Ouroux.	90		
Parigny.	85	S. Etienne la Varenne.	140
Pereux.	183		
Pereux, V.	163	S. Jacques des Arets.	65
Pradines.	115		
Pommiers.	140	S. Jean d'Ardieres.	85
Poüilly le Chastel.	18	S. Jean la Bussiere.	135
Poüilly sous Chalieu.	105	S. Julien.	60
		S. Jus la Pendüe.	105
Poulles, B.	230	S. Juste d'Auray.	140
Proprieres.	90	S. Lagier.	160
Quincié.	195	S. Mars Eclairé.	80
Renchal.	85	S. Nizier d'Azergues.	150
Rigné.	125		
Roguins, B.	340	S. Pierre le Vieil.	100
Ronno.	180	S. Samel.	18
Rivolet.	115	S. Simphorien de Laye, B.	238
Salles.	45		
Sevelinges.	85	S. Sorlin.	16

DU ROYAUME.

Paroisses.	Feux.	Paroisses.	Feux.
S. Victor.	115	VILLEFRANCHE, V. 868 Feux. Bail. G à S. Mar. Acad. 110. l.	
S. Vincent de Boisset.	86		
S. Vincent de Rheims.	155	Vaudranges.	42
S. Ygny de Vers.	150	Vaurignard.	165
Ste Colombe.	45	Vaux, B.	250
Taponnas.	90	Vernay.	24
Thil.	60	Villiers, B.	226
Thisy, B.	130	Vougy.	114
Traddes.	20		

DÉNOMBREMENT

GENERALITÉ

DE

LIMOGES,

Composée de cinq Elections.

Sçavoir,

LIMOGES,
TULLE,   } en Limosin.
BRIVE,
BOURGANEUF, dans la Marche.
ANGOULESME, en Angoumois.

ELECTION DE LIMOGES.

Paroisses.	Feux.	Paroisses.	Feux.
Aigueperte,	23	Blanzac, *B.*	103
Aixe, *V.*	300	Blond, *B.*	224
Alloix.	140	Boisseüil.	123
Arennar.	136	Bonnat.	148
Arnat, *B.*	*B.*278	Bouex-hors de	
Arnat, Dorat.	338	Roussac.	84
Ascineres & son		Burgnat.	78
Enclave.	53	Bussier-Bossy &	
Aubesaigne.	18	son Enclave.	100
Auradour S. Ge-		Bussiere-Poite-	
nest, *B.*	263	vine, *V.*	280
Aureil.	47	Bussy Choulet.	18
Azat Leris.	150	Bussy-la Varache.	3
Balledan.	119	Buziere Galaud, *B.*272	
Barneüil & son		Cerillac, *B.*	240
Enclave.	130	Chabannes & son	
Baschalus.	80	Enclave.	51
Beaune.	106	Chabran prés	
Bellac, *V. Sen.*		Montport.	9
J R n r. M P.		Chaillat & son	
Mar.	630	Enclave.	144
Benazeix.	124	Challard.	91
Bennavant, *V.*	223	Chalmet & son	
Bersac.	182	Enclave.	17
Bessines, *B.*	335	Chamboureft.	100
Beynat.	64	Champmenestry.	165

Paroisses.	Feux.	Paroisses.	Feux.
Champtat, B.	221	Disle, B.	276
Chambouran.	61	Domps.	26
Chastin.	6	Dompierre, B. Seig.	270
Chateauchervix.	263		
Chateaucheryix, J.	99	Dorat, V. Sen. J R.	392
Chateaupoinsat, B.	465	Droux, B.	259
Chaptelat.	146	Dupuy prés S. Martin.	5
Chastain & son Enclave.	29		
		Embazat la Marche, B.	274
Chervi hors Chateau.	56	Embazat Limosin.	99
Cieux, B.	292	Esmoutiers, V.	400
Cirac.	18	Esburie, B.	206
Combret.	16	Escarts.	140
Combas hors Neuvie.	44	Este.	7
		Exidoux.	2
Condat prés Limoges.	139	Eyboulœufs.	77
		Eyjaux.	155
Condat-Userche.	332	Faytat.	26
Connore.	43	Flavignac, B.	287
Compeix & son Enclave.	58	Folles.	125
		Folenentoux.	24
Compoignac, B.	416	Foursat & son Enclave.	150
Coussat, B.	560		
Courbesy.	46	Fregifond & son Enclave.	18
Couzeix.	165		
Cussat les Eglises.	152	Fressinet.	49
Dains & son Enclave.	28	Froche.	233
		Gartemple.	32
Dessens.	72	Glandon.	137

DU ROYAUME.

Paroisses.	Feux.	Paroisses.	Feux.
Glanges.	180	che.	35
Gorze.	83	La Crouzille, *B*.	350
Grateloupe & son Enclave.	90	La Chapelle hors le Bois.	22
Haut Chalus.	36	La Dignat, *B*.	350
Haut & bas Dieulidon.	39	La Faye.	17
		La Forest Chouliere.	9
Hommes de la Tour, *B*.	284	La Forest Chabrouty.	38
Jabreilles, *B*.	291	La Faye Maroy.	43
Janaillac.	157	La Geirat.	120
Javerdat & son Enclave.	24	La Genetouze.	92
		Lageau Seigneur.	16
Jeanligourne.	160	La Guzet.	12
Insat.	82	La Garde S. Geral.	10
Jurgnat.	135	La Hatadrier.	49
LIMOGES, *V*.	2753	La Jonchere.	85
Feux. Ev. B d F.		La Mongerie.	35
Pres. Sen. Prev.		La Noüaille.	23
J R n r. H d M.		La Porcherie.	170
J C. 5 g f. B d T.		La Meize, *B*.	250
Mar. 100 *l.*		La Roche l'Abeille.	144
Limoges, Cité.	280		
La Bazeuge.	116	La Rochette.	82
La Brugere.	10	La Soutcraine, *V*.	400
La Bertat, *B*.	600	Lauvergnac.	34
La Barde Magillier.	36	Lavignac.	50
La Bretagne.	21	La Valade.	56
La Croix.	170	Leyterpt.	90
La Chapelle blan-		Linards, *B*.	248

DÉNOMBREMENT

Paroisses.	Feux.	Paroisses.	Feux.
L'Infournet.	25	Panazol.	154
Magnac, B.	104	Paulhac.	70
Maignat, V.	295	Peizat, B.	481
Maignat.	360	Peyrat prés Bellac.	220
Marsac.	129	Peyrillac, B.	260
Masseré.	63	Pierrebuffiere.	175
Masbugouleix & son Enclave.	2	Pin prés Morterol.	2
		Pont-S. Martin.	118
Masdupuy la Place.	18	Puyjudant & son Enclave.	2
Masleon.	75		
Maziere & son Enclave.	121	Quinsac.	66
		Rançon, B.	397
Meillac.	108	Razes.	220
Meillardz, B.	236	Restoüil.	7
Meuzat.	168	Rillac Lastours.	173
Mongibaud.	86	Rillac en Rançon.	140
Monbrandeix.	144	Roussac.	170
Monpenson.	7	Rouziere S. Georges.	172
Monismes.	40		
Morterol Coenard.	150	Royere prés S. Leonard.	105
Mourioux.	68	Royere hors la Roche.	147
Nautiat.	133		
Nevis.	183	Salagnac, B.	146
Neuviq entier, B.	282	Salagnac.	193
Neuviq Exidoux.	27	Sallon, B.	266
Nezon, B.	310	Salomniac, V.	205
Ournazat.	160	Salvignat.	89
Pageas, B.	318	Savignac, B.	205
Palais.	65	Seron.	20

DU ROYAUME.

Paroisses.	Feux.	Paroisses.	Feux.
Subrenas.	81	S. Julien les Combes.	118
Surdoux.	31	S. Junien, V.	871
Suffat, B.	219	S. Leger la Montagne.	184
S. Amand Monazes.	190	S. Leger Magnazeix.	220
S. Amand le Petit.	17	S. Leonard, V.	940
S. Aulaire.	71	S. Martinet.	32
S. Barban, B.	200	S. Martin Sepert.	192
S. Bonny la Riviere.	227	S. Martial prés S. Barban.	95
S. Bonnes prés Bellac.	185	S. Maurice Lasbrouse.	78
S. Christophe.	80	S. Meard.	202
S. Crier.	160	S. Michel Laurieres.	178
S. Denis des Murs.	176	S. Nicolas.	67
S. Eloy.	120	S. Paul, B.	337
S. Estienne de Furtat, B.	253	S. Paul & S. Laurent.	25
S. Genée.	166	S. Pardoux en Lubersac.	140
S. Genieix.	140	S. Pardoux en Rançon.	159
S. Germain.	92	S. Pierre Chateau.	122
S. Germain, V.	233	S. Pierre la Montagne.	48
S. Hilaire Bonneval.	110	S. Priest Libourne.	57
S. Hilaire Lastours.	168	S. Priest prés Aix.	180
S. Hilaire Magnazeix.	160		
S. Jouvent.	185		
S. Just.	197		
S. Julien le Petit.	29		

O v

DÉNOMBREMENT

Paroisses.	Feux.	Paroisses.	Feux.
S. Martin le Vieux.	210	Ste Marie de Chateauneuf.	233
S. Priest la Plaine.	134	Tars, *B*.	203
S. Priest Ste Anne.	38	Terfannes.	41
S. Priest Taurion.	147	Texon.	27
S. Priest Ligourne.	185	Touron.	88
S. Sauveur.	150	Vacoire.	23
S. Souvin Magnazeix.	184	Varneüil, *B*.	301
S. Souvin la Marche.	144	Vaux, *B*.	48
		Vernon.	14
		Veyrac, *V. Com.*	254
S. Simphorien.	132	Vicq, *B*.	331
S. Sulpice Lauriere.	130	Vigen, *B*.	352
		Villevaleix.	27
S. Trié.	123	Villefavart.	100
S. Trié sous Aix.	95	Vitrac & Doignon.	64
S. Thoix.	50	Voullons.	40
S. Vaury, *V*.	119	Voury.	67
S. Uriq.	243	Uzurat.	11
S. Yrieix, *V*.	712		

ELECTION DE TULLE.

Paroisses.	Feux.	Paroisses.	Feux.
Aixe.	166	Argentat.	123
Affiou.	140	Armets.	135
Albussac, *B*.	287	Avignac.	152
Aleyrac.	67	Aulouzac, *B*.	355
Ambrugeac.	97	Autillac.	46

DU ROYAUME.

Paroisses.	Feux.	Paroisses.	Feux.
Auriac.	109	Eyren.	109
Autry.	22	Favars.	130
Bar, *B.*	218	Freygeoul.	120
Barnanges.	26	Feyt.	65
Bassigniac.	110	Fors.	119
Bellechamuque.	38	Fournols.	4
Boïd, *V.*	306	Goulles, *B.*	200
Bonnefon.	95	Grandsaignes.	75
Bugeac.	75	Groschastau.	101
Camps.	104	Gusmond.	76
Champagnac, *B.* *J R.*	147	La Besse.	13
		La Celle.	46
Champagne la Noüaille.	144	La Chapelle aux Plats.	5
Chantevy.	217	La Chapelle S. Geraud.	113
Chanac.	99		
Chambret,	435	La Chapelle Epinasse.	43
Chaveroche.	63		
Chavanat & Malavaches.	71	La Dignac.	103
		La Fage.	10
Chirac.	108	La Garde.	180
Clergoux.	60	La Guenne.	191
Combrossou.	163	La Maziere, *B.*	210
Couderg.	13	La Plau.	135
Corraize, *B.*	246	La Roche.	78
Cousby.	7	La Tourette.	44
Courteix.	47	La Trouche.	83
Espagnac.	137	La Val.	93
Exupery, *B.*	247	La Vivadiere.	16
Eygurande.	93	Leobgel.	43

Paroisses.	Feux.	Paroisses.	Feux.
L'Eglise aux Bois.	11	Peret.	42
Le Geniac.	187	Perolles.	69
Le Jarden.	35	Peyrissac.	56
Le Montiers.	149	Pradines.	78
Le Pordieu.	88	Prandrigne.	72
Les Glettons.	180	Puycelevade.	161
Lestards.	42	Razieres.	183
Liquarres.	50	Reillac.	123
Malessé.	4	Reillac.	70
Marc la Tour.	47	Reygnades.	59
Margeride.	103	Roche prés Feyt.	106
Marcillac, B.	290	Roche lez Peyrou.	62
Mauzanet.	11	Sarrais.	153
Mercœur.	86	Sarou.	150
Mestas.	73	Senengour.	5
Meynac, V.	585	Serendon.	153
Meillars Trois Masseré.	72	Sexcles.	185
Monestiers Merlines.	109	Soudeilles.	90
		Soudeuve.	110
Monetier & le Pordieu.	91	Sournac & Rochefort.	200
Moussac.	58	Soussat hors Turenne.	39
Murat.	51		
Naves, B.	375	S. Augel & Ste Euygeoul.	245
Nentejoul.	25	S. Bauviré.	91
Neuvic, V.	367	S. Bonnet & Vert.	200
Orliac.	156	S. Bonnet à Valoure.	56
Orluc.	6		
Palifes.	121	S. Bonnet le	

DU ROYAUME.

Paroisses.	Feux.	Paroisses.	Feux.
Pauvre.	30	S. Martin Lauvaine, B.	217
S. Bonnet.	77	S. Merd.	62
S. Chamaux, B.	235	S. Mert.	54
S. Cirque.	137	S. Pantaleon.	50
S. Ceptier Charbanac.	169	S. Paul.	103
S. Clement, B.	312	S. Pardoux lez S. Chamaud.	15
S. Dionis.	49	S. Pardoux la Croizille.	90
S. Etienne.	61	S. Pardoux de Gimel.	118
S. Etienne lez Peyrou.	38	S. Pardoux le Neuf.	42
S. Etienne aux Claux.	151	S. Pardoux le Vieux.	67
S. Geneix Omerle.	60	S. Pierre le Chastel.	17
S. Germain le Volpt.	60	S. Priest.	58
S. Germain le Lieuvre.	40	S. Remy.	120
S. Hilaire Cascourbias.	180	S. Salvé.	104
S. Hilaire Luc.	58	S. Sulpice Feytet.	72
S. Hilaire Foissat.	148	S. Victor.	87
S. Hipoly.	100	S. Yrieix.	163
S. Julien le Pelerin.	78	Ste Fortuvade, B.	469
S. Julien, B.	204	Ste Marie.	35
S. Martial d'Antragues.	88	TULLE, V. 1700 Feux. Ev. Vic. Pres. Sen. J C. 5 g f. Mar. 100 l.	
S. Martial.	170		
S. Martial le Vieux.	38	Talainy.	45

DÉNOMBREMENT

Paroisses.	Feux.	Paroisses.	Feux.
Tarnac.	149	Veyrieres.	41
Treignac.	462	Viain.	73
Valiergues.	62	Vitrac.	114
Vedianne.	59	Ussel & S. Dezety, V. & P.	554
Veix.	93		

ELECTION DE BRIVE.

Paroisses.	Feux.	Paroisses.	Feux.
Albignat.	80	Chenailhes.	132
Allasac, V.	518	Chommeil.	98
Arnat.	274	Concezes, B.	205
Aubezine.	155	Cosnac.	120
Ayen, V. Com.	230	Cournil.	193
Brive, V.	1160	Couzours.	80
Feux. Pres. Sen. J C. Mar. 80 l.		Cublat, B.	240
		Destivaux.	120
Beaumont.	87	Dobjat.	150
Beyssat.	180	Douzenac, V.	471
Beyssenat & Segur, B.	277	Espartignat.	115
		Estaillac.	120
Blanchefort.	165	Eyburie.	54
Boisseüil.	228	Ferrieres.	22
Bord.	5	Genis, B.	341
Brancilhers.	100	Goust, S. Laurent & son Enclave.	101
Brignac.	120		
Brivezat, B.	228	Issaudon.	160
Chabrignac.	110	Juilhac, B.	630
Chamboulive, B.	523	La Bastide.	41

DU ROYAUME.

Paroisses.	Feux.	Paroisses.	Feux.
La Chapelle aux Birs.	40	S. Antoine & Turenne.	4
La Graulliere.	200	S. Auguſtin.	160
La Neuville.	113	S. Aulaire.	184
L'Arche & Boiſsieres.	133	S. Bonnet la Foreſt.	229
Laſeaux.	140	S. Bonnet le Tradan.	115
L'Enclave de Perpiſat le Noir.	70	S. Ciprien.	90
Liourdre.	80	S. Cir la Roche.	112
Lougnac.	133	S. Cir les Champagnes.	202
Maſches.	39	S. Feriol, *B.*	550
Menoire.	34	S. Germain lez Vergues.	215
Merignac l'Egliſe.	46	S. Hilaire Taurieu.	60
Monnars.	87	S. Jal, *B.*	268
Monſacq.	160	S. Julien & Segur.	201
Mouceaux, *B.*	260	S. Menans.	130
Orginat lez Glandiers.	250	S. Meſmin, *B.*	237
Palalinges.	28	S. Pantaleon, *B.*	322
Perpezat le Blanc.	195	S. Pardoux.	122
Perpezat le Noir.	255	S. Robert & S. Maurice.	154
Pierrefritte.	80	S. Salvadour.	186
Pompadour.	73	S. Solve.	106
Trugnie.	14	S. Souvin Laſvaux.	150
Rozieres.	132	S. Ybard.	374
Sadrot.	120	. Viance.	175
Saillac, *B.*	220	Teilhois.	108
Segonzac.	185		
Siougnac.	30		

Paroisses.	Feux.	Paroisses.	Feux.
Temple d'Ayen.	51	Vigeois, B.	400
Vareft, B.	305	Voulezac, B.	408
Vart.	99	Uzerche, V. Sin.	310
Veignols, B.	253		

ELECTION DE BOURGANEUF.

Paroisses.	Feux.	Paroisses.	Feux.
Auloup.	118	Courtavines.	12
Auriac.	89	Cuplat.	59
Bourganeuf, V. J R. 80 l.	306	Defbords.	27
		Duvigé.	26
Beaulieu.	12	Faux & Maffuras.	77
Beaumoin.	18	Grandrieu.	18
Belefcave.	39	Hautefaix.	7
Billanges.	157	Hyvernaud.	6
Bortmoreau.	37	La Brugere.	34
Bortbourat.	6	La Cour le Ma-faucher.	48
Chadieras.	37	La Goudiniere.	27
Champagnac.	5	Lantade.	6
Champraux.	12	Langladure.	47
Chamroix.	36	La Pouge.	32
Charpoux.	8	La Pouge les Dif-traits.	33
Charveres.	38		
Chatelus, V.	163	La Vareilhe la Chaux.	13
Chouverüe.	37		
Clavelle.	31	La Vaud Dugier.	17
Convoiltre.	15		
Conjac.	27	Lavaud.	15

DU ROYAUME.

Paroisses.	Feux.	Paroisses.	Feux.
Lauzat.	18	Roudaressas.	25
Le Mazet.	4	Royere.	42
Le Monteil la Combe.	37	Rouzieres.	7
		Serne.	6
Leygaud.	22	Soubrebort.	61
Longehaud.	4	Soubrebort les Distraits.	59
Maignac.	49		
Massiverneix.	16	S. Amand le petit.	4
Massoubiot.	8	S. Amand Jartadeix.	107
Merignac.	141		
Monbouchier.	49	S. Dixier.	120
Monterguey.	59	S. Dixier les Distraits.	88
Monteil à l'Etang.	12		
Monvial Fraisaix.	10	S. Goussaud.	120
Montvoux.	24	S. Hilaire.	130
Moreil.	83	S. Hilaire les Distraits.	27
Morterol.	68		
Mourioux.	74	S. Junien.	89
Neuvix le Bourdalein.	14	S. Julien.	100
		S. Martin Chateau.	26
Nodde.	64	S. Pardoux.	130
Ouphelle.	4	S. Priest.	21
Pereville Monians.	7	S. Priest les Distraits.	18
Peyrat, V.	129		
Pierrefitte.	6	S. Trand.	7
Plenartige.	9	S. Yrier.	81
Pontarion.	66	Ste Anne.	41
Quinsat.	39	Tauron.	48
Reix.	35	Tralricu.	6
Rempuat.	41	Valandaix.	14

Paroisses.	Feux.	Paroisses.	Feux.
Vaviere.	15	Villars Terejal.	16
Vidaillac.	45	Villars Genſenas.	21
Villards.	46	Vouveix.	25

ELECTION D'ANGOULESME.

Paroisses.	Feux.	Paroisses.	Feux.
ANGOULESME, V. 2240 Feux. D. Ev. Preſ. Sen. Prev. M P. 5 g f. Mar. 120 l.		Bernat.	70
		Beſchereſſe.	165
		Biouſſat.	117
		Blanzaguet.	93
		Blanzac, V. Marq.	90
Agnic.	140	Boix.	164
Agris, B.	240	Bonnes, B.	252
Aiguependant.	26	Bors.	150
Ambouiſe.	54	Bouin.	72
Aſnieres.	182	Bouhelauts.	304
Aubeville.	102	Bouſſac, Cuſſac, Puyraveau.	33
Aubernat.	90		
Aubeterre, V.	128	Bran.	120
Augedur.	65	Brie, B.	325
Aunal.	61	Brettes.	105
Auſat.	200	Bunzac.	70
Balzec, B.	200	Cercles & Villages de Montaboules.	485
Barolétouches.	74		
Bayeres.	102		
Beſtegragonne.	51	Chaduries.	140
Bellon.	141	Chabrat.	104
Beſſat.	151	Chabanois, V.	291

DU ROYAUME.

Paroisses.	Feux.	Paroisses.	Feux.
Champnieres, *B.*	700	Digrac, Cloutas & Beaulieu.	320
Champagne la Valette.	50	Douzac.	78
Champagne Blozat.	73	Dubreüil Coiffault.	65
Chambon.	26	Essards.	190
Chantillat.	175	Escuras, *B.*	332
Charas.	160	Estriat.	80
Chastelads.	42	Este.	140
Chassenejul.	153	Espenede.	103
Chassenon.	102	Esadiost & Puychevy.	143
Chautrezat.	95	Empuré.	55
Chateaurenaud, *B.*	150	Esbreon.	76
Chaux, *B.*	629	Esdon.	175
Chazelles.	164	Estegnat, *B.*	336
Chenaux.	195	Exideüil.	343
Chevenat.	108	Feüillade.	20
Cherves, *B.*	260	Fleac.	140
Chenon.	65	Fontenilles.	25
Chenonnes.	54	Fouclerau.	133
Chermé.	205	Fouquebrune.	195
Chirat, *B.*	217	Garat, *B.*	200
Claix.	193	Gazdes.	145
Combiers.	160	Genoüillac.	168
Condat.	118	Grassat.	120
Coutures.	88	Grenort.	77
Couzat.	46	Gurat.	270
Coulgens.	18	Hane.	83
Corlat.	69	Hautefaye.	43
Courgeat, *B.*	204	Heurtebise &	
Cressat.	60		

DÉNOMBREMENT

Paroisses.	Feux.	Paroisses.	Feux.
Condelonp.	15	Lisinat, Durant & Verniie.	295
Hiersac.	105		
Hieste.	124	Ligné.	95
Jugnac, *B*.	357	Lindois.	160
Julliers & Ville-sorbiers.	140	Lonnes.	89
		Longré.	80
Jurignac.	83	Londignié.	117
La Chevrie.	80	Loubert.	22
La Couronne, *B*.	310	Lusiq & la Croix Jofrois.	92
La Diville.	62		
La Roche-Audry & Moutiers.	294	Lussat.	48
		Magnac & Rodas.	166
La Peyreuse.	40	Maignat sur Touvre.	92
La Madelaine.	77		
La Faye.	140	Mairignat.	127
La Meneselle.	24	Mainzat.	110
La Prade.	148	Maimous.	76
Lautiers.	36	Manot, *B*.	252
La Rochefoucaut, *V. D.*	550	Marthon.	119
		Marillac.	175
La Tour blanche.	70	Mauzon.	110
Le Tastre.	140	Mazerolles.	150
Le Vauvre & l'Enclave d'Espins.	64	Mazieres.	67
		Messüe.	48
Lesterpt.	68	Mirant S. Antoine.	38
Lesignac sur Goire.	187	Missignat.	170
Levestizous.	10	Montgoumard.	60
L'Hommeau.	188	Montignac le Cocq.	127
Linards.	187		
L'Isle de Peignat.	62	Montbron, *V*.	140

DU ROYAUME.

Paroisses.	Feux.	Paroisses.	Feux.
Montuac, B.	305	Puymoyen.	77
Montonneau.	54	Puyperoux.	15
Montalambert.	92	Ravergue.	93
Montjean.	120	Rayx.	106
Mornat.	173	Rochette.	174
Mortiers & Puyrigaud.	271	Rouelle.	179
Moutardon.	135	Romaziere & la Place.	45
Nabinaux.	110	Rousselet & Rocheraud.	227
Nanteüil & Fayolles.	280	Rouffiac.	60
Negret.	200	Roussenat & Julliat, B.	335
Nersat.	240	Rougnat.	255
Orge, Eüil & Peroux.	90	Roussines.	279
Orivaux.	155	Rouzede.	158
Palluau.	220	Ruffeq, V.	400
Pareüil, B.	346	Rivieres.	226
Paysais Nodoin.	45	Salles & Touchimbert.	204
Perignat.	184	Salles en la Vallette, B.	332
Pillat, B.	315	Savigné.	107
Pionsay Villeneuve.	201	Saugon, B.	380
Plassat.	44	Seüilles.	45
Porcheresse.	75	Sersparentier.	130
Porsat.	94	Sireüil.	122
Pougie Allerte.	76	Souffrignat.	11
Prauzat.	164	Soyaux.	96
Prerigat.	154	Soyaux & Mont-	
Puychebran.	162		

DÉNOMBREMENT

Paroisses.	Feux.	Paroisses.	Feux.
bron.	110	sagot, B.	256
Suris	112	S. Leger.	58
S. Amand de Montmoreau, B.	275	S. Marsaud.	54
		S. Masry.	204
S. Amand de Bonnieres.	118	S. Maxime.	155
S. André.	65	S. Martin de Consaulant.	45
S. Angeau.	69		
S. Aulaye, B.	625	S. Martin de Ruffeq.	92
S. Bartomé.	230		
S. Christophe de Consaulant.	198	S. Maurice des Lions, B.	344
S. Christophe d'Aubeterre.	124	S. Medard de Vertheüil, B.	370
S. Cibard de Montmoreau.	99	S. Michel de Consaulant.	84
		S. Michel d'Antragues.	80
S. Cibard le Peyrat.	60	S. Nicolas de Pendry.	42
S. Claude.	133		
S. Cyers.	125	S. Paul.	26
S. Denis de Montmoreau.	90	S. Projet S. Constant.	59
S. Estaury.	95	S. Quentin d'Aubeterre.	221
S. Eutrope.	52		
S. Front.	111	S. Quentin Chabenois.	112
S. Gervais.	130		
S. Germain.	160	S. Romain d'Aubeterre, B.	346
S. Genis.	48		
S. Jeure.	22	S. Romain de la Valette.	189
S. Laurent de Bel-			

DU ROYAUME. 335

Paroisses.	Feux.	Paroisses.	Feux.
S. Saturnin.	156	Troispallis.	52
S. Sauveur.	5	Vallerus.	69
S. Severin, B.	305	Vauzat.	163
S. Sornin.	158	Vaux.	76
S. Sulpice, S. Gourson & Donezat.	170	Versé.	70
		Veüil & Giget.	40
S. Vincent d'Aubeterre.	22	Viat & Villeneuve.	116
		Vieux Ruffeq.	116
S. Vincent de la Rochefoucault.	31	Villards.	48
		Villeseguant, B.	324
S. Yriers, J R.	134	Villegast.	76
Ste Colombe.	76	Villiers.	121
Ste Radegonde, B.	300	Vindelle.	106
Tabonnac.	101	Villonneur.	64
Taisicaisie.	94	Vitrabier.	77
Tessé la Forest.	198	Viviers Fouslaud.	95
Tonnerat.	155	Voullegezat.	27
Tortat.	122	Vouton.	98
Touvre.	40	Vouzon.	176
		Yvras & Malleran.	192

DE'NOMBREMENT

GENERALITE'

DE

RIOM,

Composée de six Elections.

Sçavoir,

RIOM,
CLERMONT,
ISSOIRE,   } en Auvergne.
BRIOUDE,
S. FLOUR,
AURILLAC,

ELECTION

ELECTION DE RIOM.

Paroisses.	Feux.	Paroisses.	Feux.
Ansat, B.	265	Comps.	90
Arconsat.	63	Condat.	194
Arts.	78	Crevant.	200
Auterive.	32	Dapcher.	40
Auteserre.	178	Danayat.	80
Beaumont.	109	Delà les Bois.	55
Beauvoir Servant.	210	Durat.	80
Bicon.	30	Ermighat.	72
Bresson.	175	Eschassiere.	66
Bulhon.	78	Escoutoux, B.	203
Bussiere.	62	Espinet.	46
Cebazat, B.	305	Eynezat, V.	220
Celleville & Chaufour.	180	Fernoel.	54
Celle prés Fernoel.	55	Geysou & la Godinelle.	25
Celle sur Thiers.	480	Giat, B.	227
Chapdez & Beaufort.	228	Gimeaux.	96
Chappes.	102	Hermanc, V.	108
Chassenet.	39	Huesme l'Eglise.	89
Citernes.	90	Jaunet.	33
Colombiers.	113	Issac & la Tourette.	60
Combronues, D J S.	243	Jussat.	50
		La Bastie Granglise.	130
Combraille en Val.	105	La Crouzillée.	68
		La Forest.	30

Tome I. P

Paroisses.	Feux.	Paroisses.	Feux.
Landogne.	175	Proudines & Perolles.	124
La Perousse.	160	Quelhe.	45
Le Moutiers de Thiers.	72	RIOM, V. 1884 Feux. B d F. Pref. Mon. d R. n r. Sen. J C. H d M. D d S. M P. Mar. 100 l.	
Le Puy S. Gulmier.	80		
Lisseule.	25		
Loubeyrat.	85		
Luzilhac.	130		
Maringues, V.	495	Randans, V. D.	200
Marsat, B.	148	Sardon.	85
Mazayes & Chamboy.	136	Sauvagnat.	148
		S. Alvar.	20
Menestrol & Bourassel.	95	S. André.	85
		S. Angel.	95
Miremont, V.	200	S. Avic.	123
Montfermy.	50	S. Allire.	104
Montel de Gellat.	158	S. Bonnet, B.	200
Montegut, V. Bail. D d S.	465	S. Coust & Chatelguyon.	200
Mourculle.	35	S. Eloy.	82
Neyronde.	72	S. Geneix l'Enfant.	65
Olby.	140	S. Geneix lez Monges.	49
Paliers.	180		
Pechadoirs.	92	S. Germain.	38
Poupignat & Chateauguay.	160	S. Hypolite.	125
		S. Jacques d'Ambur.	75
Pragoulins.	86		
Pressac & Villeneuve.	45	S. Jean d'Heurs.	35
		S. Ignat.	195
Promplat.	100	S. Julien.	59

DU ROYAUME.

Paroisses.	Feux.	Paroisses.	Feux.
S. Laure.	52	Varennes.	100
S. Myon.	95	Vermegheol.	155
S. Pierre le Chatel.	120	Vialle & mon Gascon.	113
S. Priest.	112	Villesanges.	167
S. Remy sur Thiers.	205	Vinzelle.	75
Theliede.	105	Virlet.	135
Thiers, *V. J R.*	1010	Vitrac.	68
Tissoniers.	20	Voing.	36
Tortebesse.	45	Volvie.	310
Trastegues.	25	Uriat & Jose.	152
Vandon.	103	Youx.	25

ELECTION DE CLERMONT.

Paroisses.	Feux.	Paroisses.	Feux.
Allaignac.	174	Bavis.	84
Apchat.	221	Beaumont, *V.* Vic.	218
Ardes, *V.*	410	Beaune.	49
Aubiere, *B.*	281	Beaulieu.	48
Aveze.	138	Beauregard, *B.*	267
Augnat.	64	Besse, *V.*	244
Augerolles.	50	Besse en Chandeze.	190
Aunat.	79	Bessette.	68
Autezac.	80	Bilhom, *V.*	786
Aurieres.	91	Blanzat.	199
Auzelle, *B.*	214		
Baignols, *B.*	297		

Paroisses.	Feux.	Paroisses.	Feux.
Boniat.	90	liargues.	67
Bort.	149	Cheynat.	49
Bourgbas d'Olliergues.	93	Clemensac.	56
		Compans & Brion.	182
Bourlastiq, B.	387	Condat en Femers, B.	340
Bouzet.	85		
Bremont la Motte, B.	219	Con't.	187
		Cormede.	28
Brousse, B.	281	Cornon, V.	414
CLERMONT, V.	1324	Corpiere, V.	254
Feux. Ev. Com. Cd		Courtesere,	72
A de Montferrand.		Coudes.	187
Pres. Bail. Sen.		Coren.	57
J R n r. J C. G S.		Courejoul.	78
B d T. Mar. 90 l.		Cros.	85
Ceilhoux.	121	Crestes,	30
Calamine.	127	Cunlhat, B.	443
Chanonnat, B.	247	Culhat.	87
Chamallieres, B.	239	Dallet.	178
Champeix, B.	264	Dauzat.	113
Chambon.	201	Dolliergues.	93
Chambezon.	54	Dommaizes, B.	208
Chanat.	45	Dreüil.	92
Chavarroux.	48	Egliseneuve, B.	267
Chaurive.	262	Egliseneuve prés Condat.	256
Chas.	134		
Champs.	242	Espinasse.	113
Chastraix.	187	Espirat.	76
Chasseigne.	133	Estendeüil.	110
Chazeaux & Mo-		Fayet.	123

DU ROYAUME.

Paroisses.	Feux.	Paroisses.	Feux.
Fellines.	33	Le Mas de Villars.	27
Gerzat, *B.*	503	Le Quartier haut de la Montagne.	91
Grandeyrol.	27		
Issartaux.	140	Le Quartier d'Aubusson.	200
Jussat.	67		
La Chabasse.	117	Le Quartier de Corpiere.	250
La Chapelle Aignon, *B.*	375	Le Quartier d'Auzelle.	170
La Chapelle Marcousse.	102	Le Quartier d'Entragues.	129
La Foüillouze.	129		
Las.	112	Le Quartier d'Ouaresse.	59
La Sauvetat, *B.*	234		
La Roche Donejat, *B.*	312	Le Fromentail.	74
		Le Cendre.	71
Laschamps.	26	Le Crest, *V.*	321
La Tour.	119	Leozun.	93
La Nobre, *B.*	258	Les Bobeleix.	180
La Rodde.	165	Les Barils S. Alire.	103
La Queulhe, *B.*	106	Les Mas de Duriol.	76
Landeyrac.	78	Les Martres sur Moges.	170
La Varenne.	86		
Lempde, *B.*	302	Les Martres d'Artieres.	124
Le Bassinet.	40		
Lempti.	52	Lignat.	35
Lezoux, *V.*	559	Lussat.	125
Le Mas d'Ocheres.	26	Ludesse.	51
Le Mas d'Ornon.	42	Madriat.	57
Le Mas de Chassignols.	9	Malintras.	107
		Marrat, *B.*	462

P iij

Paroisses.	Feux.	Paroisses.	Feux.
Mauzin.	67	Parent.	107
Marcenat & Aubijoux, *Vic.*	471	Perignac.	159
		Perignat.	41
Mazoires.	245	Perpezat, *B.*	346
Maymont.	47	Picherande.	169
Meissex.	292	Pignol.	134
Mezet.	215	Plauzat, *B.*	309
Mirefleur, *B.*	257	Pont Astier.	21
Montferrand, *V.* Bail. Prev.	740	Pont du Chateau, *V.*	641
Montmorin.	145	Pont Gibaut, *V.*	133
Montgrelez.	107	Puy la Veze.	64
Monboissier.	28	Reignat.	81
Montegut.	124	Reignac	62
Montredon.	124	Rochefc , *V.*	
Montegut, *B.*	224	Com.	128
Murat de Quaire.	153	Rochecherle.	62
Murol.	61	Romaignac, *B.*	222
Nabouzat.	143	Rongieres.	33
Neuville.	124	Royat.	191
Neschers, *B.*	182	Rozantieres.	89
Nohanen.	150	Saillans.	46
Noualhat.	36	Sallede, *B.*	207
Olmet, *B.*	385	Salmeranges.	174
Omme.	69	Sandier.	177
Orcival, *B.*	165	Savennes.	77
Orcet.	131	Sauzet le Froid.	60
Orlat.	171	Sauriez.	101
Orcinne, *B.*	269	Sauveat Quartier haut.	16
Orphange.	40		

DU ROYAUME.

Paroisses.	Feux.	Paroisses.	Feux.
Seichalle.	175	S. Jean de Solliers.	221
Sermentizoux.	152	S. Jean les Monges.	40
Singles.	160		
Subgeres.	171	S. Julien d'Eydat.	102
S. Allire & Monton, B.	350	S. Julien, B.	326
		S. Martial.	291
S. Amant, V.	354	S. Maurice.	197
S. André de Buzeol.	81	S. Martin de Tours.	82
S. Bauzire.	150	S. Nectaire.	257
S. Bartelemy.	166	S. Ours.	282
S. Babel, B.	29	S. Pardoux, B.	269
S. Bonnet.	29	S. Pierre Roche.	180
S. Bonnet.	189	S. Pierre de Moissac, B.	302
S. Bonnet.	92		
S. Bonnet bas.	90	S. Sauve, B.	341
S. Dierry.	195	S. Saturnin, B.	287
S. Donnat.	155	S. Sandoux, B.	229
S. Estienne des Champs.	111	S. Victor.	173
		S. Vincent.	122
S. Eusteze.	95	S. Vincent.	112
S. Floret.	150	Trezioux.	195
S. Flour.	119	Tours, B.	340
S. Georges de Gelle, B.	370	Teyrac.	203
		Teix & Nadallat.	73
S. Georges.	126	Tallande.	150
S. Gervais, V.	186	Tourzet.	80
S. Geneix.	108	Tauves, B.	232
S. Geneix, B.	262	Tremouvelle.	185
S. Gal.	131	Tremoüille.	82
S. Jean de Gennes.	44	Ternaut.	47

DÉNOMBREMENT

Paroisses.	Feux.	Paroisses.	Feux.
Tournat.	84	Bail.	542
Vernet.	147	Villemonteix.	150
Verninnes.	136	Vollore, V. Com.	785
Vertolay.	99	Vossel.	65
Vertaizon, B.	408	Yronde & Buron.	246
Vic le Comte, V.			

ELECTION D'ISSOIRE.

Paroisses.	Feux.	Paroisses.	Feux.
Ambert, V.	804	Chadeleuf.	94
Ambert, V.	403	Chalus.	108
Antoing.	117	Champetiers.	173
Arlant.	209	Chameane.	83
Arlant, B.	379	Chambon.	166
Auzat, B.	329	Champagnac le Jeune.	84
Auliat.	58		
Auzon, V.	296	Champagnac le Vieux.	157
Ayx en la Fayette.	80		
Azerat.	134	Charbonnier.	41
Baffie.	14	Chargniat.	91
Beaulieu.	85	Chassagnols.	109
Bergonne.	72	Chateauneuf du Fraise.	71
Bertignac, B.	377		
Bonneval.	94	Chidrat.	94
Bousfde.	216	Chomond.	76
Brassat.	212	Cistriers.	146
Brenat.	121	Colange.	54
Burieres.	170	Crapone.	57

DU ROYAUME.

Paroisses.	Feux.	Paroisses.	Feux.
Doranges.	172	Les Pradaux.	106
Dorclesglise, B.	269	Longchamps.	38
Eglise neuve.	51	Malhat.	221
Eschandelis.	168	Malivieres.	80
Espinchal.	61	Manglier, B.	237
Fayet.	83	Mareugol.	118
Flate.	115	Mauriat.	131
Fournol.	211	Marsat, B.	605
Gignat.	102	Mayres.	26
Glizolles, B.	228	Mazeras.	
Grandval.	150	Medeyrolle.	113
Grandrize.	149	Meilhaud.	121
ISSOIRE, V.		Nonnette, B. Ch.	212
Prev. n r.	729	Ne De de Montz.	50
Joblatour		Nouvacelles.	173
Gouyon.	622	Orbeil.	109
Julianges.	148	Orsonnette.	72
La Chapelle.	28	Pardines.	69
La Chapelle Geneste.	94	Parentignat.	78
		Periers.	79
La Chal.	55	Pestiers.	37
La Meyraud.	26	Rouheyrent.	32
La Vaxenne.	26	Rounayes.	32
La Val.	73	Saillans.	190
Le Broc.	203	Saussilhanges, V.	548
Le Breul.	132	Savagnat.	128
Lempde.	221	Savalanges, B.	323
Lertoing.	114	Solignat.	136
Le Vernet, B.	259	S. Allier Monboisier.	87
Le Monestier.	177		

Paroisses.	Feux.	Paroisses.	Feux.
S. Allier Chaize-Dieu.	142	S. Jean d'Osbregoux.	159
S. Alire sous Auzon.	114	S. Jean S. Gervais.	80
		S. Juste de Baffié.	184
S. Amant,	401	S. Martin de Solme.	210
S. Anselme, B.	421		
S. Bonnet le Chatel.	262	S. Martin des Plains.	82
S. Bonnet, B.	136	S. Martin de Soliers.	98
S. Clement.	136		
S. Cirgues.	55	S. Romain.	115
S. Cirgues sur Montelles.	80	S. Sauveur.	74
		S. Vairt.	127
S. Estienne sous Usson.	142	S. Victor.	100
		S. Yvoine.	88
S. Feriolles des Cottes.	181	Ste Florine.	216
		Tioliers.	93
S. Germain de Lambrun, V.	362	Val.	38
		Vergonghon.	87
S. Germain sous Usson.	56	Vezezoux.	65
		Villeneuve.	103
S. Germain l'Herm.	108	Viverols.	219
		Viverols.	80
S. Germain l'Herm, V.	145	Vossiniers.	260
		Voudoble.	205
S. Gervazy.	130	Usson, V. Bail. Ch.	142
S. Geneix.	126		
S. Herand.	73	Usson Côte d'Auvergne.	199
S. Jean en Val.	76		

ELECTION DE BRIOUDE.

Paroisses.	Feux.	Paroisses.	Feux.
ALegre, V. Marq.	194	Charmensac.	99
Ally.	170	Charraix.	69
Aniac.	121	Chassagne.	114
Anteyrat.	86	Chastel.	151
Arlet.	34	Chatelles.	40
Aubazac.	85	Chiliac.	160
Auriac.	160	Chomette.	36
Autrac.	54	Chomeles, B.	224
BRIOUDE, V.	670	Collat.	76
Feux. Pres. J C.		Connangles.	155
Beaumont.	66	Concortez.	42
Beaune.	66	Combladour.	26
Berbezit.	30	Cosnac.	35
Bleste, B.	380	Cougeat.	20
Bonnat.	136	Couteuge.	51
Bousserargues.	40	Cronce.	124
Bourloncle.	73	Croux.	21
Brassac.	67	Dalmeyrat.	104
Ceaux, B.	250	Desge.	91
Celoux.	51	Desdigons.	50
Censac.	37	Espalerne.	102
Cerezat.	97	Fayt.	28
Chanteuge.	105	Felines.	145
Chanteuge la Paroisse.	96	Ferussac.	42
		Flageat.	34
		Fontanes.	71

DÉNOMBREMENT

Paroisses.	Feux.
Fressinet.	19
Frugieres.	92
Grenier & Mongon.	89
Grevier.	4
Javauques.	45
Jax.	60
Jouzat.	72
La Bastide.	30
La Brousse.	40
La Chapelle d'Alagnon.	30
La Chapelle du Laurent.	110
La Chapelle Berly.	63
La Chaise-Dieu, V.	296
La Foraine d'Aligre.	123
La Motte Canillac, V. Vic.	297
Langeat, V. Bail. Prev.	412
Langeat en plat port.	106
La Rochette.	25
La Roche.	56
La Vandieu.	140
La Voute.	200
Le Tirlem.	39
Le Vernet.	26
Leyvaux.	55
Lortanges.	74
Lugeat.	17
Lubiliac.	148
Lussaud.	20
Malonpise.	217
Massiac, V. Com.	315
Mauriac les Termes.	15
Mazeirat.	154
Mazerat.	172
Mercœur, V. D.	92
Mollede.	130
Montelard.	50
Moutlet, B.	226
Nay, B.	258
Nozerolles.	92
Ne De de Laurec.	94
Pauliac.	116
Pauliaguet, V.	272
Pebrac.	140
Peruse.	27
Pinols.	160
Preissat.	54
Prades.	60
Quartier de Vedrine.	80
Regeade.	53
Reliac, B.	43

DU ROYAUME.

Paroisses.	Feux.	Paroisses.	Feux.
Salezuit.	57	S. Julien de Fix.	100
Seaugües, *B.*	278	S. Just Brioude, *B.*	334
S. Arcons.	120	S. Just Chomeles.	200
S. Beausire.	130	S. Laurent.	49
S. Berain.	89	S. Lagier.	26
S. Badel.	97	S. Mary le Plain.	15
S. Ciergues.	155	S. Paulien, *B.*	410
S. Didier, *B.*	260	S. Privat du Relay.	260
S. Estienne sur Blesle.	106	S. Privat du Dragon.	104
S. Estienne Massiac.	10	S. Pegeix.	53
S. Estienne Allegre.	33	S. Paul de Murs.	100
S. Eble.	93	S. Victor Massiac.	41
S. Ferreol.	88	Ste Marie des Chasses.	48
S. Georges d'Aurat.	105	Taliac.	65
S. Geron.		Vallechatel.	36
S. Geneix de Fix.	44	Varennes.	40
S. Geneix S. Paulin.	95	Vazeilles.	76
S. Ilpize, *P.*	566	Vieille Brioude.	340
S. Julien des Chasses.	90	Vissac.	35

DÉNOMBREMENT

ELECTION DE S. FLOUR.

Paroisses.	Feux.	Paroisses.	Feux.
Albame.	129	Chatel sur Murat.	105
Alby.	188	Chanet.	46
Allanches, V.	249	Chateauneuf.	103
Alleuze.	174	Chastel.	205
Andelat.	146	Chaussanac.	143
Anglars.	79	Chavaignat.	33
Anglards, B.	320	Chavanon.	35
Arches.	38	Chaudes-Aigues, V.	415
Aveze.	125		
Avignognet.	128	Chazelles.	28
Auterieux.	113	Chezlade.	89
Auzées.	182	Clayiers.	196
Balinaix.	59	...andres.	147
Barriac.	68	Combalut.	1
Bassignac.	74	Coren, B.	12
Bleaux, B.	334	Cottines.	18
Bournonels.	48	Cussac.	168
Bragac.	63	Deux Verges.	39
Bredon, B.	509	Dienne, B.	377
Brezons.	186	Drignat.	76
Celles.	202	Drugac.	156
Cesens.	232	Epinasse.	122
Chalignarges, B.	327	Escuriaches.	37
Chalviniac.	179	Faleimaigne.	86
Champagnat, B.	285	Favepolles.	193
Chalus.	61	Fontanges, V. D.	342

DU ROYAUME.

Paroisses.	Feux.	Paroisses.	Feux.
Fortanier.	42	clins.	48
Fournols.	62	Le Vigen, B.	203
Fourniac.	17	Les Arbres.	66
Fressanges.	151	Les Falgoux.	91
Gourdieges.	62	Les Ternes.	218
Ides.	172	Le Reyssenet.	130
Joursac, R.	200	Lirtadez.	210
Jubrun.	84	orcieres.	157
La Boissonneyre.	50	Loupiac.	68
La Capelle Barret.	37	Lugarde.	89
La Chapelle d'A-lagnon.	100	Madie.	84
		Mallet.	42
La Griffoule.	37	Malbe.	150
La Gasne.	43	Maignat.	23
La Foraine Der-vines.	100	Mallargues.	126
		Marchastel.	180
La Foraine de Chaud.	269	Mauriac, V.	359
		Maurines.	84
La Foraine de Pierrefort.	149	Mentieres.	83
		Menet.	194
La Serre.	78	Miallet.	160
La Trinité.	76	Montesaut.	92
Lavastrie.	179	Moissac haut.	69
Lasticq, V.	65	Moissac bas.	111
Le Morle.	34	Mossages.	168
Le Caire.	40	Murat, V. Bail. M P.	525
Le Vastrus.	96		
Le Quartier d'Apchon.	182	Murades.	108
		Narmal.	90
Le Quartier d'Es-		Neuve Eglise.	174

DÉNOMBREMENT

Paroisses.	Feux.	Paroisses.	Feux.
Nouvialle.	65	S. Bonnet.	179
Oradour, B.	281	S. Cipoly.	101
Paulhine.	188	S. Chamans.	198
Pauliat, B.	346	S. Estienne.	170
Peyrusse.	240	S. Eulalie.	149
Pierrefort, B.	169	S. Enstophe.	171
Pouzols.	60	S. Georges.	162
Prondelle.	110	S. Jail.	47
Raffiat.	172	S. Just.	122
Riom le Chetif, V.	182	S. Martial.	30
Ruines.	46	S. Martin.	257
Rochegonde.	141	S. Martin Cour-	
Ruffieres.	20	tales.	151
Roumaniargues.	60	S. Martin.	157
Saignes.	143	S. Mary le Cros.	156
Salers, V. Bail.		S. Maudine.	218
n r.	275	S. Marc.	60
Saliegnat.	29	S. Maurice.	41
Salmis.	77	S. Paul.	182
Sarreis.	93	S. Poncy.	170
Serrieres.	68	S. Paget.	193
Segur, B.	259	S. Remize.	127
Sauvat.	128	S. Remy.	96
Siaujat.	172	S. Saturnin, B.	230
Soleiges.	65	S. Vreize, B.	433
S. FLOUR, V.	1010	S. Vincent.	190
Feux. Ev. Bail.		Ste. urie.	114
Mar. 120 l.		Tal at haut.	148
S. Anastazie haut.	115	Talizat bas.	153
S. Anastazie bas.	63	Tavanelle.	146

DU ROYAUME.

Paroisses.	Feux.	Paroisses.	Feux.
Thiviers.	69	Vedrines S. Loup.	135
Tourniac.	84	Veresme.	40
Triezac.	292	Vernols.	90
Vabres.	112	Vielespesse.	120
Valeuze l'Eglise.	177	Villedieu.	104
Valeuze le Haut.	166	Virargues.	114
Valeyrat.	178	Ussel.	156
Vebret, B.	233		

ELECTION D'AURILLAC.

Paroisses.	Feux.	Paroisses.	Feux.
AURILLAC, V. 1430 Feux. Pref. Bail. Mar. 100 l.		Girgotz.	88
		Glenat.	119
		Jou sous Monjou.	70
Arnac.	33	Joudemaniou.	153
Arpajou, V. D.	320	Joussac.	230
Ayren, B.	223	Itrac, B.	325
Boisset, B.	308	Junhac.	190
Calvinet, B. Com. J R.	72	La Bessercle.	158
		La Brousse.	105
Carlat, V. Com.	150	La Capelle Ennezey.	47
Cassanouze, B.	273		
Cros de Montaniat.	103	La Chapelle Viescamps.	110
Cros de Montvert.	78	La Chapelle Delfraisse.	168
Crandelle.	150		
Epinadel.	9	La Diuhac.	168
Fournols.	63	La Roquebroüe.	261

Paroisses.	Feux.	Paroisses.	Feux.
La Roquevieille.	248	Rouzieres.	90
Lascelles, B.	370	Sansac de Marmieste.	78
La Segalassieyre.	44		
La Salvetat.	32	Senezergues.	130
Leucom.	105	Siran.	257
Leynhac.	228	S. Clement.	119
Mandalhes.	148	S. Cirgues de Malbert.	225
Marmahac, B.	357		
Marcoules, B.	280	S. Cirgues de Jordane.	260
Maurs.	44		
Montmurat.	78	S. Constans.	184
Montvert.	43	S. Estienne de Carlat.	68
Monsalvy.	134		
Monjou.	168	S. Estienne Cantales.	26
Naucelles.	83		
Nieudan.	31	S Estienne de Maurs.	188
Omps.	29		
Parlan.	205	S. Gerons.	97
Pers.	134	S. Jacques des Blats.	142
Polminhac.	340		
Prunet.	182	S. Illide.	289
Queizolz.	72	S. Julien de Toursac.	75
Quezac.	97		
Raulhac.	480	S. Martin.	95
Reilhac.	149	S. Mamet.	235
Roanne.	127	S. Mary.	17
Roussy.	88	S. Paul des Landes.	102
Rouffiac.	176	S. Santin Cantales.	177
Roumegoux.	6		
Rounesques.	22	S. Saury.	115

Paroisses.	Feux.	Paroisses.	Feux.
S. Sac Vernezes.	74	Thiesac, *B.*	370
S. Santin de Maurs.	143	Tournemire.	126
		Trieulou.	58
S. Sernin.	564	Vezac.	150
S. Simon, *B.*	305	Vic en Carladais, *V.* Bail. J R n r.	352
S. Victor.	44		
Teissieres.	104	Vieilleric.	84
Teissieres de Cornet.	64	Vitrac.	128
		Yolet.	116

DÉNOMBREMENT

GENERALITÉ DE BOURDEAUX,

Composée de six Elections.

SÇAVOIR,

BOURDEAUX, en Guienne.
PERIGUEUX, } en Perigord.
SARLAT,
AGEN, en Agenois.
CONDOM, en Condomois.
LES LANDES, ACQS ou DAX, en Gascogne.

Et des Pays de Marsan, de Gabardan, de Labourt, & du Comté de Bigorre.

ELECTION DE BOURDEAUX.

Paroisses.	Feux.	Paroisses.	Feux.
ABzac.	220	Bail. J C. H d M.	
Agassac.	150	Mon de B. n r. T d	
Aiguemorte.	86	M. M P. Am. T F.	
Albanats.	62	Convoy. Comtablie.	
Ambarez, B.	585	B d T. Mar. 130 l.	
Ambez.	143	Bautiran, B. Bar.	233
Anglade, V. Marq.	286	Bayas.	84
		Bayon.	98
Arcs.	25	Bassens, B.	386
Artigues.	36	Baron.	108
Artigues.	43	Baignaux.	57
Artigues en Benon.	13	Barsac, B.	432
Arbis.	102	Belue.	100
Arsac.	45	Berson.	250
Arsin.	50	Beichac.	46
Audenge.	29	Belbat.	25
Audernos.	16	Begle, B.	300
Aveusan.	173	Bessans.	40
Aubiac.	10	Benon.	13
Aubis.	85	Bernos.	59
Aurillon.	68	Bendais.	70
Ayrans.	142	Begadan.	170
BOURDEAUX, V. 7593 Feux. Arch. Un. Parl. C d A. B d F. Pres. Sen.		Belliet.	108
		Bias.	28
		Bicarosse en Borne.	189
		Bicarosse en Usa.	84

DENOMBREMENT

Paroisses.	Feux.	Paroisses.	Feux.
Blaye, *V. Com.*		Camblannes.	172
J R n r. s g f.	665	Cambes.	200
Plazignan.	45	Canejeau.	292
Blaignan.	44	Cantenac.	126
Blanquefort, *B.*	300	Capitourlan.	41
Bonsac.	138	Capian.	164
Bonsac.	65	Capas.	46
Bonnetan.	45	Cars.	222
Bourg sur Mer, *V.*		Cartelegue.	212
J R n r. s g f.	488	Carignan.	110
Bouliac.	130	Carignan.	105
Boureich.	146	Cardan.	72
Boumes.	100	Carcanot.	161
Boyentrau.	33	Castillon, *V. J R*	
Brau.	20	*n r. s g f.*	589
Bruges.	121	Castelviel.	154
Brach.	38	Castres, *B.*	160
Budos.	245	Castelnau.	180
Cabanac.	80	Cavignac.	80
Cadarsan.	34	Cautoix.	70
Cadillac en Fronsadois, *V.*	112	Cauderan & le Bouquat.	216
Cadillac, *V.*	454	Caule.	15
Cadaujac, *B.*	350	Cayiac, *B.*	280
Caillau.	32	Cazelles.	40
Caillau.	42	Cazaux.	12
Camps.	30	Cenac.	98
Campugnan.	75	Certes.	50
Cameyrac.	32	Cenon, *B.*	213
Camarsac.	99	Cesac, *B.*	356

DU ROYAUME.

Paroisses.	Feux.	Paroisses.	Feux.
Chamadelles.	196	Eſtauliers.	80
Chertes.	21	Eyrans.	69
Civrac.	120	Eyzines.	230
Cornemoc.	25	Falayras.	96
Comps.	59	Fargues.	138
Corbiac.	74	Fargues & S. Hilary.	93
Courgas.	32		
Courconnac.	45	Florac.	160
Coqueques.	20	Frans.	72
Coutras, V.	750	Fronſac, V. D. J R.	295
Coulaures.	25		
Coyrac.	63	Fours.	39
Creon, B.	244	Gabarnac.	70
Croignon.	65	Gaillan.	278
Cubnegay.	112	Galgon.	211
Cubzac.	141	Gardegan.	75
Curſan.	98	Gartes.	30
Daiguac.	64	Gaudriac.	120
Dapian.	100	Gauriaguet.	55
Dardenac.	25	Generac.	87
Dignac.	80	Geniſſac.	45
Donnezac.	108	Guitres.	290
Doniſſan.	74	Gours.	63
Dourvignac.	20	Gournac.	124
Douzac.	39	Gradignan.	100
Edegoüin.	58	Grayan.	48
Egliſottes.	162	Greſillac.	170
Eſcouſſans.	87	Guian.	255
Eſpeſſas.	70	Guilhac.	60
Eſpiet.	74	Guilhots.	40

Paroisses.	Feux.	Paroisses.	Feux.
Haubignac.	168	La Selve, *B*.	226
Hosteins.	140	La Trenne.	122
Huch.	40	La Treine.	80
Jau.	80	La Tese, *B*.	396
Ignac.	39	Laugoiran.	264
Illats, *B*.	300	Laudiras.	210
Inrac.	86	Lauzac.	80
Ison.	152	Lesieux.	131
Izon.	150	Le Feron.	26
La Barde.	35	Lege.	20
La Brede.	240	Le Bourg.	26
La Canau.	100	Le Honneau.	46
Ladaux.	86	Lenton.	48
La Fosse.	60	Leugnan.	250
La Gorce.	212	Le petit Palais.	132
La Grave.	45	Le Pont.	64
La Lande en Puy Normand.	77	Le Tourne.	118
		Lestiac.	26
La Lande en Fronsadois.	178	Le Taillan.	150
		Le Temp'e.	120
La Lib. de.	57	Le Porge.	30
La Motte Navaillan, *B*.	360	Lesparre.	170
		Le Theis.	88
La Motte Biganos.	92	L'Hôpital de Mignos.	10
La Marque.	108		
Lansac.	181	L'Hôpital S. Germain.	30
La Pouyade.	120		
La Riviere, *Bar*.	104	L'Hôpital de Grayan.	26
La Ruscade, *B*.	230		
La Roque.	24	Libourne, *V*.	Pres.

Paroisses.	Feux.	Paroisses.	Feux.
Pref. Bail. Am.		Maurens.	146
5 gf. Mar.	1666	Mazion.	70
Lignan.	98	Mesplede.	20
L'Isle du Carmer.	11	Moynac.	40
L'Isle S. Georges.	44	Mios.	168
Listrac.	175	Mimizan.	101
Lormon.	112	Monbandon.	102
Louppes.	35	Montagnac, B.	376
Loupiac.	207	Montbrier.	84
Lorthe.	50	Monpuiblan.	67
Loirac.	45	Montuchan.	95
Lubardemont.	184	Monterroux.	25
Luguon.	151	Montignac.	55
Lussac, B.	540	Monpezat.	32
Lussac.	163	Moreans.	100
Macau.	200	Moulis.	190
Macau & Ludon dehors.	160	Moulon, B.	287
		Moüillac.	37
Madirac.	33	Neac.	89
Marsenays.	120	Nerigean.	160
Maransin, B.	235	Neyrac.	135
Marcillac.	108	Ne De de Pian.	141
Marigne.	25	Omet.	70
Mareas.	108	Ordonnac.	80
Martres.	44	Palue.	14
Martillac.	48	Parentis.	120
Merignac.	26	Pauliac, B.	238
Margaux.	125	Peintures.	215
Marsolan.	22	Perissac, B.	216
Martignas.	39	Pessac, B.	322

Tome I.   Q

DÉNOMBREMENT

Paroisses.	Feux.	Paroisses.	Feux.
Plassac.	110	Salaunes.	39
Plaineselve.	87	Salebert.	30
Porcheres.	95	Samensan.	47
Portets, *B.*	295	Santerves.	130
Poujaux.	42	Sanguinet.	82
Podensac.	45	Savignac.	57
Potens.	130	Saujeon.	25
Poudensac, *V.*	200	Sauconac.	60
Pregnac.	50	Saveats.	80
Predgnac.	25	Savignan.	39
Pompignac.	140	Sars.	31
Prignac en Esparne.	35	Semens.	44
		Serons.	196
Pujols.	129	Sestas.	120
Pujard.	166	Senejon.	16
Pugnac.	96	Sibrac, *B.*	200
Puinormand, *B.*	67	Sissac.	130
Puisseguin, *B.*	288	Soudiac.	8
Quartier d'Usa.	27	Soulignac.	162
Queynac.	51	Soussan.	135
Quinsac, *B.*	233	Soulac.	70
Rignac, *B.*	208	Surgens.	67
Rionnet.	31	S. Aignan.	103
Rions, *V. Bar.*	332	S. Antoine de Coutras.	88
Rouffiac.	80		
Sadiras, *B.*	274	S. Antoine d'Artiguelongue.	68
Salles de Castillon.	85		
Salles en Buch, *B.*	250	S. Androny.	110
Salbœuf.	178	S. Andreas en Cubezagues, *B.*	530
Salignac, *B.*	216		

Paroisses.	Feux.	Paroisses.	Feux.
S. André du Bois.	130	normand.	58
S. Aubin en Blanquefort.	78	S. Denis.	41
		S. Emillion.	211
S. Aubin.	133	S. Estienne de Castillon.	54
S. Christophe de S. Emillion.	164	S. Genis de Castillon.	120
S. Laurent de S. Emillion.	63	S. Maigne de Castillon.	282
S. Sulpice de S. Emillion, B.	240	S. Estienne de Lisse.	93
S. Christophe de Coutras.	275	S. Estephe, B.	273
		S. Felix.	96
S. Christolly en Blayez.	200	S. Genis de Fronsac.	90
		S. Germain de Fronsac.	92
S. Genis en Blayez.	279	S. Michel de Fronsac.	161
S. Paul en Blayez.	100		
S. Christolly de Medoc.	90	S. Gervais.	207
S. Ciers d'Abrac.	173	S. Genis de Lombault.	81
S. Ciers de la Lande, B.	400	S. Genis en Benauges.	28
S. Ciers de Canesse.	146	S. Germain du Puch, V.	201
S. Crapais.	68		
S. Crapazy.	120	S. Germain de Graoux.	60
S. Denis en Puinormand, V.	335	S. Germain d'Esteüil.	167
S. Georges en Puinormand.	62	S. Guirons.	84
S. Sauveur en Pui-		S. Hippolite.	70

Paroisses.	Feux.	Paroisses.	Feux.
S. Herlory.	150	S. Martial.	69
S. Hilaire de Rions.	188	S. Maubert.	87
		S. Medard.	119
S. Jean d'Ilhac, V.	400	S. Medard.	75
S. Julien.	69	S. Michel & Par-	
S. Izans.	72	tie d'Aubiac.	167
S. Laurent en la Margue.	110	S. Michel en Landiras.	39
S. Laurent en Cubezagues.	158	S. Morillon.	80
		S. Morillon.	70
S. Leger.	107	S. Muard.	171
S. Leon.	58	S. Palais.	160
S. Loubbes, B.	385	S. Paul en Born.	124
S. Loüis de Fresneau.	61	S. Pey d'Armens.	71
		S. Pey d'Arveres.	182
S. Macaire, V. J R.	304	S. Pey d'Aurillac.	158
		S. Pierre de Bat.	143
S. Marias.	139	S. Quentin.	166
S. Martin de Mazeracq, B.	440	S. Romain, B.	280
		S. Sebard.	79
S. Martin du Bois.	216	S. Sauveur.	99
S. Martin de l'Age.	93	S. Severin de Puinormand.	106
S. Martin de la Causade.	178	S. Savin.	190
S. Martin de Camiac.	53	S. Severin de Cursac.	43
S. Martin de Haux.	161	S. Severin en Bourges.	25
S. Martin des Escas.	46	S. Severin de Cardourne, B.	280
S. Magne.	68		

Paroisses.	Feux.	Paroisses.	Feux.
S. Simeon.	36	Templetorte.	19
S. Simphorien.	180	Tissac.	73
S. Sulpice.	159	Tisac en Fronsac.	90
S. Vivien.	95	Tourigeac.	64
S. Vivien.	45	Tourtirac.	47
S. Urgean.	26	Tresses.	62
Ste Colombe.	75	Tresses.	75
Ste Croix du Mont, B.	371	Valeyrac.	75
		Valizac, B.	206
Ste Eulalie.	120	Vayres, V. Bar.	304
Ste Eulalie en Born.	93	Versac.	70
		Verthevel.	162
Ste Gemme.	7	Veyrac, ou S. Sulpice.	34
Ste Helene de Lestan.	112		
		Veyrac.	102
Ste Helene de la Lande.	133	Vignonet.	118
		Villaudraud.	154
Ste Luce.	50	Villagrens.	40
Ste Presentine.	26	Villegonge, B.	228
Ste Selve.	132	Villenave d'Ornon, V.	880
Ste Terre, B.	330		
Tabanac.	153	Villenave.	75
Talais.	39	Villeneuve en la Marque.	30
Talenée.	88		
Targon.	193	Villeneuve en Bourg.	79
Tailhac.	50		
Tarnez.	42	Virelade.	124
Tauriac, B.	208	Yvrac.	55
Tayac.	61		

ELECTION DE PERIGUEUX.

Paroisses.	Feux.
Abjac d'Hautefort, B.	343
Abjac de Montron, B.	354
Allemans, B. J R.	304
Andrivaux,	60
Angoisse, B.	374
Annesse.	123
Antonne.	212
Argentine.	114
Astaux.	64
Asteurs.	183
Augignac, B.	289
Aulhiat.	215
Autefaye.	113
Auriac de Boursac.	109
Azerac, B.	253
Bacilhac.	212
Badefoldans.	254
Baneüil.	48
Beaussat.	221
Beauronne & Douzllac.	363
Beauregard.	251
Beaupouys.	209
Bergerac, V. Sen.	
J R n r.	778
Bertrie.	153
Belleymas.	164
Bersas de Riberat.	165
Biras.	274
Blis.	162
Bourdeys & Fygeas, B.	314
Boursat, V. Ch.	606
Bouteille.	181
Bourdeilles, V. Marq.	361
Boulonneys.	185
Bourg du Bosc.	153
Bosset.	148
Bourou.	124
Bonefare.	25
Bonneville.	88
Brantosme, V.	277
Brassat, B.	354
Breüil.	76
Breüil de Montravel.	82
Brouchaud.	109
Bussiere Badilh.	281
Brudegrignols.	213

Paroisses.	Feux.	Paroisses.	Feux.
Buguo & S. Cirq, B.	564	Cornilles.	145
		Courniac.	155
Burcé.	39	Coursat.	201
Bussat.	174	Coustures.	131
Campagnac de Monclard.	121	Coulaures.	238
		Courniac.	124
Campniers.	232	Creissat.	93
Campsegret.	192	Cressensac.	162
Carsat.	74	Cubas.	79
Cause de Clerans.	251	Cujar.	172
Celles, B.	479	Cumont.	140
Cendrieux, B.	249	Douchapt, B.	201
Chabans.	44	Dussac, B.	205
Challagnac.	213	Estissac.	194
Chaleys, B.	247	Exideüil, V. Marq,	123
Champeaux.	142		
Champagnac.	124	Eylhiar.	167
Chancelade.	200	Eychourniac.	91
Chanteyrac.	218	Eyzerat.	129
Charnas.	184	Eycoire.	63
Charneys.	79	Eyvirat.	128
Chastres.	61	Eymontier Ferrier.	195
Chassaignes.	86	Eytouars.	103
Clermont d'Exideüil.	141	Eypeluche.	34
		Eglise neuve d'Eyrauds.	81
Clermont de Beauregard.	67	Eygurande.	61
Combeyrauche.	51	Eychourniac de Double.	123
Condat.	153		
Connazat.	105	Eysservanches.	39

Q iiij

DÉNOMBREMENT

Paroisses.	Feux.	Paroisses.	Feux.
Faye.	25	La Chapelle de Chadeüil.	47
Faye de Riberat.	167	La Chapelle Faucher.	140
Festalens.	216		
Firbeys.	162		
Floirac & le Puy.	156	La Chapelle Montmoreau.	81
Fontaines.	58		
Forges, B.	355	La Chapelle Gonnaguet.	173
Fougueyrolles.	82		
Fouleys.	106	La Coussiere S. Saud, B.	504
Foussemaigne.	154		
Freysses.	182	La Dosse.	143
Gabillou.	87	La Force, V. D.	226
Gardedeüil.	42	La Guillade, B.	201
Gouls.	114	La Gemaye.	122
Granges.	53	La Guillat de Lauche.	79
Grangedans.	151		
Grand Casting.	53	La Linde, V.	414
Gresignac.	142	La Noüailhe, B.	265
Grun.	129	La Noüaillette & le Temple de Leaux.	82
Javerhiac, B.	283		
Jaure.	152		
Journiac.	151	La Mouzie.	221
Jumillac, B.	605	La Motte Monravel, B.	247
La Bussieredans.	85		
La Chapelle S. Jean.	38	La Roche Beaucourt.	54
La Chapelle S. Robert.	51	La Rouquette.	71
		La Veyssiere.	191
La Chapelle Pommiers.	82	La Sauvetat Grasset.	88

DU ROYAUME.

Paroisses.	Feux.	Paroisses.	Feux.
Le Cannet.	72	Montazeau.	161
Lembrat.	181	Miremon, B.	261
Le Pirou.	82	Milhas d'Auberoche, B.	246
Le Fleys, B.	341		
Lempzours.	125	Miallet, B.	304
Leschange.	149	Millac de Nontron, B.	316
Le Temple la Guyon.	37		
		Monberon.	121
Les Tesches.	192	Monbajols.	32
Ligneux.	118	Montaignac d'Auberoche.	83
L'Isle, B.	203		
Limeil, V.	255	Moncaret, B.	460
Liourac.	152	Montagrier.	184
Limeyrat.	95	Monstreve.	201
Lugignac.	128	Montreal, B.	356
Lunas.	181	Montagnac le Cremps.	188
Lussas & Fontroubade.	202		
		Monravel, B.	60
Maisons.	49	Montpeyroux.	99
Manaurie.	124	Monfaucon.	66
Mansignac, B. & Chantegeline.	371	Mortemar.	107
		Moulidiers, B. J R.	265
Mauset & Ste Mesme.	98	Mouset & Pont-Arnaud.	107
Mauzat, B.	240		
Marsanneys.	221	Nanteüil de Thiviers, B.	308
Marsat.	171		
Mareüil, Bar.	187	Nantiac.	203
Mayat.	138	Nastringues.	25
Menesteyrolles, B.	328	Nayhac.	204

Q v

Paroisses.	Feux.	Paroisses.	Feux.
Negrondes.	205	Roussignol.	25
Neufvic & Valareüil, B.	570	Sanilhac.	161
		Sarrazat, B.	362
Nontron & Anexe, V. J R.	904	Sarthiat.	117
		Sarlande, B.	317
Nontronneau.	65	Savignac les Eglise.	242
PERIGUEUX, V. 1800 Feux. Ev. Prés. Bail. Sen. J C. Mar. 120 l.		Savignac de Nontron.	80
		Savignac de Miremont.	149
Paulnat.	161	Segouzat.	100
Paussat.	205	Siourac de Riberac, B.	284
Plazat, B.	318		
Pregonrieu, B.	363		
Pressignac.	201	Soloni & Chateaumissiac.	182
Preissac d'Exideüil.	81		
Preyssat d'Angonvat, B.	404	Soudat.	102
		Souffraignac.	81
Pouchat.	78	Souzat, B.	294
Puy de Fourches.	79	S. Aignan d'Autefort,	234
Queissat.	162		
Quintillac.	122	S. Aignan de la Crotte, B.	288
Quinsac, B.	201		
Razat, ou Rozat d'Aymet, V.	248	S. Amand de Verg.	251
		S. Angel.	153
Reillac, B.	42	S. Antoine d'Auberoche.	44
Romain.	172		
Roussignac & Lair, B.	508	S. Antoine & S. Privat.	155
Roussille.	81	S. André de Dou-	

Paroisses.	Feux.	Paroisses.	Feux.
ble.	153	entier.	230
S. Aquelin.	355	S. Geyrat.	142
S. Aspre.	122	S. Georges de Mussidan.	362
S. Astier, B.	431		
S. Cernin de Reillac.	85	S. Georges de Monclar.	203
S. Crespin de Bourdeille.	246	S. Geri.	101
		S. Geraud de Cord.	31
S. Julien de Bourdeille.	102	S. Hilaire d'Estissat.	115
S. Phelix de Bourdeille.	75	S. Jean d'Eyraudes.	161
S. Crespin d'Auberoche.	52	S. Jean de Verg.	191
		S. Jean de Colle.	223
S. Clement.	71	S. Jory de Chalais, B.	423
S. Crampazy.	102		
S. Estienne le Doux.	201	S. Jory Lasbloux.	68
		S. Jory.	32
S. Estienne de Puycourbier.	83	S. Julien de Crempt.	141
S. Frons d'Alemps.	148	S. Just, B.	83
S. Front de Champniers.	113	S. Laurent du Manoir.	81
S. Front de la Riviere, B.	308	S. Laurent du Baston.	157
S. Front de Pradoux.	128	S. Laurent de Pradoux.	178
S. Germain des Prez.	281	S. Leon de Grignolles.	223
S. Germain par		S. Loüis.	80

Q vj

Paroisses.	Feux.	Paroisses.	Feux.
S. Mamé.	51	S. Meard de Dronne.	182
S. Martin des Combes	100	S. Meard de Mussidan.	261
S. Martin de Gurson.	202	S. Meard d'Exideüil.	231
S. Martin de Riberac, B.	416	S. Michel la Riviere.	305
S. Martin de Lastier.	82	S. Orse.	278
S. Martin d'Exideüil.	93	S. Pantaly Dans.	73
S. Martin d'Agonnat, B.	386	S. Pantaly d'Exideüil.	121
S. Martin le Pin de Nontron.	162	S. Pardoux Dans.	38
S. Martin de Fressengeas.	244	S. Pardoux la Riviere, B.	433
S. Martial.	83	S. Pardoux de Feys, B.	350
S. Martial de Vallette.	265	S. Pardoux de Mareüil.	158
S. Martial.	179	S. Priech de M.	112
S. Martial d'Albarede.	140	Ste Croix de M.	93
S. Martial de Riberac.	151	S. Paul de la Roche, B.	461
S. Martial de Villadeys.	133	S. Paul Lizonne.	207
S. Maurice.	23	S. Paul de Serres.	101
S. Meard de Gurson, B.	302	S. Pierre de Frugie.	244
		Ste Marie de Frugie.	284
		S. Pierre de Chi-	

DU ROYAUME.

Paroisses.	Feux.	Paroisses.	Feux.
gnac.	122	gnac.	117
S. Pierre de la Douze.	232	Ste Marie du Sel.	72
S. Pierre de Colle.	606	Ste Mesme de Pereyrols.	207
S. Phelix de Reillac.	87	Tenon.	315
S. Privat d'Exideüil.	63	Thiviers, B. J. R n r.	459
S. Prieth.	186	Touseanne.	238
S. Perdoux de Dronne.	152	Tourtoyrac.	162
S. Raphael.	71	Tremoulac.	114
S. Romain.	152	Trigonnant.	42
S. Senat.	27	Vallcüil.	74
S. Suplice.	98	Vandoire.	123
S. Suplice, B.	292	Varaigne.	203
S. Suplice de Roumagnac.	213	Vauxains, B.	555
S. Victour.	88	Veaunac.	161
S. Vincent de Connazat.	151	Velines, B.	454
S. Vincent & S. Privat.	51	Vertillac.	204
S. Vincent d'Exideüil.	73	Veyrniés.	182
S. Yolodante.	142	Vic.	101
Ste Marie de Chi-		Villamblard.	242
		Villars.	283
		Villebois.	86
		Villefranche Longchat, V.	190
		Vieux Mareüil.	201
		Vivat.	219

ELECTION DE SARLAT.

Paroisses.	Feux.
Allas de Berbieres.	89
Alles de Badesolles.	155
Andrix.	72
Archignac.	94
Auriac de Montignac.	217
Badesol.	80
Bardon.	65
Bars.	215
Bas.	105
Bazenac.	41
Bayac.	166
Beaumont, *V. Com. J R n r.*	2'5
Belvez, *B.*	708
Berbieres & Marnac.	182
Besse.	143
Bersac, la Viguerie de Mellet & S. Lazer.	289
Beynac, *Ch.*	180
Bezenac.	77
Biron, Soulaure,	
S. Michel, Eygues-perces, N^e D^e, le Vert, S. Cerny, & Berus, *V. Marq*	492
Bouillac.	134
Boureze.	194
Bouzies.	120
Bourinquel.	33
Brenat.	152
Cadalech.	43
Cadoüin.	90
Cadrot, *B.*	250
Cahuzac, S. Perdoux, Mandaconde, Eyrenvilhe, Falgueyras, & S. Crapaise.	256
Calvial.	88
Calles, *B.*	205
Campagne.	143
Campagnac lez Quercy.	225
Carlus, Millat, Eyvignes, Beau-	

DU ROYAUME.

Paroisses.	Feux.	Paroisses.	Feux.
repos, Eybennes, Symeyrol, Orliaguet, & Ste Madelene de Carlus, *V*.	711	Gardonne.	170
		Gayat.	74
		Gleyzedales.	34
		Goujac.	59
		Grezes.	40
Pras de Carlus.	144	Grives.	140
Carlucet.	60	Jayac.	109
Carves.	88	Issigeat, *V*.	654
Castelnau de-là l'Eau, & Verines, *B. J R n r*.	243	La Barde, Boninagues, Come & S. Cernin, *B*.	276
Cazoulles.	95	La Chapelle S. Geniez.	117
Chavagnac.	136	La Chapelle de Castelnau.	90
Cladech.	64		
Colly.	57	La Cassagne.	100
Coudat.	112	La Dournac.	117
Couze.	74	La Feüillade.	24
Cussat.	69	La Mouzie, S. Laurent & S. Martin de la Mouzie.	270
Daglan.	290		
Doissac.	156		
Domme, *V. J R n r*.	507		
		La Cosne lez Bergerac.	60
Eymez, *V*.	510	La Trappe.	30
Faulat.	129	La Talade.	80
Faux.	121	La Salvetat.	19
Florimont, Goumiers & Moncalou.	155	La Vaux.	140
		La Roque Gajac.	110
Fontenilles.	76	La Roque Mey-	
Foyrat.	70		

DÉNOMBREMENT

Paroisses.	Feux.
rols, *B*.	371
Le Coux, *B*.	200
L'Evesque, *ou* Allas, Campagnac & Tignac.	182
Le Cheylard.	62
Le Cerf de Montignac.	192
Le Monteil.	94
La Madelaine lez Bergerac.	120
Lierzac.	70
Loubezat.	70
Lussac de Bigaroque.	31
Marcillac.	59
Marquais & Tagnes, *B*.	372
Marsalles.	70
Montignac, *V. Ch.*	344
Monts & Bannes.	113
Monestier & Ste Croix.	56
Monbaziers, *B. J R*.	240
Monbazillac, Coulombiers & S. Christophe de Monbazillac, *B*.	489

Paroisses.	Feux.
Moullieres.	112
Moussat.	138
Mouzins de Bigaroque.	120
Nabirac & S. Aubin.	150
Nadaillac.	162
Naussanes.	194
Noyalles.	36
Orliac.	100
Palvezy.	159
Paleyrat.	162
Paulin.	105
Pazayac.	100
Peyrat.	88
Peyrignat.	111
Pilles.	257
Pomport, S. Maime & Roüillas.	221
Poirillat.	41
Pontours haut.	62
Pontours.	155
Pontroumieu & S. Germain.	89
Poujols.	63
Pratz de Beluez.	110
Puybeton, Clottes, la Bouquerie & Rampieu.	290

DU ROYAUME. 377

Paroisses.	Feux.
Puyguillem, V. J R.	1407
Razac, B.	200
Razac d'Eymez.	80
Ribagnac.	188
Roquespine, Ste Radegonde, Boisse, S. Leon, Born, Foureille, S. Amand & le Beil, V. J R.	388
Roulignat.	34
SARLAT, V.	750
Feux. Ev. Pres. Mar. 125. l.	
Sadillac.	38
Salles Badefol.	23
Salles de Beluez.	80
Sallagnac.	199
Sarjeac.	96
Sejorac, B.	200
Seyrcüil.	97
Soussignac.	72
S. André.	154
S. Amant & la Belié, B.	236
S. Amand de Beluez.	114
S. Avid.	214
S. Aigne.	116
S. Aubin de Cahuzac.	70
S. Avid-Riviere, S. Christophe, S. Lolme, S. Rome, & Ste Croix de Monferrand, V.	747
S. Capraize.	60
S. Cerny, B.	306
S. Cerny de Beaumont.	41
S. Chamassy.	145
S. Ciprien, V.	340
S. Crespin.	112
S. Cibrenet.	114
S. Front, Bourniquel & Pontours.	155
S. Geniez, B.	250
S. Germain.	110
S. Glerats.	123
S. Jean de Bigarroque.	25
S. Julien.	38
S. Julien.	172
S. Lyons.	130
S. Laurent.	198
S. Martial.	184
S. Mondanne.	150

378　DÉNOMBREMENT

Paroisses.	Feux.	Paroisses.	Feux.
S. Nexans.	134	Tayac, B.	313
S. Pierre de Montignac.	74	Terrason, V.	530
		Thonnac.	121
S. Pierre de Chabans, R.	250	Tursac & Marsac.	163
		Valojouls.	116
S. Pompon.	216	Verdon.	67
S. Quentin.	75	Vezac.	80
S. Rabier.	188	Vielvic.	47
S. Vincent de Cosse.	110	Villefranche, V. J R n r.	356
Ste Foy de Beluez.	62	Urval.	120

ELECTION D'AGEN.

Paroisses.	Feux.	Paroisses.	Feux.
AGEN, V. Feux. Ev. C d A. Pres. Sen. J R n r. J C. Mar. l.	3440 250	Bonnaguil.	74
		Bruch, V.	310
		Cahuzac, V.	430
		Cambes.	106
		Castel-Moron, V.	390
Admé.	133	Castel-Cuillier, R. J R n r.	155
Aiguillon, V. Ch. & D.	1350	Castel Sagrat, B. J R n r.	571
Allencaus.	129	Castetz.	36
Bajaumond, B. Bar.	210	Castelnau.	139
Beauville, V.	819	Castillonnez, V. J R n r.	2228
Birac, B.	246		
Blanquefort, B.	374	Casseneüil, V.	491

DU ROYAUME.

Paroisses.	Feux.	Paroisses.	Feux.
Caveon.	705	Ganaudun, *B.*	402
Clairac, *V.*	1468	Gondourville.	114
Clermont dessus, *V. J R.*	490	Goulfech.	243
Clermont dessous, ou d'Entrague, *V.*	292	Gontaut, *B. J R n r.* & Faugarolles.	401
Coleignes.	88	Grateloup, *B.*	436
Combe-Bonnet.	217	Hautarive.	88
Condes Aigues.	107	Hautes Vignes.	72
Cours.	97	La Chapelle Biron.	151
Cubzor.	287	La Chapelle Marmande.	74
Despalais.	87	La Cour.	203
Dolmeirac.	293	La Cepede.	72
Dondas.	84	La Cenne.	45
Domnipech.	44	La Fox.	34
Duras, *Bail. Duc.*	1086	La Fitte.	257
		La Lande.	24
Escassefort, *B.*	147	La Maurelle.	65
Faugarolles d'Agen.	108	Langueville.	62
		La Parade, *B. J R.*	308
Favillet.	238	La Perche.	52
Ferrusac.	104	La Roque-Imbaut, *B.*	234
Fongrave.	164		
Foumensac.	165	La Sauvetat, *B. J R n r.*	584
Fregimont & S. Berthoumieu.	119	La Sauvetat de Caveres, *B. J R. n r.*	374
Frespech.	124		
Fumel, *V.*	379		
Galapian.	147	Le Castella.	103

DÉNOMBREMENT

Paroisses.	Feux.	Paroisses.	Feux.
Laugnac, Com.	191	Montviel.	22
Lauzun, B. Com.	1470	Nicolles.	91
Le Port Ste Marie, V. J R n r.	911	Pardaillan.	162
		Paüillac, B.	453
Les Treilles.	139	Pennes, V. J R.	2252
Le Temple.	107	Pomevic.	149
Levignac, B.	452	Preyssas, V.	459
Londres.	32	Pujols, B.	491
Luzignan, V. Mara.	350	Puydauphin.	72
		Puchagut.	238
Madaillon, B.	446	Puymielan.	249
Malleroumez.	29	Puymirol, V. J R n r.	1333
Marmande, V. J R n r.	1459	Quissac.	76
Miramont.	95	Roquecor, B.	374
Miramont, B. J R.	151	Sauvagnas.	118
Montbalen.	169	Sauveterre, B.	274
Montagut, V.	732	Seiches & S. Pardou, B.	367
Montjoye, B. J R.	254		
Montbahus.	274	Sevignac.	82
Montclar, B. J R n r.	526	S. Avid.	96
		S. Baurel.	149
Montastruc, B.	228	S. Berthoumieu,	414
Montflanquin, V. J R n r.	2028	S. Font.	43
		S. Martin de Rouerz.	73
Monpezat, V.	1185		
Montelon.	128	S. Maurin, B.	303
Montaud, B.	337	S. Pastour, B. J R.	279
Montsemprou, V.	158	S. Sauveur.	31
Montsegur.	114	S. Sauvy.	62

DU ROYAUME.

Paroisses.	Feux.	Paroisses.	Feux.
S. Vincent.	71	Tournon, *V. J R*	
Ste Foy, *V. J R*		n r.	1949
n r.	2064	Valence, *V.*	415
Ste Luirade, *V.*	981	Verteüil, *B.*	445
Teobon, *Marq.*	239	Villereal, *V.*	
Tombeboeuf, *V.*	695	*J R n r.*	1467
Tombebouc, *B.*	382	Villeneuve, *V.*	
Tonnains dessus, *B.*	415	*J R n r.*	1243
Tonnains dessous,		Voyazel.	227
B. Marq.	582		

ELECTION DE CONDOM.

Paroisses.	Feux.	Paroisses.	Feux.
A Brin.	30	Beaumont.	100
Ailhas, *B.*	501	Beausugnan.	67
Allon.	32	Bellin.	132
Andiran.	110	Belmont.	46
Antaignac.	78	Berrac.	170
Arriet.	32	Blaziers, *V.*	190
Astaffort, *V.*	690	Blazimont, *B.*	310
Auros.	168	Boupillon.	60
Authieges.	32	Bouglon, *V.*	986
Ayzieu.	129	Bouchet.	41
Barrie.	202	Boussez.	48
Bauziac.	15	Branens.	39
Bazas, *V. Ev.*		Brannes.	293
Pres. Prev. Sen.		Buzet, *V. J R n r.*	202
J R n r. 145 l,	512	CONDOM, *V.*	1840

DÉNOMBREMENT

Paroisses.	Feux.	Paroisses.	Feux.
Feux. Ev. Pref.		Encabara, B.	256
J R n r. Mar.	150	Espiens.	204
l.		Estuffan.	146
Calen.	12	Enbruch.	101
Calignac.	220	Enlyes.	65
Calonges, B.	401	Fargues S. Julien.	138
Captioux, B. Bar.	201	Fauguerolles, B.	394
Castets en Dorthe, Vic.	391	Fieux.	264
		Foncaude.	278
Castelnau.	160	Fourcez, B.	313
Castelnau sur Guppie, B.	328	Francescas, V. J R n r.	352
Castelnau de Mesmes, V.	114	Gans.	91
		Gaviac.	125
Castelgeloux, V.	528	Gozaupoüy, B.	380
Castelmoron, V.	2370	Gensac ou Genisac, V. J R.	2311
Caubon.	112		
Caumont, V.	836	Gironde, B.	288
Cauderot, V. J R.	422	Giscos.	146
Cazeneuve, B.	401	Goutz.	45
Cocumont, B.	413	Gueyzes S. Georges.	101
Coutares.	160		
Cours.	201	Houeilles.	66
Couransan, B.	324	Jautan.	28
Cuirat.	112	La Bardac, V.	390
Damazan, V. J R n r.	680	La Bastide, B.	537
		Labeseau.	61
Doulouzon.	173	Lados.	73
Dunes, B.	912	La Garde.	150
Durance, Bar.	64	La Grierre, B.	437

DU ROYAUME.

Paroisses.	Feux.	Paroisses.	Feux.
La Monjoye.	150	Lonfrechou, B.	304
La Motte Sandron & S. Martin.	320	Lousperoux, B.	60
		Loutrenge, V.	904
Langon, V.	671	Loutrain.	58
Landerouet.	63	Lugo & Seauze.	42
La Prevosté, V. J R.	1930	Lugaignac.	150
		Luxey.	78
La Reolle, V. J R n r.	4285	Marcellus, B.	301
		Marsoulan, V.	540
La Rusingle, B.	112	Mauvezin, B.	205
La Roque Maniban.	270	Mauriac, B.	223
		Meillan, V. J R.	1835
La Roque Fimarcon.	90	Meylan.	47
		Mezin, V. J R n r.	924
Larcé.	120	Montreal, V. J R n r.	662
La Roumieu, B.	435		
Lausignan, B.	258	Monguillem, V. J R.	80
Le Mas de Fimarcon.	185	Montagnac, B.	450
Le Mas d'Agennois, V. J R.	705	Monsegur, V.	1464
		Moncrabeau, V.	792
Le Puy Forte-Eguille.	96	Mongaillard.	196
		Moncassin.	110
Lerm.	213	Monhurt.	204
Leveze.	39	Monpoüillan.	263
Lias.	160	Moustey.	58
Lisse.	88	Moulliez, J R.	222
Ligardes.	205	Muret.	71
Longrezet.	74	Navian, B.	400

DÉNOMBREMENT

Paroisses.	Feux.	Paroisses.	Feux.
Nerac, V. Pref.	1360	S. Aubin, B.	314
Pellegrüe, V.	894	S. Bazeille, V. f R.	1358
Pinderes.	101	S. Ferme, V.	991
Pissos.	114	S. Gerbazy.	64
Pommiers, B.	180	S. Martin d'Albret.	64
Pompiey.	50		
Postiac.	78	S. Martin de Courton.	132
Poussignac.	84		
Pujols, B.	342	S. Martin de Guyenne.	101
Pueh de Gontaut.	576		
Puy Roquelaure.	190	S. Mezart.	205
Rauzan, B.	1380	S. Pau.	10
Rignac.	90	S. Pé.	107
Roquebrune.	101	S. Pé de Castets, B.	395
Roquetaillade, V.	329	S. Simeon.	61
Roquespine.	71	Ste Fleurance.	150
Rouaillan.	96	Ste Morre.	137
Roumaigne.	285	Ste Pompogne, B.	770
Roumetang.	90	Taillebourg.	158
Ruch.	197	Taillecabat, B.	263
Ruffiac le Sauvetat.	145	Torrebren.	96
		Touars.	152
Saintraille, B.	262	Touyouze.	90
Samazan, B.	328	Trenqueleon.	60
Saubiac.	81	Vianne.	175
Savignac.	105	Villefranche de Cayran, V.	812
Sauveterre, V. f R n r.	795		
		Villemartin.	82
Saumejan.	61	Villeneuve.	74
S. Antoine.	75	Villeton, B.	224

ELECTION

ELECTION DES LANDES.

Paroisses.	Feux.	Paroisses.	Feux.
Aire, *V. Ev.* & le Mas.	680	Bahus.	190
		Banos.	62
Amon, *B.*	359	Bayonne, *V. Ev.* Sen. Am. H d M. Mon. de Bayonne. J R n r. 180 l.	1448
Angoumer.	16		
Angresse.	69		
Arboucane.	210		
Arset.	23		
Arrion.	204	Bediosse.	84
Arengoise.	30	Begua.	142
Arjuſan.	95	Bellus & Adherans.	135
Argelouze.	35		
Arancou.	76	Beiris.	85
Argelos.	88	Betbeder.	70
Arſac.	188	Benquez, *B.*	241
Artos.	80	Bemnesse.	88
Artassenx.	43	Bessaudun.	31
Arrouillé.	63	Biados.	116
Arrican.	46	Bignanon.	34
Assus.	69	Bonnegarde.	177
Audon.	82	Bonnet & Arsagne.	280
Audignon.	70		
Aubaignan.	49	Bost.	42
Babaylongne.	21	Bonnesse.	65
Balhades.	31	Brassempoy, *V.*	212
Bats.	165	Buannes, *V.*	220
Bastennes.	80	Cambran.	47

Tome I.   R

DENOMBREMENT

Paroisses.	Feux.	Paroisses.	Feux.
Came.	241	Dame.	43
Campet.	26	Damoleng.	144
Candresse.	57	Donzac.	130
Canneille.	120	Douvezie, B.	428
Capbreton, B.	334	Escalus.	28
Carcarez.	17	Escourcé.	109
Carson.	39	Estibault & Ousourt.	230
Cassen.	43		
Castetz, B.	214	Eyres.	75
Castelue.	153	Fargues.	39
Castelsarazin.	175	Favaos.	198
Castelneau.	175	Fauriet.	52
Casteide.	89	Gaas.	91
Castaignos.	93	Gamarde.	160
Castendet & Rondebœuf.	230	Gauriez.	33
		Gaujac, V.	147
Cassalis.	100	Gellons.	17
Cattera.	31	Gos.	77
Caunar, B. & Autrice.	263	Gorrosses.	45
		Gourbera.	35
Caupenne, B.	310	Gousse.	21
Clermont.	104	Hastingues, J R.	201
Commensac.	121	Haubay longae.	91
Coudures.	227	Hautarive.	35
Creon.	70	Hauterive.	37
Dax ou Acqs, V. 1009 Feux. Ev. Pres. Sen. J R n r. 160 l.		Hayetman ou Hagetman, V. & la Bastide.	636
		Herm.	185
Dadon.	50	Herem.	72

Paroisses.	Feux.	Paroisses.	Feux.
Hichous.	40	de S. Dos.	20
Hinx & S. André.	100	Les Ostaux Royaux	
Horssarieu.	130	de l'Arbey.	*14
Hugars.	146	Le Plan.	43
Jeanne la Ville, B.	535	Linxe.	154
		Lict.	163
Igos.	128	Lon.	270
Josse.	50	Louer.	39
Jupoy.	86	Loussen.	51
Jurens.	62	Louvigner, B.	505
LES LANNES.	134	Loumerac.	222
Labatut, B.	20	Lourgen.	60
Labrit.	97	Lueglon.	39
La Bouherye.	148	Lupeyroux.	130
La Cadie.	51	Magesq.	180
La Crabe.	72	Malausanne.	272
La Harye.	80	Mas.	24
La Hontan.	178	Massanges.	130
La Luque.	130	Mans.	202
La Hosse & Baitz.	143	Maurin, B. J R	
Lacquy.	30	n r.	150
La Motte Leluy.	188	Mauvesin.	187
La Misans.	54	Mées.	37
La Riviere.	150	Meillan.	163
Laurede.	118	Misson.	50
Le Castelnau, B.	200	Mimbasse.	123
Le Bouceau.	148	Mixée.	58
Lesgo.	62	Miremont, V.	700
Lesperon.	90	Montfort de Tur-	
Les Ostaux Royaux		son.	16

Paroisses.	Feux.	Paroisses.	Feux.
Montfort prés d'Acqs, B.	302	Pey.	76
		Peyré.	161
Montfort de Tursan.	80	Pimbou, V.	161
		Pommarez, B.	202
Montault, V.	288	Ponson.	46
Mongaillard, V.	400	Poüilhon, B. J R.	458
Monget.	94	Poy.	164
Mongrans.	112	Poyartin.	90
Moncube & Lonsenguinet.	52	Poyanne.	153
		Pontons, B.	300
Montagut.	194	Poy en Chalosse.	37
Monmuy & Cazalon.	150	Poyalles & S. Aubin.	164
Monsegur.	120	Poudens.	103
Morsens.	69	Prechat.	90
Mouliets.	63	Puyo, B.	209
Mugron, V.	370	Richet.	32
Nassiet & Marpas.	228	Riviere.	89
Nerbis.	83	Roquefort de Tursan.	181
Ocyre.	44		
Ocyregave.	91	Saas.	20
Onart.	113	Sabrer.	96
Ondres.	107	Samadet, B.	227
Ordisse.	24	Sames.	129
Ortevielle.	196	Sarrasiet & Balasin.	91
Orist.	78	Sault de Navaille.	190
Orx.	88	Saugnac.	38
Ossages.	135	Sauvignat & la Torte.	64
Ousse.	112		
Pasin.	94	Saubion.	49

Paroisses.	Feux.	Paroisses.	Feux.
Saubusse.	95	S. Go.	50
Saubrignes.	138	S. Geing.	127
Sebie.	101	S. Jean de Liers.	199
Segarret.	200	S. Pierre de Liers.	45
Seignosse.	116	S. Jean de Marsac.	150
Seyresse.	16	S. Jours d'Auribat.	70
Serron.	170	S. Jours en Ma-	
Serregaston.	158	renne, B.	226
Serrestons.	58	S. Julien.	79
Sort.	87	S. Labouer, V.	213
Sorre.	177	S. Laurent.	126
Sortes.	87	S. Lon & Siest.	145
Sorde, B.	360	S. Martin de Hinx.	182
Sourleix.	43	S. Martin de Sei-	
Souprosse, V. &		gnans, B.	375
Gouts.	551	S. Maurice.	75
Souston, V.	668	S. Maurice.	42
Suzan.	21	S. Michel.	33
S. André de Sei-		S. Pandelon.	69
gnans.	170	S. Paul, B.	236
S. Crieq du Gave.	100	S. Pé le Vicq.	30
S. Criq & Marque-		S. Pée de Lerm.	97
ville.	77	S. Saturnin.	10
S. Esprit, B.	329	S. Sever, V. Son.	600
S. Estienne de Sei-		S. Vincent de Ti-	
gnans.	100	rasse.	85
S. Estienne d'Orthe.	87	S. Yaguen.	115
S. Girons du		Ste Coulombe.	166
Camp.	70	Ste Croix.	22
S. Girons du Lest.	27	Ste Marie Bia-	

DÉNOMBREMENT

Paroisses.	Feux	Paroisses.	Feux
rotte.	202	Tosse.	85
Talauresse.	45	Toulousette.	196
Taller.	85	Vic.	15
Tarnos.	176	Vieillenave.	45
Tartas, *V. Sen.*	408	Vert.	40
Tersus.	58	Vieu & Marensin.	36
Tethieu.	80	Vieu & Cholasse.	140
Tilh, *B.*	220	Urgons, *V.*	174

PAYS DE MARSAN.

Paroisses.	Feux.	Paroisses.	Feux.
Artes.	26	Luzagnet.	29
Baston.	106	Mont de Marsan, *V. Sen.* & la Banlieüe.	1925
Borderes.	40		
Cachein.	105		
Cazeres.	102	Parleboscq.	21
Duhort.	170	Perquie.	53
Gabaret.	90	Renung.	127
Grenade, *V. J R.*	298	Roquefort de Marsan, *V.*	407
Hontans.	91		
Levignau.	60	S. Justin, *V.*	198
Loubens.	27	Villeneuve de Marsan, *V.*	109
Loufrechou.	83		
Lugaut.	92		

PAYS DE GABARDAN.

Paroisses.	Feux.	Paroisses.	Feux.
Aix.	80	Losse.	39
Baudignan.	66	Lucbon.	68
Baudier.	42	Rimbez & S. Pée de Brocas.	60
Escaluns.	50		
Escampon.	24	S. Martin.	23
Graulous.	20	S. James.	8
Hene.	35	Ste Meilhe.	62
La Solle.	50	Vielle sous Biran.	48

PAYS DE LABOURT.

Paroisses.	Feux.	Paroisses.	Feux.
Aigonne.	98	Hacsou.	80
Anglet, *B*.	322	Hasparon, *B*.	525
Arbonne.	142	Irrevit.	207
Arrangos & Bassussary.	204	Issatzou.	168
		Larresorre.	170
Ascain, *B*.	230	Lourssoa.	62
Atheze.	120	Mandioudo.	212
Biaart, *B*.	265	Mattaye ou Macaye, *Vic*.	120
Biarit, *B*.	203		
Briscons.	200	Sarre, *B*.	249
Cambo.	276	Sibourre, *B. J R*.	300
Espellette.	170	Souraide.	80
Guestarry.	115	S. Jean de Lutz,	

DÉNOMBREMENT

Paroisses.	Feux.	Paroisses.	Feux.
V. P de M.	834	Villefranque, B.	250
S. Jean le Vieux.	230	Ustarits & Jalzou.	553
S. Pé & Serres, B.	407	Vrugne, Andaye	
S. Pierre d'Yrube.	80	& Biryalou, B.	719

COMTÉ DE BIGORRE.

Paroisses.	Feux.	Paroisses.	Feux.
A Dast.	13	Arroyon.	9
Adé.	47	Arrodet.	20
Agos.	18	Artignes & Castres.	6
Airos.	17	Arrens.	59
Alur.	19	Artalens.	30
Andrest.	96	Asmes, Sillen &	
Angos.	15	Bor.	38
Antin.	70	Aspy.	21
Antist.	20	Asté.	92
Ansereix.	70	Astugnes.	41
Arbouch.	17	Averede.	25
Arcit.	2	Aureillan.	70
Arcissans avant.	50	Aurensan.	54
Araix.	51	Ausmes.	23
Argues.	58	Averan.	8
Arcisac Adour.	47	Aucun.	58
Argeiles.	23	Ayné.	8
Aricau.	36	Aysac.	22
Artaignan.	90	Bagneres, V.	
Arcisac.	21	F R n r.	353
Arcissans dessus.	20	Barbahen.	32

DU ROYAUME.

Paroisses.	Feux.	Paroisses.	Feux.
Barbafan de Bas.	42	Bugar.	25
Barbafan deffus.	28	Burg.	35
Bazet.	38	Cabanac.	39
Barcillac.	66	Cachon.	51
Baudean.	89	Calavante.	18
Barleft.	34	Campan, B.	430
Barry.	22	Camales.	59
Bartres.	26	Cantares.	60
Balaignas.	7	Cas & Bieu.	32
Beaucen.	25	Cafteet & Bayac.	88
Berberuft.	11	Cafaley.	18
Betpocy.	47	Caftelloubon.	54
Benac.	78	Chefe.	20
Bernat deffus.	28	Cheauft.	20
Bernat de Bas.	64	Chis.	20
Betmont.	4	Clarac.	54
Bernadet.	48	Coulongues.	10
Bonnefond.	174	Couffan.	22
Bonnemaifon.	25	Dours.	26
Borderet.	155	Ecaunets.	36
Bordes.	57	Efconets.	19
Bourg prés Segalas.	1	Efcots.	25
Bours.	30	Efcoubes.	14
Bouriac.	14	Efquieffe.	50
Bourdun.	2	Efterre.	34
Boüil daré.	12	Frechon Frechet.	19
Boüil devant.	18	Gaillagos.	30
Boulin.	11	Garderes.	88
Bordes.	7	Gafot.	35
Bun.	23	Gayan.	45

R v

DÉNOMBREMENT

Paroisses.	Feux.	Paroisses.	Feux.
Gensac.	19	Lauso.	4
Gerde.	53	Lausour.	6
Geret.	9	Laubayac.	46
Ges & Angles.	14	Lau.	22
Ges.	30	Laslades.	24
Gen.	22	La Sitole.	130
Ger.	23	Layrisse.	12
Gondom, V.	83	Leret.	3
Gones.	3	Lesignan.	46
Grust.	23	Les Angles.	25
Hibarelle.	14	Lespoucy.	12
His.	27	Lescurry.	30
Jaque.	14	L'Hes.	12
Ibos, V.	170	Liac.	55
Jullian.	94	Lias.	13
Julas.	15	Lisos.	5
Juncalas.	49	Lourde, V.	290
La Barthe.	17	Loucastera.	20
La Bassere.	63	Louit.	34
La Cassaigne.	33	Loucrup.	28
La Garde.	17	Locy.	30
La Loubere.	58	Luberr.	12
La Marque.	75	Luby.	22
La Marque Roustain.	15	Luc.	32
		Luquet.	42
La Meac.	37	Lugaignan.	14
Lanne.	30	Lus, B.	200
Lansac.	22	Mansan.	20
La Rule.	70	Marson.	62
La Hite.	16	Marguerie.	14

Paroisses.	Feux.	Paroisses.	Feux.
Marsac.	36	Ossun.	120
Marceillan.	25	Ourieux.	24
Mascaras.	21	Oussons.	105
Marcroles.	67	Ourleix.	85
Merleau.	24	Ourst Belite.	70
Monfaucon, *V*.		Ourouix.	47
J R n r.	134	Ourdon.	8
Mongaillard.	104	Ourdins.	9
Momeres.	46	Ousté.	22
Montastruc, *B*.	140	Pareac.	20
Montedous.	30	Peinilh.	11
Montignac.	8	Peirein & Sos.	22
Mun.	30	Perignere.	14
Nestalas.	80	Peyrouze.	56
Nevilh.	15	Peyraube.	22
Noüillan.	24	Pintrac.	10
Noüillan.	8	Plan de Coret.	2
Oclos.	45	Prechac.	27
Oleac dessus.	27	Pocy.	12
Oleac de Bas.	13	Pocy Raton.	22
Omete.	40	Pocy Struc.	50
Oncillons.	18	Ponsac.	60
Onsons.	32	Pont.	4
Ordissan.	45	Poyseré.	50
Orgues.	35	Puyo.	62
Orignac & Hite.	15	Rabastens, *V*.	
Ormeles.	30	*J R n r*.	52
Ossen.	34	Sabalos.	14
Ost.	22	Salles à Dour.	38
Ossun ez Angles.	16	Salles.	40

DÉNOMBREMENT

Paroisses.	Feux.	Paroisses.	Feux.
Saligos.	33	S. Sevin.	87
Sarnignet.	32	Talasac.	11
Sarriac.	69	TARBE, V. Ev. Sem.	
Sasos.	84	5 g f. M P. 170 l. 340	
Sassis.	16	Teulé.	4
Savons.	17	Toustat.	70
Sempé, B.	230	Trebous.	103
Segalas.	7	Trouley.	13
Semeac.	62	Tuy.	8
Sereroustaihg.	38	Vic, V. J R n r.	372
Seron.	61	Vidalois.	12
Sere ez Angles.	11	Ugnoas.	24
Sere.	22	Vielle.	35
Serre.	14	Vieusac.	24
Sempastous.	49	Viellelongue.	60
Seneriac.	20	Vier & Cagos.	14
Segus.	51	Viger.	22
Serts.	14	Viellenave.	14
Siarroy.	40	Viey.	18
Sinsos.	20	Viella.	34
Sireix.	20	Villambits.	45
Socrac.	8	Villenave prés Bearn.	30
Sony.	8	Villenave prés Marsac.	10
Soués.	30		
Soycaux.	25		
Soulon.	52	Villegesat.	9
S. Leger.	50	Us.	13
S. Luc.	18	Visquer.	28
S. Martin.	22	Vislos.	14
S. Martin.	7	Viscos.	15

DU ROYAUME.

PROVINCE
DE
BEARN,

Composée des Senechaussées de

PAU,
MORLAS,
ORTHEZ,
SAUVETERRE,
OLLERON,

Des Vallées de

ASP,
BARRETTONS,
OSSAU.

DE LA BASSE NAVARRE,

Du Pays Mixte, des Vallées de Begorry & d'Ossez, de la Baronie de Luxe, & des Pays d'Arberoüe, d'Ostabares, & de Cize.

SENECHAUSSE'E DE PAU.

Paroisses.	Feux.	Paroisses.	Feux.
Arresy.	28	Clarac.	41
Assat.	126	Coarase.	288
Angais.	90	Denguien.	145
Asson.	462	Espoucy.	112
Arros.	164	Gan, *B.*	435
Aubertin.	202	Gelos.	114
Artigalouvre.	100	Gommer.	19
Artigueloutan & Loubocy.	82	Hours.	40
		Igon.	111
Bizavos.	51	Idron.	50
Bordes.	89	Juranson.	237
Bezin.	15	Lagos.	49
Bœil.	88	Lestelle.	120
Baudreix.	17	Lezons.	18
Beuste.	86	Lons.	112
Borderes.	53	Lescar, *V. Ev.*	274
Benejac.	167	Lée.	26
Bruges.	227	Lugarie.	46
Boscdarros.	366	Luiron.	50
Baliros.	50	Mazeres.	35
Billere.	49	Mazerolles.	112
Bourgurber.	159	Meillon.	74
Barsun.	90	Mirepeix.	68
Bourdettes.	45	Montaud.	168
Ceseau.	104	Nay, *V.*	295
Ciros.	41	Narcastet.	45

DU ROYAUME.

Paroisses.	Feux.	Paroisses.	Feux.
Noſtin.	79	Routignon.	77
Ouſſe.	42	Somolon.	45
PAU, *V.* 656 Feux. Parl. C d C. Sen. H d M. 175 l.		S. Abit.	52
		S. Faux, Laroin & Monhoba.	200
Pardies.	98	S. Detz.	34
Pocy.	63	Uſein.	80
Pontac, *V.*	345	Uſos.	38
Rebenac.	99		

SENECHAUSSE'E DE MORLAS.

Paroisses.	Feux.	Paroisses.	Feux.
Anos.	13	Aurions.	36
Angelos & Auriac.	104	Abos.	35
		Anoye.	93
Augar.	69	Audirac.	15
Auby.	50	Abere.	14
Angode.	29	Bernardets.	38
Aſtis.	22	Bournos.	61
Audoms.	83	Buros.	101
Arrien.	27	Boaſt.	42
Aaſt.	16	Bretagne.	22
Armau.	24	Bariucou & Soye.	92
Aricau.	34	Baſſillon.	34
Aubons.	36	Betracq.	56
Aydie.	65	Blachon.	12
Arroſes & Saubanica.	58	Bordes & la Hitolle.	30
		Baleix.	58

DENOMBREMENT

Paroisses.	Feux.	Paroisses.	Feux.
Bentagon.	53	Germenaud.	26
Balirac.	32	Gayon.	46
Buros.	19	Gedereſt.	52
Beſacour.	7	Garlin.	160
Carrere.	34	Garlede.	40
Caſtet & Doat.	30	Idernes.	16
Caſtera.	25	Julliac.	38
Clarac.	74	La Reulle.	84
Caubios & Romas.	51	Loos.	17
Coſledan.	62	Leubé.	54
Corberos.	19	Leſclaveries.	59
Croiſelles, Haget & Labedel.	81	Luemendus.	46
		Lombia.	37
Cadillon.	40	Leſpourcy.	36
Conches.	66	Langaſſous.	15
Caſtel-Pugon.	54	La Serre.	11
Domy.	28	La Negraſſe.	16
Domengeus.	18	Leſpielle.	22
Diſſe.	23	Lerme.	13
Diuſſe.	33	Luc.	29
Eſcoubées.	57	Luccarer.	28
Eſlourenties d'Arrer.	35	Lion.	13
		Labatu Higueres.	58
Eſlourenties d'Aban.	26	Loubix.	10
		Lube.	22
Eſcures.	14	Luſſon.	27
Eſpechede.	48	Luſſaignet.	32
Gabaſton & Balazer.	90	La Longue & Moncauber.	96
Ge...	170	Lanecaube-Meil-	

DU ROYAUME.

Paroisses.	Feux.	Paroisses.	Feux.
lac.	67	Mornas.	107
Leme.	76	Miossens.	61
La Lonquette.	48	Navailles & Simperus.	104
La Nusse.	32	Pons.	16
Lembege & Heugar.	172	Pocy Saubamea.	8
La Longuerre.	20	Portet.	72
MORLAS, V. Sen. Maucor, S. Jacive, la Hejede & Higueres.	231	Peyrolongue.	37
		Ponson dessus.	55
		Ponson de Bas.	21
		Pontiac.	35
Montardon.	66	Riupeyrous.	26
Mouhous.	20	Riumajor.	27
Maubec.	15	Saubagnon.	125
Moncaup, Monpezat, Tilty.	170	Serres.	115
		Sevignac, Loubé, Bazier.	214
Mommy.	52		
Maspic.	41	Serres, Morlas & Oüillon.	39
Mont.	27	Sedzere.	17
Montaner.	131	Sedze.	71
Mongaston, la Majour, Peirau & Sarrouzet.	86	Saubolle.	12
		Senecac.	48
Monsegur.	75	Sansons.	47
Maure.	42	Seré.	26
Monassut.	62	Simacourbe.	104
Moncla.	72	Sardirac, Bielnave, Monmoussu, Adis & Harrou.	80
Mascara.	42		
Mendousse.	18		
Mondabat.	37	S. Armon.	104

DÉNOMBREMENT

Paroisses.	Feux.	Paroisses.	Feux.
S. Castin.	58	Viven.	48
S. Laurent.	54	Vigues.	68
S. Jean Pourge.	48	Vrost.	15
Tadousse & Ossau.	45	Vauzer.	24
Taron.	81	Vialer.	54
Theze.	82	Viellepinte.	23

SENECHAUSSÉE D'ORTHEZ.

Paroisses.	Feux.	Paroisses.	Feux.
Abos & Parvaise.	121	Boumort & Arnos.	75
Abidos.	45	Castetarbe.	85
Aragnon.	10	Castener.	56
Agoez.	35	Castelis.	87
Arganon.	39	Castey de Camy.	55
Arance.	75	Castet Bieil.	36
Artiex.	87	Castillon.	54
Audijos & Herun.	61	Castet Abidon.	36
Arget.	44	Doyson.	77
Arthez.	270	Garos.	194
Baiths.	123	Goust.	61
Betlor.	194	Geux.	33
Betingran.	15	Hages Aubin.	174
Berens.	122	Herere.	34
Bielsegure.	23	Laneplas.	69
Biron.	54	Loubieng.	174
Baleusan.	74	Lagor.	245
Bouillon.	54	Landresse.	40
		Lac.	118

DU ROYAUME.

Paroisses.	Feux.	Paroisses.	Feux
La Bastide Ceserac.	107	Os.	35
La Beirie.	20	Pardies.	133
Larculle.	100	Pomps.	49
La Horcade.	130	Piets.	27
Loa & Moudrans.	66	Puyou.	86
Maslac.	65	Ramons.	88
Montestruc.	68	Repart.	107
Monrejau.	44	Salles Mongiscar.	44
Mont.	79	Sauvelade.	45
Masplede.	90	Sarpoureux.	44
Marcerin.	25	Salespire.	78
Morlanne, V. Sen.	133	Serre Ste Marie.	42
Montagut.	68	S. Boez.	74
Monstron.	23	S. Girons.	27
Morens.	69	Sre Suzanne.	55
Morcillon.	19	Tarsac.	42
ORTHEZ, V. Sen.	642	Vignes.	78
Ozen.	94	Villenave.	60
Orit.	24	Usan.	60
		Urdes & Caubin.	55

SENECHAUSSE'E DE SAUVETERRE.

Paroisses.	Feux.	Paroisses.	Feux.
Arrive.	23	Andrein.	36
Aspis.	22	Audaux.	77
Athos.	35	Araux.	102
Avitein.	47	Beideren.	17
Autevielle.	21	Berautte.	

404 DÉNOMBREMENT

Paroisses.	Feux.	Paroisses.	Feux.
Bastannez.	45	gnede.	148
Bugnein.	109	Monthort.	34
Burgaronne.	22	Navarrens, V.	137
Cassabec.	72	Narp.	38
Carresse.	108	Oras.	37
Camu.	27	Orieulle.	55
Campagne.	11	Osseux.	46
Chaire.	97	Oravinson.	64
Camplong & Castelnau.	126	Ozion.	55
		Parenties.	20
Castebon.	37	Preschacq.	89
Camptor.	18	Rinchaute.	66
Espuite.	57	SAUVETERRE,	
Guimarthe.	31	V. Sen. 180 l.	167
Gurs.	130	Sunarthe.	23
Jasses.	70	Susnion.	29
Laas.	93	Sus.	93
La Bastide de Villefranche.	119	Salis, V. & Authis.	472
		S. Dos.	50
Lichos.	22	S. Gladié.	38
Lespitaudorion.	21	S. Martin.	15
Meritein.	78	Traballe.	14
Munein.	23	Villenave.	53
Mur & Casta-		Usquin.	17

SENECHAUSSE'E D'OLLERON.

Paroisses.	Feux.	Paroisses.	Feux.
Agnos.	56	Moumour.	200
Aros.	25	Monein & Cadresse.	925
Asalp.	63		
Assus.	83	OLLERON, V. Ev.	
Bidos.	15	Sen. 185 l.	950
Berdets.	59	Orin.	82
Busset.	67	Ogeu.	67
Escout.	68	Ogene.	45
Escou.	67	Pocy.	38
Estialesq.	48	Prechac.	102
Estos.	27	Precillon.	67
Esquiulle.	149	Saucede.	64
Geroncé, Dons, S. Gouen, Gius & Aren.	369	Soucix.	15
		Ste Marie, B. & S. Pée.	460
Gurmenson.	51	*Vallée d'Asp.*	
Gouez.	67	Acous & Joers.	138
Heriere.	62	Aydius.	104
Lugugnon.	31	Bedous & Orcum.	320
Lurbe.	73	Cettecygun.	61
La Saubetat.	59	Escot.	88
La Seube.	525	Etsaut.	67
Le Diux.	119	Lescum.	138
Lay.	49	Osse, Athas & Lées.	295
Luc.	385		
Lamidon.	15	Verdos.	24

DÉNOMBREMENT

Paroisses.	Feux.	Paroisses.	Feux.
Vallée de Baretons.		Bielle.	155
Anée.	41	Billere.	82
Aramits.	100	Caster.	57
Arete.	262	Gere & Balesten.	53
Feas.	56	Geten.	8
Issor.	112	Iseste.	88
Larue.	80	Laruus, Pont &	
Vallée d'Osseau.		Getre, Espaluu-	
Aas.	37	gue, Goust &	
Arudy.	105	Gabas.	139
Aste & Beon.	78	Loubiejousson.	147
Assouste.	13	Loubielisto.	56
Bescat.	93	Sevignac & Mei-	
Beostbages.	91	rac.	138
Bussy.	172	Ste Colomme.	216

BASSE NAVARRE.

Paroisses.	Feux.	Paroisses.	Feux.
Pays Mixte.		Garris, B.	101
Asirits.	32	Guabat.	74
Arberats.	40	Ilhare.	54
Amendinx.	63	La Bettre.	71
Amorots.	38	Larribar.	42
Arraute.	80	La Piste.	30
Behasquen.	31	Laccar.	24
Camont.	49	Masparaute.	120
Charitte.	18	Orsance.	40
Darbouet.	52	Oneix.	20

DU ROYAUME. 405

Paroisses.	Feux.	Paroisses.	Feux.
Oreguer.	115	Heyharce.	97
Sillegüe.	20	Horssa.	79
Sussaute.	52	Ugarcin.	22
Suhast.	38	*Baronie de Luxe.*	
Somberaute.	41	Asconbeguy.	16
Succos.	32	Armendaris.	95
Suhescun.	47	Behaunne.	22
S. PALAIS, *V. et*		Iholdy.	137
Bail. Sen. 190 *l.*	111	Irissary.	175
Uhart.	51	La Bastide de Cla-	
Verrie.	113	rance, *V.*	389
Vegnios.	114	Luxe.	20
Viscay.	28	S. Esteben.	18
Vallée de Begorry.		S. Martin.	25
Auhaux.	67	*Pays d'Arberoüe.*	
Ascarat.	43	Aiherre.	187
Bastide.	51	Bisturits.	39
Daccos.	63	Heletre.	110
Hermiette.	46	Meharin.	78
Irulegny.	30	S. Esteben.	87
Lasse.	74	S. Martin.	86
Leisparts.	92	*Pays d'Ostabares.*	
Ortiquoren.	26	Arros.	10
Sorhouette.	21	Arhansus.	26
S. Estienne.	102	Asinc.	22
Vallée d'Ossès.		Bunus.	47
Ahaice.	64	Cibits.	40
Exave.	84	Hosta.	45
Eriberry.	31	Iburie.	34
Galardu.	60	Iborolle.	31

Paroisses.	Feux.	Paroisses.	Feux.
Juhüe.	68	Janitre.	61
Larcabau.	40	Ispoure.	42
Ostabat, V.	53	Jaxu.	48
S. Just.	30	Irriby.	16
Pays de Cize.		Meindibe.	53
Ahatxe.	21	Mongelos, B.	29
Aineille.	44	Sarasquette.	25
Alcieta.	55	Seubalée.	41
Bascacen.	23	Sorhapuru.	22
Behorleguy.	30	S. Jean pied de port, V.	90
Bussunarits.	40		
Bustinée.	18	S. Michel.	51
Caro.	29	Uhart.	119
Dainhisse.	34	Urritüe.	80
Garat Chegny.	40	Utxiat.	9
Gamarthe.	31		

F I N.

www.ingramcontent.com/pod-product-compliance
Lightning Source LLC
Chambersburg PA
CBHW050916230426
43666CB00010B/2189